张 娜 ◎ 著

韩非子的正义思想
——兼与柏拉图的正义思想比较

燕山大学出版社
·秦皇岛·

图书在版编目（CIP）数据

韩非子的正义思想：兼与柏拉图的正义思想比较 /
张娜著. -- 秦皇岛：燕山大学出版社，2025.6.
ISBN 978-7-5761-0808-8

Ⅰ．B226.55

中国国家版本馆CIP数据核字第2025EB2779号

韩非子的正义思想——兼与柏拉图的正义思想比较
HANFEIZI DE ZHENGYI SIXIANG——JIAN YU BOLATU DE ZHENGYI SIXIANG BIJIAO

张　娜　著

出 版 人：陈　玉		
责任编辑：柯亚莉	封面设计：方志强	
责任印制：吴　波	排　　版：保定万方数据处理有限公司	
出版发行：燕山大学出版社	地　　址：河北省秦皇岛市河北大街西段438号	
邮政编码：066004	电　　话：0335-8387555	
印　　刷：涿州市殷润文化传播有限公司	经　　销：全国新华书店	
开　　本：710mm×1000mm　1/16	印　　张：18.25	字　　数：260千字
版　　次：2025年6月第1版	印　　次：2025年6月第1次印刷	
书　　号：ISBN 978-7-5761-0808-8		
定　　价：90.00元		

版权所有　侵权必究
如发生印刷、装订质量问题，读者可与出版社联系调换
联系电话：0335-8387718

序

张娜告诉我她的博士论文要出版了,我很高兴!她问我能不能写一篇序,我欣然应允。

2011年张娜来跟我读硕士研究生,专业方向是中国古代史。张娜的本科专业不是历史学,这很容易被认为是一个不利因素。不过,面试回答问题时她表现突出:不但历史学基础知识掌握得好,还在具有探索性的问题上有一股不服气的劲头,得到主考老师的好评。入学后,她的学业进展顺利,如期获得了硕士学位。

2017年深秋,我接到张娜的来信,当时她在一所县高中担任历史教师,她说要报考我的博士研究生,专业方向是中外古史比较研究,我表示欢迎。但是,想到她远离学术中心数年之久,学术基础是否夯实,能否顺利完成学业,我还是有点担心。入学半年后,她交来一篇作业,文章选题新颖、行文规范、论证有力,让我很是惊喜。这篇文章修改后以《从马克思的异化理论看韩非子的君臣关系》为题发表在《渤海大学学报(哲学社会科学版)》2019年第4期上。过了一段时间,她又提交了一篇作业,质量明显地又上了一个台阶,再次让我喜出望外。这篇文章修改后以《无情有义:韩非子与柏拉图正义思想之异同》为题发表在《北京师范大学学报(社会科学版)》2020年第5期上,从中已经可以看出博士论文的基本结构了。

读博两年半时,张娜的学位论文已经交稿,经过两轮修改,2021

年初夏完成答辩，顺利获得博士学位。这令我感慨万千：能在三年之内获得博士学位的人数并不多啊，何况还是在新冠疫情期间呢！

当然，细想起来，张娜能在三年内顺利完成博士论文，并不是毫无凭借的，她的硕士论文就是关于韩非思想的。从硕士论文选题算起，到博士论文完成，张娜经历了十年左右的时光。人们常说"十年磨一剑"，是有道理的。张娜的博士论文对于韩非思想研究作出了贡献，离不开这十年的努力。

从事学术研究的人都知道，选题是学术研究最为关键的一项工作，没有好选题，研究的价值和意义就不大。对于人文社会科学来说，有一个好选题并非易事。值得庆幸的是，张娜选择了一个有意义的题目，那就是对韩非的正义思想做比较研究。能选这样一个题目，说明她的知识结构中深藏着某种强大的创造力，这是极为宝贵的资源。

什么是正义？正义可以有抽象的、普遍的定义，可是一旦进入价值领域，情况就不同了。在所谓的文明时代，一个人群认可的正义，另一个人群有可能不认同：有产者希望把"私有财产神圣不可侵犯"写在保障他们权利的法律上，他们把这叫作正义；代表无产者根本利益的思想家却把废除私有制、解放全人类当作奋斗的目标，他们把这叫作正义。先秦诸子都把"义"当作价值正当性的代名词，可是，儒家所说的义，是对合乎仁和礼的行为的价值肯定；而法家所说的义，却是对服从农战政策行为的褒扬。谁的才是正义？承认以孝为本的仁和礼是正义，是不是一定要否定服从国家农战政策的正义呢？反过来问也是一样。在逻辑上很显然儒家的义和法家的义并非矛盾关系，是不能完全排斥的。但这两种观念的主张者却有着相互对立的利益冲突。战国时期，儒家和法家之间的这个冲突未能协调。到了西汉，法家的政治思想和政策主张已经成为王朝的制度基础和施政原则，再加上"黄帝之言"和老子思想以及齐学《管子》的流行，到

"独尊儒术"时,儒法两种正义观的很多内容已经协调起来了。此后的统治者,哪个是严格意义上的儒家?哪个是严格意义上的法家?其实,都是两者混合的,需要什么用什么。这种情况对后世中国人的生活和思想有着深刻的影响。最典型的,莫过于"忠孝两全"这个说法了。它的意思是指做事既有利于国家又有利于父母的最完美的结局。可是,当忠孝两者不能兼顾时怎么办?通行的选择还不是舍小家顾大家吗?这是谁的正义观呢?显然是偏于法家的嘛。这已经成为今天中国人、中国文化的基本价值观。从这个意义上说,研究韩非的正义思想,探寻中国正义观念的一个重要思想源头,理所当然是有意义的。

肯定韩非有正义思想并加以系统梳理和说明,这需要主客观多方面条件的聚合才有可能。

首先,能做这样的选题是时代之幸。在古代,从汉武帝时起儒家长期占据意识形态的主导地位,法家,特别是所谓的"申韩""商韩",是受批判、受诟病的,读申韩被认为是冒天下之大不韪的一种行为。1840年以后,在西方殖民主义和资本主义的逼迫下,中华文明面临严重危机。19世纪末20世纪初,少数知识分子开始从法家思想中发掘强国思想资源,韩非思想受到重视。但很快,在主张民主自由、反对独裁专制的强劲潮流中,韩非又成为被贬斥的对象,谈韩非正义思想的可能性急遽缩小。20世纪后半段,随着国际国内形势的变动,法家思想的境遇有所改变,70年代初曾一度走红,但很快,又跌入低谷,被当作"封建专制主义"的糟粕而成为声讨的对象,这时来谈韩非的正义思想,余地已经小得不能再小了。进入21世纪,学术环境逐步向好,法家思想研究的范围不断扩展,深度不断加大,方法的客观性和科学性大大增强,像"韩非正义思想"这种20多年前想都不敢想的问题不但能够提出,还能写成文章发表,可见学术环境的宽松和自由。这是令人欣喜的。

外在条件具备了，还需要有内在根据。这就要求学者发扬勇于创新的精神，发挥聪明才智，捕捉学术发展苗头，全力以赴，发现问题，提出问题，研究问题，贡献出符合时代要求的学术观点，创作出满足时代所需的学术成果。张娜的韩非正义思想研究是在21世纪这20年来法家思想研究学术共同体的发展和学术交流中做出的。这20年来，在法家研究会创会会长王晓波教授等一批德高望重的老先生和中国人民大学国学院宋洪兵教授等一批年富力强的中青年学者的推动下，我国的法家思想研究事业蓬勃发展，法家研究会得以成立，以法家思想为研究对象的学术成果不断问世，法家思想研究从来没有像这个时期这样得到健康的发展，最突出的表现就是绝大多数研究者都能够抱持冷静客观的态度，开展科学严谨的学术分析，这在阅读本书时会明显地感受到。

本书的一大特点是中西比较研究，比较的对象是柏拉图《理想国》的正义思想。按照规则，比较研究是先求同后比异。可是，当时的中国是七个地域大国即将统一于其中的秦，当时的希腊是数百个城邦安于分立，两者之间有什么同可言呢？但是，只要潜下心来就会发现，《韩非子》和《理想国》都有正义思想，它们的正义思想都是主张增强国家实力、提高政府效能、全面管控社会和思想的，这不是两者之同吗？它们所表现的邦国纷争、政治集权、思想统一的形势和任务也是一致的。在此基础上做比较研究，可以了解它们大体一致的正义思想各自又有着怎样的特点。比如，柏拉图对于正义的构成和层次有更为细致的区分，对于新文艺的建设有一套成系统的主张，这与雅典城邦本质上是公民社会直接相关；而韩非则在三晋法家传统的基础上，追求正义的普适性和大众化，对文艺并不重视，这与秦国加强中央集权制度，推行消除"六虱""五蠹"、驱民农战的政策，以建成"齐民"（秦称"黔首"）社会为目标是一致的。想一想，除了与其他城邦处在对立的状态之外，还与内部的占人口多数的奴隶阶级和外邦人处于对立状态，希腊城邦的公民群体如果不能想方设法团结起来，巩固城邦权力，凝聚力量，他们的命运将会怎样是可想而知的。战国法家的理想是建设一个全体民众一律接受官府统治的社会，让全体民众团结起来，这显然不是他们关心的问题。这就是决定希腊城邦公民社会与战国中央集权大国齐民社会在正义思想上有着深层差异的现实基础。关于《韩非子》与《理想国》正义思想的异同，本书有着颇为精彩的比较研究，值得一读。

  凡有价值的学术成果都不是轻而易举就能得到的，本书也不例外。张娜为人聪颖，但更用功。考研面试时老师问她为什么要转专业方向，而且转变的幅度这么大，她说自己上中学时就想学历史，大学期间也未停止阅读历史书籍。从对历史有着良好的领悟能力来看，她的确是下了功夫的。那些年我因为工作较多，对同学们的关心不够，许多情况不太了解。只是在读到作业时才多少知道一点他们的科研情况。入学后一段时间，张娜每交来一篇作业，都会让我对她的进步之快感到吃惊。再后来，我就习惯了，认为她进步快是理所当然，不必惊怪。其实，她的每一个进步都是付出了非同寻常的努力的。张娜毕业后，我听低年级的同学讲，她在读博期间用功甚勤，身体健康受到影响，严重时竟因久坐而导致行步艰难。我听了，嗟讶不已。

  以上，我就自己所知道的与本书相关的一些情况略作说明，希望能对读者朋友们了解本书作者和相关背景起到一点作用，也希望张娜能够以此次出版为契机，继续前进，在学术研究的道路上行稳致远。

蒋重跃

北京师范大学前主楼 633 办公室

2024 年 3 月 20 日

目 录

绪论 ·· 1

　第一节　本书的正义概念及选题意义 ································· 1
　　一　何为正义 ··· 1
　　二　选题意义 ·· 18
　第二节　研究综述 ··· 23
　　一　历代研究的总体情况 ·· 23
　　二　关于韩非子其人其书的研究 ······································ 25
　　三　关于韩非子正义思想的研究 ······································ 31

第一章　韩非子正义思想产生的历史条件 ···························· 38

　第一节　韩非子的生存环境 ·· 38
　　一　战国的动荡时代 ·· 39
　　二　韩国的黑暗现实 ·· 54
　第二节　韩非子的身世与著述 ··· 59
　　一　孤愤的贵公子 ··· 59
　　二　口吃而善著书 ··· 74

第二章　韩非子正义思想的内容、特点与局限 ····················· 79

　第一节　韩非子正义思想的主要内容 ································· 79

一　秩序优先：国无君不可以为治 ……………………… 86
　　二　制度保障：法、术、势 …………………………… 90
　　三　利益支撑：驱动、宗旨、标准 …………………… 98
第二节　圣人：正义实现的决定性因素 …………………… 102
　　一　圣人：道德性、哲学性与政治性 ………………… 104
　　二　圣人：一心救世，不惧卑污，役身以进 ………… 112
第三节　韩非子正义思想的特点与局限性 ………………… 120
　　一　韩非子正义思想的特点 …………………………… 121
　　二　韩非子正义思想的局限性 ………………………… 134

第三章　韩非子正义思想的理论基础 ……………………… 144

第一节　历史观 ……………………………………………… 144
　　一　历史分期和历史发展 ……………………………… 146
　　二　历史理性与正义 …………………………………… 157
第二节　人情论 ……………………………………………… 161
　　一　人情论的内容与特点 ……………………………… 163
　　二　人情论的理论渊源 ………………………………… 172
　　三　人情论与正义 ……………………………………… 177
第三节　道理论 ……………………………………………… 181
　　一　道理论的内容 ……………………………………… 181
　　二　道理论与正义 ……………………………………… 195

第四章　韩非子与柏拉图正义思想之异同 ………………… 200

第一节　柏拉图的时代、生平与著述 ……………………… 201
　　一　时代：战败、智者与诗人 ………………………… 202
　　二　坎坷政途与不朽对话 ……………………………… 212

第二节　柏拉图的正义思想……………………………… 219
　　一　柏拉图正义思想的主要内容…………………… 219
　　二　哲学家王：正义实现的关键…………………… 230
　　三　柏拉图正义思想的特点与局限性……………… 233
　　四　柏拉图正义思想的理论基础…………………… 242
第三节　韩非子与柏拉图正义思想的异同……………… 248
　　一　无情有义：私有与公有………………………… 248
　　二　个人工具化：历史之动与理念之静…………… 254
　　三　专家治国：向下的圣人与向上的哲王………… 256

余论　韩非子正义思想的当代价值……………………… 265
　　一　整顿吏治的共鸣………………………………… 268
　　二　融通法俗的启示………………………………… 275

主要参考文献………………………………………………… 279

绪　　论

第一节　本书的正义概念及选题意义

一　何为正义

正义是政治哲学的核心概念之一，也是人们不懈的追求。正义虽然伴随着人类的历史，似乎人人明白，无须多言，但要对正义做出明确的且能被普遍接受的界说，则是一件颇为困难的事情。正如黑格尔所言，"要下界说的对象的内容愈丰富，这就是说，它提供我们观察的方面愈多，则我们对这对象所可提出的界说也就愈有差异"。① 正义即是如此，古往今来，多少思想家都研究正义，但每个人对正义的认识都不完全相同。此外，本质定义的形成需要由属（genus）概念加种（species）差来确立。② 如果将正义看作种概念，那么它的属概念是什么呢？对这一点，人们的认识也不尽相同。有的说是价值，有的说是道德、德性，有的说是规则，不一而足。尽管对正义的定义存在诸多困难，不过，通过考察正义理论发展历程中一些具有典型性和代表性的正义论，还是可以对之形成一个较为清晰的认识。

---

① ［德］黑格尔著，贺麟译：《小逻辑》，北京：商务印书馆，2017 年，第 416 页。
② 刘家和：《试说〈老子〉之"道"及其中含蕴的历史观》，《南京大学学报（哲学·人文科学·社会科学）》，2014 年第 4 期。

1. 西方的正义思想

首先是词源的考察。吴寿彭指出，正义（δίκη）、正义的观念（τόδίκαιον），它们的字根"δικ-"是对于"正直"的道路的"指示"，可能和拉丁文"手指"（digitas）或"正直"（directe）出于同一较古的言语。后世法语 droit 和意大利语 dritto 之为"法律"，都是源出于拉丁文"正直"（diyectum）这个词，同希腊语 δικαιον 相似，兼有义和法两方面的用意。① 廖申白认为，δίκαιος（公正的）在其词义上同时就是符合法律的、遵守法律的。δίκαιος 源于动词 δίκαιξω（裁决、判决），后者又来源于名词 δίκη，意义是法律、秩序、审判、公正。所以在希腊语中公正与维护法律的秩序的意义原本是密不可分的。② 穆勒认为，在西方大多数的语言中，如拉丁语、古希腊语、德语、法语，与"正义"（justice）相应的词的词源都与制定法（positive law）或法的早期形式即命令性惯例的由来有关，因而遵守法律是正义的原始要素。③ 三种观点虽略有不同，但都指明了正义和法律之间的密切关系。这也部分解释了后世西方将正义与法律挂钩的现象。

在古典时期，即古希腊罗马时期，形成了比较系统的古典正义论。柏拉图的正义思想集中在《理想国》中，这也是后文论述的重点。简要地说，柏拉图认为正义首先是一种社会秩序，基于城邦公民各自不同的社会身份和地位，使得他们遵循一种符合自身社会身份之内在美德要求的生活和行动。④ 无论是城邦正义还是个人（灵魂）正

---

① ［古希腊］亚里士多德著，吴寿彭译：《政治学》，北京：商务印书馆，2017 年，第 139 页，注释 2。
② ［古希腊］亚里士多德著，廖申白译注：《尼各马可伦理学》，北京：商务印书馆，2003 年，第 129 页，注释 1。
③ ［英］约翰·穆勒著，徐大建译：《功利主义》，北京：商务印书馆，2019 年，第 57—58 页。
④ 万俊人、梁晓杰编：《正义二十讲》，天津：天津人民出版社，2007 年，编者序，第 4 页。

义，都强调内部各个组成成分的各安其位，各自发挥相应的作用。柏拉图还重视城邦整体的利益。亚里士多德在《政治学》与《尼各马可伦理学》等著作中表明了自己的正义论。他按照自己的典型研究方法，分析了"正义"的不同意义及类别。亚里士多德讲公正或正义，其最大特点，也是最大贡献，则在于走入现实中，详细对现实中的公正作了重要的也很详细的分类。亚里士多德区分了"自然的公正"和"约定的公正"，区分了分配的公正、矫正的公正、回报的公正、政治的公正。①

亚里士多德的正义理论是城邦体制的产物。正义只存在或适用于城邦共同体内部，更确切地讲是同一个城邦的公民之间才有正义。至于非公民的女性、奴隶和外邦人，他们之间、他们和公民之间没有正义可言。② 换言之，公民或者希腊人对非公民、非希腊人就可以施加暴行而不会被认为是不正义。在某种意义上，这种正义观念具有普遍性。在亚里士多德的时代以及他之前的时代，人们一般都看重共同体的区分，在共同体内部和外部实行不同的标准。这种状况在罗马帝国时期发生了重大改变。斯多葛派就是这种转变的集中表现。斯多葛派在新的时代提出了新的正义思想，其核心就是基于自然法（或自然理性）的人人平等，具体内容体现在公民权利、奴隶地位和两性关系三个方面。③ 与此相似，在宗教领域，产生于罗马帝国的基督教也突破了古犹太教的民族局限，宣称任何民族的人都是神的子民，都可以通过信仰得救。由此，正义具有了某种普遍性，平等成为正义的重要内容。

中世纪是基督教的时代，在这一时期占据统治地位的是神学的正

---

① ［古希腊］亚里士多德著，廖申白译注：《尼各马可伦理学》，周辅成的序，第 ix-x 页。
② ［古希腊］亚里士多德著，廖申白译注：《尼各马可伦理学》，1134a25-1134b10。
③ 余卫东、费雪莱：《论斯多葛学派平等思想》，《湖北大学学报（哲学社会科学版）》，2013 年第 3 期。

义论。基督教的正义论吸收了应得、德性整体、相关于他人的善、不干涉、比例的平等这些古希腊的正义概念及相关观念,并把这些融合在一种与神相沟通的良心正直（righteousness）的概念之中,① 把正义的实现寄托于神的末日审判。奥古斯丁基于对现实人性罪恶感的认识,认为现实生活中没有正义可言,只有彼岸的上帝才是正义的源泉,上帝和天国是反映正义的道德的出发点和最终目的。② 托马斯·阿奎那把正义定义为"一种习惯,依据这种习惯,一个人根据永恒不变的意志使每个人获得其应得的东西"。正义由两部分组成：第一种是分配正义,即"按照人们的地位而将不同的东西分配给不同的人"；第二种是交换或矫正正义,它所关注的是个人之间的交易和交往中的问题以及在出现不当的行为或违法行为时如何进行调整的问题。表面上看,阿奎那与亚里士多德的正义思想并无二致,但由于社会历史的内容已经发生了变化,这是两种实质上不同的正义论。③

文艺复兴和思想启蒙运动冲破了宗教的藩篱,近现代的各种正义论纷纷出现。霍布斯从自然状态的假说出发,认为人们要摆脱相互之间的战争状态,确保个人的生存和财产权,必须订立契约,组织国家。因此,所订信约必须履行,正义取决于事先存在的契约。在订立信约之后,失约就成为不义,而非正义的定义就是不履行信约。④ 正义与契约之间的密切甚至直接的联系是社会契约正义论的鲜明特点。同样是社会契约式的正义论,霍布斯更关心个人的生存,而洛克更注重财产权；霍布斯主张君主专制制度,而洛克主张君主立宪制度。⑤

---

① 廖申白：《西方正义概念：嬗变中的综合》,《哲学研究》,2002 年第 11 期。
② 万绍和：《从古代正义到现代正义》,浙江大学博士论文,2004 年。
③ 万绍和：《从古代正义到现代正义》,浙江大学博士论文,2004 年。
④ [英]霍布斯著,黎思复、黎廷弼译：《利维坦》,北京：商务印书馆,2019 年,第 109、115 页。
⑤ 曹宪忠：《社会契约理论：霍布斯与洛克之不同》,《文史哲》,1999 年第 1 期。

洛克指出，人们之所以愿意脱离自然状态而加入某个政治共同体，最主要的原因在于期待政治权力能够有效保护私人财产权。① 卢梭的社会契约论也有自身的特点。他区分了"公意"和"众意"，认为只有公意才能代表公共利益，只有公意的统治才是正义的。卢梭非常推崇自由，认为"人生来是自由的"；人们同意让渡自己的一部分权利，通过订约的方式组成或加入共同体，其目的仍然是保障自由。② 可以说，卢梭的正义论以自由为核心。

休谟对社会契约式正义论提出了批评，在人性论的基础上提出了以财产权为核心、以功利主义为根据的正义论。③ 休谟认为正义是人为设定的一套原则，有自身的主观条件和客观条件。人性是正义的主观条件，而物质资源的缺乏是正义的客观条件。④ 因为财产权与正义的密切关系，休谟提出了财产权的三条正义规则。⑤ 之后，穆勒的功利主义正义论以个人权利的实现和保障作为正义的第一要义，把"功利优先"作为统摄正义的第一原则。他认为，正义的中心内容和根本基础就是功利，正义的本质是以功利原则为基础的个人权利，正义的目标是最大多数人的最大幸福。他还提出政府适度干预对实现经

---

① ［英］洛克著，叶启芳、瞿菊农译：《政府论》（下），北京：商务印书馆，1996年，第85页。
② ［法］卢梭著，李平沤译：《社会契约论》，北京：商务印书馆，2017年，第32、3、17—18页。
③ 李蜀人：《休谟的财产正义观探析》，《四川大学学报（哲学社会科学版）》，2015年第4期。
④ ［英］休谟著，关文运译：《人性论》（下册），北京：商务印书馆，1996年，第536页。
⑤ 这三条规则是：一、占有、时效、添附和继承；二、除了所有主同意将所有物和财产给予另外一个人之外，财物和财产永远应当是稳定的；三、必须履行许诺。［英］休谟著，关文运译：《人性论》（下册），第554、566页。对休谟正义规则的分析可参考靳继东：《人为之德与财产权利：休谟正义理论述评》，《伦理学研究》，2014年第3期。

济正义有重要作用。①

罗尔斯的正义论实质上也是社会契约式的正义论,不过与卢梭等人不同,罗尔斯的原初状态是一种理论假设和逻辑推理的起点。人们在"无知之幕"这种状态下必然选择如下两个互相关联的正义原则:第一个原则要求平等地分配基本的权利和义务;第二个原则则认为社会和经济的不平等(例如财富和权力的不平等),只要其结果能给每一个人,尤其是那些最少受惠的社会成员带来补偿利益,它们就是正义的。② 唯其如此,才能最终达到"作为公平的正义"。可以说,罗尔斯的正义观以平等为核心,建立在程序正义观的基础之上。③ 同为自由主义者,诺奇克与罗尔斯的观点有明显的差异。诺奇克摒弃了契约论,以"最低限度的国家"作为批驳罗尔斯的逻辑起点,从市场经济的角度来阐述正义,坚决主张把自由优先、个人权利至上的原则贯彻到社会和经济利益的分配领域。据此,他提出了以权利为核心的正义论。诺奇克指出,判断一个人的持有是否正义,关键在于是否对该持有拥有权利。正是基于这种个人权利,诺奇克提出了持有的正义三原则即获取原则、转让原则和矫正原则,作为其权利正义论的核心内容。罗尔斯和诺奇克关于正义问题争论的关键是"平等"对"权利"。④ 如果说罗尔斯的正义论更关注底层民众的生活,具有现代福利社会的色彩,那么诺奇克对国家权限的压缩、对自由和个人权利的

---

① 何建华:《论穆勒的经济正义思想》,《上海师范大学学报(哲学社会科学版)》,2005年第5期。
② [美]罗尔斯著,何怀宏等译:《正义论》,北京:中国社会科学出版社,1988年,第14页。
③ 蒋先福:《从实体正义到程序正义:卢梭与罗尔斯契约正义观之比较》,《伦理学研究》,2005年第6期。
④ 姚大志:《社会正义——罗尔斯与诺奇克之辩》,《江海学刊》,1998年第3期;栾亚丽:《当代两种不同的正义模式论析——罗尔斯与诺奇克的正义思想评述》,《学术探索》,2009年第1期。

强调则更适于维护少数垄断资本家的利益而对底层民众不利。

马克思从现实的社会生产关系或经济关系出发,在批判西方资本主义的正义原则和实践的基础上,表达了他的社会正义思想——共产主义理想。马克思立论的前提是消灭私有制。他不是用公平、正义的政治法律概念解释分配关系,而是用生产关系来解释分配关系,用生产劳动解释生产关系,这是马克思正义理论的基本逻辑。物质生产和社会经济制度决定了正义的范式及其实质;物质生产的发展决定了正义内容的演变;正义是社会生产发展到一定阶段的产物,是一个历史范畴;是生产决定分配,而不是正义决定分配。自由主义等当代西方政治哲学的正义概念是一个低阶概念,而马克思的正义概念则是一个含义更广的高阶概念。马克思的高阶正义概念从"人类社会或社会化的人类"出发,以"自由人"之间的社会合作为基础,刻画出人类社会可能具有的最高正义原则。这一原则是先前人类历史中出现过的各类正义原则在逻辑上和在历史上自我扬弃的结果。①

2. 中国的正义思想

首先是词源的考察。古代多单音词,"正"与"义"可以单独使用,各有其含义。"正"是"征"的本字,为会意字。甲骨文从止(脚)从口(城),会征伐之意。②《说文》曰:"正,是也。从止,一以止。凡正之属皆从正。"③根据《辞源》,"正"字有十九种含义:平直、端正;正直、公正;标准、准则;正常、正当;决定、考定;正值、对着;纯一不杂;治理;匡正、纠正;正法、治罪;长

---

① 林进平、徐俊忠:《历史唯物主义视野中的正义观——兼谈马克思何以拒斥、批判正义》,《学术研究》,2005年第7期;何建华:《马克思的公平正义观与社会主义实践》,《浙江社会科学》,2007年第6期;王新生:《马克思正义理论的四重辩护》,《中国社会科学》,2014年第4期。
② 徐中舒主编:《甲骨文字典》,3版,成都:四川辞书出版社,2014年,第146页。
③ (汉)许慎撰,(清)段玉裁注:《说文解字注》,2版,上海:上海古籍出版社,1988年,第69页。

官；嫡，与"庶"相对；作为主体者；正面，与"反"相对；副词，恰、止、仅；连词，即使、纵使；政治、政教，通"政"；凭证，通"证"；姓氏。① 可以看出，"正"字的多项含义与现代的正义观念有关，而且和法、政治联系密切。

"义"字在甲骨文中已经出现，《说文》云："从我羊，己之威仪也。"② 根据《汉语大字典》，"义"有三种读音。若读 yí，一般与"仪"相通，意为礼节、仪式；容貌、风度；准则、法度。若读 yì，有二十种含义：适宜；正当、正派；善、好；利益、功用；品德的根本、伦理的原则；平、公正；公益性的，为某种公益事业而举办的；死节、殉难；克制推让；行为超出常人的、有正义感的；古人认为禽畜之贤者；名义上的、假的；掺杂做成的；意思、意义；文体的一种；通"议"，议论；通"俄"，奸邪；通"峨"，高大特立；助词，用于句首；姓氏。羛（读为 xī）台，台名。③ "义"的含义与"正"在公平、正当等方面有重合之处，这或许是它们可以联合为一个词的原因之一。

"正"和"义"结合成一个词，大概最早出现在《荀子》中。《不苟》篇云："正义直指，举人之过恶，非毁疵也。"这里，"正义"是一个偏正结构的双音词，意为符合"正"之标准的"义"。④ 一般来说，"正义"有两种含义。其一，公正的道理；公正的、公道

---

① 《辞源》（第三版），北京：商务印书馆，2018 年，第 2206—2207 页。《汉语大词典》对"正"的解释与《辞源》不完全相同，可参考。《汉语大词典》第五卷，上海：上海辞书出版社，2018 年，第 302—303 页。
② （汉）许慎撰，（清）段玉裁注：《说文解字注》，第 633 页。
③ 汉语大字典编辑委员会：《汉语大字典》，成都：四川辞书出版社、湖北辞书出版社，1991 年，第 1305 页。
④ 丁天立：《先秦法家"法治"主义下的正义话语——以商鞅变法为例》，《西安财经学院学报》，2020 年第 2 期。许超认为，"正""义"两字结合在一起主要表达了"义"的善价值，"正"字起到对善价值的强化作用，并没有独立的意义表达，因为"义"中包含了不偏不斜的含义。许超：《在理想与现实之间：正义实现研究》，天津：天津人民出版社，2016 年，第 34 页。

正直的。"今游侠,其行虽不轨于正义,然其言必信,其行必果"(《史记·游侠列传》);"正义之士与邪枉之人不两立之"(《潜夫论·潜叹》)。其二,语言文字上恰当、正确的含义。古代常用作注释经史的书名,如《五经正义》。① 第一种含义与现代政治学意义上的"正义"关系密切。

众所周知,中国古代缺乏对抽象性、系统性理论建构的兴趣,所以很难在古代发现如西方那样系统的正义理论。然而,中国古代的正义思想确实是非常丰富的。西周伊始,周公等人提出的"敬天保民"口号,基本奠定了后世正义思想的基调。经过长期的积累,在战国时期出现的百家争鸣是中国古代学术思想的繁荣时期。可以说,诸子尤其是儒、道、法三家的正义思想基本厘定了后世人们对正义的理解和想象范围。在汉代独尊儒术之后,儒家的正义思想成为古代的正统和主流,道家和法家的正义思想也产生了重要的影响。

儒家的正义思想。黄玉顺指出,由周公、孔子、孟子和荀子开创的中国正义论的全部理论结构是仁-利-知-义-智-礼-乐。或曰:仁爱情感-利益问题-良知智慧或正义感-正义原则-理智或者工具理性-社会规范及其制度-社会和谐。② 周斌将中国古代法律中的伦理正义划分出三重意蕴:身份正义、亲情正义和人道正义。③

道家的正义思想。自由、平等是正义思想的题中应有之义。吕锡琛认为道家的"道"是中国式的自然律;老子"以百姓心为心"等思想表达了以被统治者的意志进行统治的政治自由主张;郭象等"物任其性""各得其正"等主张蕴含了个性自由的可贵精华;而"通天下一气""齐万物""损有余补不足"等思想,则逻辑地通向

---

① 参见《辞源》(第三版),第2211页。
② 黄玉顺:《中国正义论的形成》,北京:东方出版社,2015年,第24页。
③ 周斌:《中国古代法律中伦理正义的三重意蕴》,《哲学研究》,2012年第9期。

了政治平等和经济平等的诉求。① 陈戈寒指出，道家的正义观念至少包括三个方面的内容：从统治者方面来看，无为即正义；从百姓角度看，自由、自化即正义；当正义作为一种对待他人、他物的态度时，它强调要公正地对待他者。道家的正义包括自由、平等、安全等不可通约的价值诉求。②

整体上来看，目前对中国古代正义思想的研究虽然取得了一些可贵的成果，但仍有很大的研究空间，需要进一步地充实。

通过对中西方正义思想的简要梳理，可以发现，正义是一个历史范畴。人们的哲学理念不同、历史时期不同、文化背景不同、人性观不同、政治制度不同、伦理道德观念不同都会产生迥异的正义观。③ 这说明，正义具有哲学、历史、文化、人性、政治和伦理（或道德）等属性。

正义是由情感、事实和价值叠加而成的复合结构。④ 正义是一种最朴素的人类情感，即正义感。⑤ 一般而言，那些受到不正义对待的

---

① 吕锡琛：《论道家对社会正义的诉求》，《湖北大学学报（哲学社会科学版）》，2005年第6期。
② 陈戈寒、梅珍生：《论道家正义观的内在因素》，《江汉论坛》，2006第11期。
③ 正义观与哲学理念、文化背景、人性论、政治制度、伦理道德观念之间的关系不是单向的，而是双向互动的。
④ 许超认为，正义作为一个政治哲学概念，需要从事实和价值两个层面进行分析。穆勒认为，正义观念含有两种要素，一是行为规则，二是赞同行为规则的情感。第一个要素必定被认为是全人类共有的，而且必定是为了全人类的利益。另一个要素（情感）则是一种欲望，想要违反行为规则的人受到惩罚。许超：《在理想与现实之间：正义实现研究》，第23页；[英]约翰·穆勒著，徐大建译：《功利主义》，第65—66页。
⑤ 关于正义感，穆勒认为正义的情感，就它的一种要素是惩罚的欲望而言，就是一种报复或报仇的自然感情，这种自然感情由于智力和同情心的作用，可用于我们受到的一些伤害——我们由于整个社会而受到的伤害或者是我们与整个社会共同遭受的伤害。正义的情感原本是一种动物性的报复欲望，因一个人本人或他所同情的对象受到伤害或损害而欲求反击或报复，但后来由于人的博大的同情能力和明智的自我利益概念的作用，这种报复的欲望把自己的同情对象扩展到了所有的人。[英]约翰·穆勒著，徐大建译：《功利主义》，第64—66页。

人或者不正义行为的目击者都会自然地产生愤怒、怨恨等感情。这种情感甚至可以在人类的近亲如黑猩猩等灵长目动物中找到明显的例证。①正义是事实，是人们看得到的统治者的政策，是权力、物质利益、荣誉、惩罚等事物的分配，是法律的实施等。人们对情感和事实这两个层面的正义往往容易达成共识，而正义的价值层面则会产生诸多分歧。不同文化背景下的人们虽然可以认同一些具有普遍意义的价值，如自由、平等、个人权利、安全、秩序等，但对这些价值的排序却大为不同。事实上，人们对正义的不同认识关键就在于价值排序的不同。

正义是公正适宜的道理，是某个历史阶段某个人类共同体为保障其成员的利益而形成的一套价值观念与行为准则。国家出现后，正义一般以统治阶级的意识形态和利益为主要标准。正义基于人性，是人类共同生活的必要条件，使得人们的共同生活成为可能。正义本身具有条件性。就个人而言，正义一般以共同体成员的共同遵守为条件。②正义产生于有利益冲突的社会，是社会中首要的、基础性的价值系统，是政治制度、经济制度、法律等赖以构建的指导性原则与目标。正义的内容包括利国利民原则、公平原则、守法原则、平等原则、所有权原则、自由原则、托底原则③等。

---

① ［美］德瓦尔等著，赵芊里译：《灵长目与哲学家——道德是怎样演化出来的》，上海：上海科技教育出版社，2013年，"交互式利他与公平"一节。
② 他人普遍遵守正义规范是每一个人遵守正义规范的前提。国家出现后，垄断了正义所需要的条件性的实现，所以个人无权再坚持正义的条件性，必须无条件地遵守正义。关于正义的条件性，参见慈继伟：《正义的两面》，北京：生活·读书·新知三联书店，2001年，第18、178页。
③ 所谓托底，就是托住人们的生存底线。这是国家或社会的重要职责之一，即保障人们的生存权，使人们享有最基本的生活资料而不至于冻饿而死。正如学者指出的那样，托底是人类得以生活、社会得以存续的前提与保证。从民生角度看，托底意味着守护民众生存的底线，让他们的生活得以保底。低于底线甚至无底必将导致民众难以生活在这个社会中，个人将无法结合成群体及社会，更遑论组成民族和国家。高和荣：《论托底型民生》，《北京师范大学学报（社会科学版）》，2020年第3期。

利国利民原则是指人们尤其是统治阶层必须将国家人民之公利置于首位，公利应该成为个人私利实现与满足的必要条件。① 公利之中，安全和秩序无疑处于优先地位，其次是各种物质利益等。统治者应该为国家尤其是为人民谋福利，这大概是人们对正义最古老的理解。中国古代所盛称的圣人，就是那些通过有利于民生的制度安排来"使民养生丧死无憾"的伟大政治家。② 周革殷命，周初统治者提出并为历代所奉行的"敬天保民"思想，所指向的依然是利国利民原则。春秋时期，邾文公卜迁国的事例生动地说明了"天生民而树之君，以利之也"（《左传·文公十三年》）的道理。战国时期，诸子虽然彼此论战攻讦，然而毫无例外，利国利民都是他们思想的旨归所在。从古希腊来看，柏拉图在以"正义"为主题的《理想国》中反复强调城邦的利益高于个人的私利，真正的统治者是那些一心为被统治者谋利益的人。③ 亚里士多德认为政治学上的善就是"正义"，正义以公共利益为依归。④ 从政治正当性与合法性的角度来看，利国利民是一把重要的甚至是首要的标尺。值得指出的是，利国利民原则不可走向极端，否则容易与自由原则、所有权原则发生冲突。

公平原则意味着每个人应该"得其所应得"，⑤ 比较侧重于分配领域。不过，如何分配才是公平的（包括可欲的与不可欲的，如权利、义务和刑罚），不同的历史阶段和文化传统会给出不同的回答。

---

① 赵汀阳：《坏世界研究：作为第一哲学的政治哲学》，北京：中国人民大学出版社，2009 年，第 32 页。
② 韩东育：《道学的病理》，北京：商务印书馆，2007 年，第 48 页。
③ ［古希腊］柏拉图著，郭斌和、张竹明译：《理想国》，北京：商务印书馆，1986 年，347A。
④ ［古希腊］亚里士多德著，吴寿彭译：《政治学》，北京：商务印书馆，2017 年，1282b15-20。
⑤ 正义的最一般的定义是查士丁尼所说的，正义乃是一种使任何人获得其所应得的一种不间断的、永恒的意志。邓正来主编：《布莱克维尔政治学百科全书》，北京：中国政法大学出版社，1992 年，第 382 页。

在身份社会，根据身份来分配被认为是正义的，典型的如嫡长子继承制，春秋时期实行的世卿世禄制。随着历史的发展和社会结构的愈益复杂化，上述制度暴露出越来越多的问题，引起了人们的普遍不满。韩非子就对贵族政治的弊端进行了深刻的揭露，并强烈要求以人们的才能和功绩为标准来分配爵禄，所谓"贤材者，处厚禄任大官；功大者，有尊爵受重赏"（《韩非子·八奸》）。① 柏拉图在《理想国》中对城邦正义所做的说明——即每个人根据自己具有的不同天赋才能与品性，从事一份适合自己的职业，做好自己的分内之事并且不试图干涉他人或兼做多种职业②——与韩非子的观点相似。亚里士多德认为政治权利的分配必须以人们对于构成城邦各要素的贡献的大小为依据，③与柏拉图的观点一脉相承。可以说，公平原则强调权利义务的对等，注重按照人们的实际功绩进行合理分配。从公平原则可以引申出交换的等值规则和人与人之间相处的相互性规则。相互性规则的正面表述是投桃报李，负面表述是以牙还牙。

守法原则中的法取其广义，不仅包括国家颁布的成文法，还包括礼、惯例、神法、自然法等等。如前所述，在西方大多数的语言中，如拉丁语、古希腊语、德语、法语，与"正义"相应的词的词源都与制定法或法的早期形式即命令性惯例的由来有关，因而遵守法律是正义的原始要素。④ 而且，守法这一原则始终贯彻于西方政治思想中。在中国古代，"法"在金文中已经出现。《说文》正书作"灋"，曰"刑也，平之如水，从水；廌，所以触不直者去之，从廌去"。⑤

---

① 本书所用的《韩非子》引文均出自王先慎的《韩非子集解》，以下仅称篇名。（清）王先慎撰，钟哲点校：《韩非子集解》，北京：中华书局，1998年。
② [古希腊] 柏拉图著，郭斌和、张竹明译：《理想国》，433A—434C。
③ [古希腊] 亚里士多德著，吴寿彭译：《政治学》，1283a10—15。
④ [英] 约翰·穆勒著，徐大建译：《功利主义》，第57—58页。
⑤ （汉）许慎撰，（清）段玉裁注：《说文解字注》，第470页。

"法"自造字之时起已经具有了公平执法与惩罚罪犯的含义。也正因为法所包含的公平与报复性正义使得守法成为人们公认的正义原则。在成文法出现之前,礼或古老的惯例等不成文法是判断人们言行适宜与否的标准。换言之,遵守礼或惯例等规范就是正义。到韩非子的时代,他认为礼这样的规范已经不再适应社会的实际需要了,因而必须以君主颁布的成文法作为唯一的标准:"令者,言最贵者也;法者,事最适者也。言无二贵,法不两适,故言行而不轨于法令者必禁。"(《问辩》)不过,与习惯法或神法、自然法相比,人定的成文法虽然有各种优势,但亦存在一个致命的问题,那就是法很有可能是某种恶法。那么对于恶法,人们也必须遵守不违吗?我们只能说,在一般情况下,掌控着立法权的统治集团能够保持基本的理性,其所制定的法律不会过分偏离正义。

平等①原则是指规则、制度尤其是法律应该无差别地普遍适用于所有社会成员,那些受到人们热烈追求的利益应该向所有成员公平开放,而不应有贵贱、亲疏、远近、性别等方面的差别。由于人自身条件的自然差别无法避免,人与人之间不可能绝对平等,这就决定了平等不能被等同为平均分配,否则就与公平原则相冲突。如果说原始社会是一个平等的社会,那么之后的社会形态几乎都以不平等为常态,为基础,也唯其如此,平等才成为人们不懈追求的目标。"礼不下庶人,刑不上大夫"(《礼记正义·曲礼》)的说法体现的就是礼治的不平等原则。对此,韩非子悲愤地指出,"犯法为逆以成大奸者,未尝不从尊贵之臣也。然而法令之所以备,刑罚之所以诛,常于卑贱,是以其民绝望,无所告诉"(《备内》)。他一

---

① 在政治思想中,平等的概念有两种基本的用法:一、指本质上的平等,即人是平等的动物;二、指分配上的平等,即人与人之间应在财产分配、社会机会和(或)政治权力的分配上较为平等。在平等主义的理论中,本质上的平等常被用来证明分配上的较为平等。邓正来主编:《布莱克维尔政治学百科全书》,第230页。

方面要求"法不阿贵，绳不挠曲"(《有度》)，人们在法的面前应该得到平等的对待；另一方面要求打破贵族对官职的垄断，创造制度化的上下流动渠道。当然，韩非子的平等思想亦有其局限性。由于中国古代长期处于提倡礼治之儒家思想的笼罩之下，法律的儒家化①使得韩非子及法家诸子所提出的朴素的"法律面前人人平等"的思想受到排斥，所幸科举制度还保留了一些平等的意味。柏拉图和亚里士多德是城邦思想家，他们对平等的讨论不出公民集体的范围，女性、外邦人、奴隶等都是先天被排除在外的。基督教第一次普遍地宣传人人平等的思想，虽然这不过是一种宗教性的抽象平等，尚无具体的内容。近代以来，霍布斯提出的自然状态假说暗含了人人平等的思想，而他所提出的第九自然法清楚地表达出人人平等的理性原则。② 此后，平等逐渐成为西方思想中的一种核心价值并被普遍接受。

所有权原则伴随着私有制，对国家而言意味着领土主权，对个人而言主要指的是私有财产。根据所有权原则，国家主权或私人财产权都是不可侵犯的，否则就是不正义的。一般而言，中国古代私法不发达，对私有财产权的保护比较弱。纯粹性的私人财产很难得到承认，更何谈保护。近代以来，私人财产权才逐步得到确认和保护，所有权原则才明确成为正义的原则之一。就先秦诸子而言，恐怕只有法家公然宣扬私有财产权的合法性并力图保护之。韩非子从好利恶害的人性出发，认为要想实现富国强兵，就必须让人们在耕战中得到实惠，增

---

① 所谓法律儒家化，表面上为明刑弼教，骨子里则为以礼入法，怎样将礼的精神和内容窜入法家所拟定的法律里的问题。换一句话来说，也就是怎样使同一性的法律成为有差别性的法律的问题。瞿同祖：《中国法律与中国社会》，北京：商务印书馆，2010年，第378页。
② ［英］霍布斯著，黎思复、黎廷弼译：《利维坦》，第118页。

加他们的私人财富并对之进行切实的保护。① 柏拉图对所有权问题的看法比较特殊,他认为不正义的根源在于私有财产制,因此在理想国中的卫士等级中实行公有制。然而在《法律篇》中,柏拉图调整了自己对所有权问题的看法,按照财富的多寡划分公民等级并让前两个富裕等级享有更充分的政治权利。洛克大概是西方思想史上最重视财产权的人了,在他那里正义的标准已经被简化为一个,即财产权。② 洛克指出,"无财产,就无非义",所谓的不正义指的就是侵犯或破坏财产权。③ 况且,人们之所以脱离自然状态而加入某个政治共同体,最主要的原因在于期待政治权力能够有效保护财产权。④ 如果政府不能保护甚至侵犯财产权,那么这个政府就是不正义的,人们当然有权推翻它。从某种意义上说,个人意义上的所有权容易与托底原则发生矛盾,尤其是在国家需要向富人征收重税来维持福利政策的情况下。

自由原则。⑤ 自由不是肆无忌惮,而是指人们在不违反法律等社

---

① 《韩非子·五蠹》:"夫耕之用力也劳,而民为之者,曰:可得以富也。战之事也危,而民为之者,曰:可得以贵也。"《韩非子·解老》:"民不敢犯法,则上内不用刑罚,而外不事利其产业。上内不用刑罚,而外不事利其产业,则民蕃息。民蕃息而畜积盛。民蕃息而畜积盛之谓有德。"民众只要不犯法,就可以安享并增加自己的财富。
② 霍伟岸:《自然法、财产权与上帝:论洛克的正义观》,《学术月刊》,2015 年第 7 期。
③ 洛克说,所谓的财产的观念乃是指人对于某种事物的权力而言,所谓非义的观念乃是指侵犯或破坏那种权利而言。[英]洛克著,关文运译:《人类理解论》(下),北京:商务印书馆,1983 年,第 540—541 页。
④ [英]洛克著,叶启芳、瞿菊农译:《政府论》(下),第 85 页。
⑤ 自由是一个极为复杂的概念。根据《布莱克维尔政治学百科全书》,自由从字义上说大多意味着"不被阻碍、不被控制、不受摆布"。自由可以分为消极自由和积极自由。消极自由的理论可以简述为:我的自由不过是一系列我可以做别人无法阻止或惩罚我的事情。积极自由的理论可以简述为:当我可以掌握自己的命运时,我是自由的。斯多葛派、柏拉图、康德和卢梭的自由观念一般说来属于积极自由。自由还可以分为古代人的自由和现代人的自由(贡斯当)。贡斯当指出,古代希腊公民的自由一方面取决于奴隶制,一方面有赖于或多或少的经常性战争的要求。邓正来主编:《布莱克维尔政治学百科全书》,第 271—273 页。

会规范、不妨害他人的前提下免受干涉与强制,可以自主决定自己的行为。正如孔子所言,自由是"从心所欲不逾矩"(《论语·为政》)。有了自由,人们可以按照自己的意愿迁徙、选择职业和生活方式等等。自由不是从来就有的,在梅因看来,社会的进步就是人们逐步摆脱身份束缚的枷锁走向自由平等的过程。① 进步社会之所以进步,就是因为个人逐步从家族中脱离出来,逐步地从各种各样的人身依附关系中脱离出来。西方近代资本主义产生、发展的一个基本条件就是丧失了土地而身份自由的劳动者,所以自由成为响亮的宣传口号。自由原则不可滥用,尤其是个人自由,否则很容易与守法原则、利国利民原则发生冲突。

托底原则是指国家和社会不仅要为人们创建一个自由公平的竞争环境,还必须保障人们在竞争失败的情况下能够享有最低限度的生活条件。托底原则不仅是自由竞争的保障,更深深植根于人们帮助同类的自然情感。救助者受到人们的普遍赞扬,救济被公认为是一种正义之举。中国古籍所记载的天子巡狩,"春省耕而补不足,秋省敛而助不给"(《孟子·梁惠王下》),可以看作是对古代救济制度的描述。当然,这种制度是否真正实施过,实施的情况如何已经很难确知了。根据《左传》的记载,在春秋时期,如果某国发生重大灾荒,即使是敌国都有义务赈济灾民,如秦国为救济晋国的"泛舟之役"(《左传·僖公十三年》)。某些诸侯国君和贵族为了争取民众的支持也会广泛施舍,不仅限于灾荒之年(《左传》之文公十四年、十六年)。不过,这种施舍的对象大概仅限于拥有一定政治权力的"国人"或"士",而非专门针对贫穷或生活无着之人。延至后世,官府有义务在灾荒之年开仓放粮,赈济灾民;不少善人也为饥民开设粥棚、粥

---

① 所有进步社会的运动,到此处为止,是一个"从身分到契约"的运动。[英] 梅因著,沈景一译:《古代法》,北京:商务印书馆,1996年,第97页。

厂。在农村，宗族发挥着一定的社会救济职能。可以说，古代的救济尚未制度化，官方的救济对象更偏重于灾民而非贫民。① 与春秋时期的救助相似，古希腊罗马的社会救助范围亦限于公民集体，政治色彩明显。无论是梭伦改革的解负令还是罗马的福利粮，都是为了巩固公民集体。基督教与此不同。基督教的社会救助面向所有需要帮助的人（尤其关注穷人），甚至非基督徒和敌人，而非狭隘的公民共同体。② 近代资本主义兴起后，自由竞争所产生的严重的贫穷问题使得国家福利政策成为维持社会稳定的必要措施。著名的罗尔斯正义论就非常注重托底原则。这可以从罗尔斯的第二条正义原则看出来：社会和经济的不平等应这样安排，使它们在与正义的储存原则一致的情况下，适合于最少受惠者的最大利益。③ 毫无疑问，罗尔斯更为关注社会上的最少受惠者，他所设计的制度以现代西方福利国家的制度为蓝本。从现代高福利国家的实践来看，如果国家为人们提供的福利过于优厚，乃至使得人们失去了工作的意愿，这样的政策显然已经违背了公平原则和利国利民原则。

正义所包含的或许不止上述七个原则，但这些原则无疑是非常重要的关键性内容。这些原则之间必须保持某种动态的平衡，而不能让其中某种或某几种原则过分发展，否则就会背离正义。

二 选题意义

韩非子和柏拉图是中西方思想史上的著名思想家、哲学家，正义

---

① 关于中国古代民间的救济，可参考薛剑文：《中国古代民间慈善救济事业的变迁及作用》，《山西大学学报（哲学社会科学版）》，2013年第3期。该文对中国古代民间慈善救济的发展沿革、特点、社会作用和影响等进行了论述。
② 刘林海：《从"公民友爱"到"兄弟之爱"——古罗马社会救助伦理的发展》，《北京师范大学学报（社会科学版）》，2018年第6期。
③ ［美］罗尔斯著，何怀宏等译：《正义论》，第302页。

是他们关注的核心问题之一。目前,学界对韩非子正义思想的关注还很不够,对二者的比较研究也较为少见。事实上,韩非子和柏拉图的思想有较强的可比性,对他们正义思想的比较研究具有重要的学术意义、理论意义和现实意义。

学术意义。在春秋战国这个中国历史上的第一个大变革时代,涌现出了一大批极具原创力的思想家,即诸子百家。他们关心现实,针对当时社会的重大问题提出了具有鲜明特色和理论深度的思想学说。而且,他们都希望自己的学说能被当时的统治者采用,以在人间建立理想王国为目标。儒家高举仁义道德的大旗,试图通过重建道德与人心来解决现实问题。虽略嫌迂阔不切于事情,但儒家对实质正义的关注与追求则十分有意义。以韩非子为代表的法家深刻洞察社会现实,并提出一整套有极强针对性的理论来解决现实问题。从汉武帝"独尊儒术"以来,学者们大多喜欢用儒家的眼光来审视韩非子及法家的思想。至今仍有学者坚持认为韩非子是"非道德主义者",不承认他的思想中有什么正义的东西。近代以来,随着西方思想的传入,学者研究视野的扩大,一方面人们认识到韩非子的思想在政治学、哲学等方面的巨大价值,另一方面人们能够以之为标准来衡量韩非子的思想。但无论以儒家式的仁义道德还是以西方近现代思想为中介来研究韩非子的思想,都很有可能认定韩非子的思想不具有任何正义性。这两种研究思路,要么带有儒家意识形态的道德傲慢,要么带有现代民主政体的进步偏执,① 都无法平心静气地展示韩非子思想的真正面貌。这种看问题的方法在今天看来似乎应该做出某种意义上的清算。② 事实上,已经有一些学者提出疑问,指出韩非子的思想中存在

---

① 宋洪兵:《重建我们的信仰体系,子学何为?》,《诸子学刊》,2016年第13辑。
② 这些研究无疑都属于外部批判,即站在一个理论的外部,按照另外的理论对其进行批判。外部批判可以加固批判者自身达到信念,但却不大可能说服被批判者。赵敦华:《现代西方哲学新编》,北京:北京大学出版社,2001年,前言,第7页。

丰富的正义思想和政治正当性的理论。韩非子"以法治国"的思想体现出制度正义的显著特点，①"不疏贵贱，一断于法"则是典型的形式正义。②尽管对韩非子正义思想的研究有了一些成果，但一般侧重于指出其法治思想内涵的平等、公正等价值，③而对韩非子思想中另外的两个重要概念"术"和"势"是否具有正义性则重视不足。此外，这些研究略显零散，尚未形成完整的理论体系，尚未揭示出韩非子正义思想的内部结构及其本质。

比较研究方面，常见的是将马基雅维利与韩非子进行比较，比较的落脚点基本集中在他们的性恶论、阴谋权术、非道德主义和功利主义等方面。④马基雅维利在西方世界曾背负着并仍背负着骂名，与韩非子在中国的情况相仿佛。论者之所以选择将马基雅维利作为韩非子的比较对象，隐含的一个前提是韩非子和马基雅维利的思想在某种标准（如仁义道德）衡量之下都是恶的，即使他们揭露了人类政治生活的现实，即使具有一定的实用价值，这样的思想也不应该提倡。如此的比较研究固然有一定的价值，能够帮助人们认识韩非子思想中那些比较消极的内容，但也容易误导人们，使人们产生"韩非子的思想仅此而已，别无其他"的看法。事实上，对于像韩非子这样的大思想家，其理论具有多重复杂的面相。基于此种认识，人们要想深入全面地理解韩非子的思想，势必要从多个角度入手进行研究，合理选取不同的对象来进行比较。柏拉图恰好就是一个适宜的比较对象。从

---

① 刘宝才、马菊霞：《中国传统正义观的内涵及特点》，《西北大学学报（哲学社会科学版）》，2007年第6期。
② 宋宽锋：《〈韩非子〉对形式正义的追求及其局限》，《长安大学学报（社会科学版）》，2016年第4期。
③ 如胡发贵：《试论先秦法家"法"的公正意蕴》，《浙江学刊》，1990年第3期；徐克谦：《韩非子法治公正思想浅析》，《管子学刊》，2020年第1期等。
④ 张昭对韩非子和马基雅维利比较研究的情况进行了不错的梳理，可参考。张昭：《韩非和马基雅维利比较研究述评》，《天中学刊》，2015年第3期。

二人生活的时代来看，他们虽相差一百多年，但都属于雅斯贝斯所谓的"轴心时代"。从二人在思想史上的地位来看，韩非子是先秦诸子的殿军，集法家乃至诸子思想之大成；柏拉图前有智者运动和苏格拉底，后有亚里士多德，他提出的诸多问题成为后世西方哲学研究的基本问题，地位之重要不言而喻。① 从二人的思想体系来看，他们都有深刻的哲学思考，都有基于哲学思考而提出的、回应时代挑战的政治理论，而且他们都关注正义问题。

理论意义。理论是对客观事物本质的认识，因此对我们认识客观世界和人类社会具有普遍的指导意义。对韩非子和柏拉图正义思想的比较研究而言，主要涉及的理论问题是正义论，即回答正义是什么，包括哪些原则，内部结构如何，具有什么属性等问题。在这方面，西方的学者做得比较充分，成果斐然。其中具有代表性的正义论有：柏拉图、亚里士多德等人的古典正义论，基督教的神正论，霍布斯和洛克的社会契约式正义论，穆勒的功利主义正义论，罗尔斯的公平正义论，诺奇克的极端自由主义正义论等。这些正义论具有很高的理论价值，从不同角度揭示出了正义的某些本质。然而，这些理论仍有令人不能满意之处，尤其是中西文化的较大差异使得我们在研究中国古代正义思想时不能将其中某种正义论作为衡量和评价的标准。就中国而言，"正义"一词是近代以来作为政治哲学的专门术语才流行开来的，在古代典籍中并不常见。然而，这并不意味着古代就没有正义思想。中国古代有着丰富的正义思想是毫无疑问的。不过，古代中国人并不擅长亦不看重抽象的理论建构工作。因此，对古代正义思想的研究势必要求我们首先进行正义的理论建构。只有在对正义进行清楚明确的界说，揭示出其本质结构之后，才能以此为标准来衡量和评价研

---

① 怀特海提出，整个西方哲学史都是柏拉图(《理想国》)的注脚。这样的说法虽然有些夸张，但充分说明了柏拉图的重要地位。

究对象是否有正义思想，正义思想又是否成体系的理论。从之前的研究来看，有两种做法比较流行：或者跳过对正义的界说直接论述，或者选择某种西方正义论作为基础。不可否认，近代以来西方的诸多理论在引进中国后产生了相当大的影响。其中虽不乏优秀的理论，但这些理论中渗透的西方中心论则需要引起我们的高度警觉。在思想史研究方面，"东方专制，西方民主""东方人治，西方法治""东方落后，西方先进"似乎是流行的观念。① 人们常常不自觉地用西方近现代的民主、法治与科学作为标准来衡量中国古代的思想。这样衡量的结果自然证明了上述框架的真实性与有效性。体现在韩非子思想的具体研究中，就是用西方的法治来否定韩非子的法治，用西方的自由和民权来批判韩非子的"专制"与"奴役"。如此研究，自然看不到韩非子思想中丰富的正义思想，自然导致对韩非子乃至整个中国古代思想的否定。这两种流行的做法说明，在中国古代正义思想的研究方面，理论的建构工作仍然存在较大的提升空间，而且具有必要性和紧迫性。

现实意义。我国自改革开放以来，经济快速发展，并取得了丰硕成果。然而，正义并不会随着经济的发展而自动实现。近些年来，不少社会事件的起因都与公平正义有关。随着传统文化的复兴，人们在借鉴西方现代化建设经验的同时，更希望能够从中国传统中找到解决现实问题的历史资源。一般而言，有法不遵、执法不严（包括选择性执法）以及道德滑坡等是人们感受深刻的社会不义问题。而且，道德滑坡的根源之一就是有法不遵、执法不严。怎么解决呢？一味依靠人们的自觉无异于天真，加强对执法者等掌握着一定公共权力之人的监督与奖惩力度才是更有效的措施。于此，韩

---

① 对此，日知（林志纯）有深刻的分析。日知：从《〈春秋〉"称人"之例再论亚洲古代民主政治》，《历史研究》，1981年第3期。

非子正义思想的现代价值就凸显了出来。韩非子不仅坚持"以法治国",强调普法宣传、"信赏必罚"和法律适用的普遍性与平等性,而且对如何"治吏"有深刻的理论认识,并提出了相对具体的一系列方法、措施。韩非子一方面针对普通官吏制定了一套选任、考课、监督与奖惩的制度,另一方面针对手握重权的大臣制定了防止其篡逆夺权的非常规策略。这两方面构成了韩非子"术治"的主要内容。更重要的是,韩非子希望通过必罚、重刑和告奸连坐之类的规训①过程,将规则内化于人心,使得人们不再有违法的意图,在守住法律底线的基础上逐步拉高人们的道德水平,最终实现正义的理想盛世。因此,对韩非子正义思想的研究具有相当明显的现实意义。

第二节 研究综述

一 历代研究的总体情况

《韩非子》的研究始于秦代。汉代对《韩非子》做出重大开创性研究的非司马迁莫属。他的《史记·老子韩非列传》是我们研究韩非子身世与思想的重要资料。司马迁把韩非子的思想概括为"刑名法术之学",认为他的思想"归本于黄老"(《史记·老子韩非列传》),这些都是不刊之论。更有意义的是,这是历史上第一次对《韩非子》进行自觉的学术研究。汉武帝"罢黜百家,独尊儒术"的文化政策,给《韩非子》的研究带来了深远影响。汉代至明代,人

---

① 此处借鉴了福柯《规训与惩罚:监狱的诞生》中的"规训(discipline)"概念,但与之不完全一致。下文将展开论述。

们主要站在儒家的立场来批判《韩非子》。① 清代的研究集中在校勘、考证和注释方面，王先慎的《韩非子集解》是这一时期最重要的成果，至今仍是研究《韩非子》的必备之书。

清末民初到新中国成立前是近代韩非子研究的兴起与蓬勃时期。根据张觉《韩非子考论》之附录二《20世纪〈韩非子〉研究论著索引》（简称《索引》）提供的数据，② 有尹桐阳、唐敬杲、吕思勉、张之纯、夏中道、张陈卿、刘咸炘、谢无量、陈柱、张绍烈、王世琯、容肇祖、陈启天、叶玉麟、曹谦等人的专著共计19部之多。此外还有众多政治思想史、哲学史、伦理思想史等著作都对韩非子思想进行了论述。这一时期以论文为形式的研究成果明显增多。根据《索引》提供的数据，从1908年到1948年，共计发表论文135篇。这时期的研究是考据与义理并重，而且借鉴了西方学术研究的方法。

新中国成立后。根据《索引》提供的数据，1951年到1969年，关于韩非子的论文共计64篇，论著10本。"文革"时期，受"评法批儒"的影响，《韩非子》成为"学术热门"，仅1970年到1979年间，论文就有361篇，论著64部，可谓盛况空前。但稍加浏览即可知晓这并不是正常的学术研究，意义不大。中国台湾在这一时期的研究也有一些成果。"文革"结束后学术研究恢复正常，1980年至1989年间共发表论文160篇，论著24部；1990年至1999年间，论文156篇，著作55部。如果以"韩非"为主题关键词搜索中国知网可知：2000年至2019年12月，论文（包括硕博士论文）共计2463

---

① 例如，《淮南子·泰族训》："掇取之权，一切之术也，非治之大本、事之恒常、可博闻而世传者也"；王充的《论衡·非韩》以儒家的礼义、仁德之道批判韩非子"任刑"而"不养德"；桓范的《政要论·辨能》："夫商鞅、申、韩之徒，其能也，贵尚谲诈，务行苛刻，则伊尹、周、邵之罪人也"；苏辙的《韩非论》："使非不幸获用于世，其害将有不可胜言者矣"等。上述材料见张觉：《韩非子校疏》，上海：上海古籍出版社，2010年，附录之《韩非及〈韩非子〉研究资料辑录》。

② 张觉：《韩非子考论》，北京：知识产权出版社，2012年。

篇，其中2010年、2011年和2012年论文最多，分别为165、181和165篇。当然，中国知网的数据是不完全的，有些高校的博士、硕士论文并未收入。论文之外，还有众多专著及文献研究方面的著作。

二 关于韩非子其人其书的研究

近代以来学者对《韩非子》研究的领域不仅涉及传统的范围如文本辨析、政治思想、人性论、历史观、文学成就等，还开拓了许多新的领域，如军事思想、管理思想、人口思想、经济思想、伦理思想、哲学思想、法律思想、教育思想、心理学、政治哲学、逻辑学、传播学等。还有一些关于《韩非子》的比较研究，有与诸子的比较，也有与国外思想家的比较研究。《韩非子》的研究不仅在广度上不断拓展，深度也在不断加深。值得一提的是，人们对韩非子思想的认识和评价也在变化，呈现出多元化倾向。既有传统的、站在儒家立场上对韩非子思想的否定，也有基于西方民主法治对韩非子所谓"专制""人治"的批判，更有在深刻理解中国传统文化价值基础上对韩非子思想做出的比较公允的肯定。当然，研究思想的最终目的不是单纯评价其善恶优劣。

1. 韩非子其人其书

韩非子的生年史书没有明文记载，故而只能推测。目前有三种意见：第一种以钱穆为代表，他考证韩非子的生年是在韩釐王十五年（前281年）；[①] 第二种以陈千钧为代表，他认为韩非子的生年在前295年；第三种以陈奇猷为代表，他提出韩非子的生年应在前298年左右。[②]

[①] 钱穆：《先秦诸子系年》，北京：商务印书馆，2005年，第698页。
[②] （战国）韩非著，陈奇猷校注：《韩非子新校注》，上海：上海古籍出版社，2000年，附录之《韩非生卒年考》，第1211—1213页。

据《史记·老子韩非列传》，韩非子去世于前233年。关于韩非子的死因，司马迁的记载明显地让人感到他在暗示李斯与韩非子之死直接相关。汉代的王充则将这种暗示明朗化了，"李斯妒同才，幽杀韩非于秦"（《论衡·祸虚》）。近代以来学者们对此有不同的看法。徐勇认为李斯在杀韩非子这件事上是罪责难逃的，邓廷爵认为秦国与韩国之间的矛盾才是韩非子之死的根本原因，蒋重跃认为韩非子之死是他的性格悲剧，与李斯关系不大。①

《韩非子》未遭秦火，保存完整。在20世纪疑古思潮兴起之前，几乎没有人怀疑《韩非子》中有伪作。20世纪初，在疑古思潮的影响下，《韩非子》等古籍的真实性受到了学者们的质疑。胡适的《中国哲学史大纲》、梁启超的《要籍解题及其读法》、容肇祖的《韩非的著作考》、陈启天的《增订韩非子校释》、刘汝霖的《周秦诸子考》、蒋伯潜的《诸子通考》、郭沫若的《青铜时代》《十批判书》、周勋初的《韩非子札记》、潘重规的《韩非著述考》、郑良树的《韩非之著述及思想》、陈奇猷的《韩非子新校注》、张觉的《韩非子校疏》等著作以及很多论文都对《韩非子》篇章的真伪情况进行了辨析。概括而言，最极端的看法，如胡适，认为《韩非子》中只有十分之一二是真，其余皆伪。② 相反，张觉则认为《存韩》篇的后半部分是李斯的言论，至于其他篇章，除《初见秦》篇争议较大尚须谨慎对待外，即使有一些词句方面的问题，都不宜否定它们是韩非子所作。③

---

① 徐勇：《李斯杀韩非原因浅析——兼与王举忠同志商榷》，《松辽学刊（社会科学版）》，1986年第1期；邓廷爵：《关于〈韩子·初见秦〉的作者与韩非之死》，《学术月刊》，1982年第3期；秦献：《韩非死因新说》，《社会科学辑刊》，1988年第6期；蒋重跃：《韩非子的政治思想》，北京：北京师范大学出版社，2010年，第222页。
② 胡适：《中国古代哲学史》，上海：上海古籍出版社，2013年，第8页。
③ 张觉：《韩非子考论》，第74页。

根据张觉的统计，《韩非子》中只有六篇尚未被怀疑，即《问辩》《定法》《诡使》《六反》《五蠹》《显学》。① 蒋重跃在分析了各家对《韩非子》诸篇辨伪的情况后，指出今本《韩非子》很可能来自司马迁所见的十余万言的《韩子》。在没有进一步考古材料的支持下，要想绝对地证实或证伪都是不太可能的。② 马世年在梳理了诸家辨伪的观点及其依据后，提出了自己的看法。他将《韩非子》分为七类：韩非所作；非韩非所作，即《初见秦》《十过》；韩非后学所作，即《有度》《问田》《人主》；疑为韩非后学所作，即《忠孝》《心度》《制分》；韩非所作，疑有错简，即《备内》；韩非所作，疑末尾有脱文，即《南面》；《饬令》是后人节录《商君书·靳令》而成。③

需要特别说明的是《初见秦》篇。由于它与《战国策·秦策一》中所收录的"张仪说秦王章"十分相似，再加上《初见秦》篇中主张"亡韩"，与《存韩》篇的主旨似乎相互矛盾，因此学者们对这篇的归属问题争议较大。沙随程氏认为该篇是范雎所作，梁启超和胡适认为该篇出自张仪之手，太田方认为出自纵横家之手，容肇祖、陈启天等认为该篇是蔡泽所作。④ 郭沫若认为该篇出自吕不韦之手，邓廷爵认为是李斯所作，邹旭光认为此篇最有可能是荀子所作，贺钢推测《初见秦》的作者应为白起。⑤ 也有不少学者坚持该篇出自韩非子之

---

① 张觉：《韩非子校疏》，前言，第15页。
② 蒋重跃：《韩非子的政治思想》，第36—37页。
③ 马世年：《〈韩非子〉的成书及其文学研究》，上海：上海古籍出版社，2011年，《〈韩非子〉篇目真伪表》，第85页。
④ （战国）韩非著，陈奇猷校注：《韩非子新校注》，第1页。
⑤ 郭沫若：《郭沫若全集·历史编》第一卷，北京：人民出版社，1982年，第580页；邓廷爵：《关于〈韩子·初见秦〉的作者与韩非之死》，《学术月刊》，1982年第3期；邹旭光：《〈韩非子·初见秦篇〉作者新考》，《东南文化》，1990年第4期；贺钢：《〈韩非子·初见秦〉篇作者新议》，《西安石油大学学报（社会科学版）》，2017年第6期。

手,如吴师道、陈奇猷、张觉等。张觉甚至认为《初见秦》是韩非子求学荀子之时,在秦昭襄王时到秦国时的上书,所以秦国御史在整理《韩非子》时将其命名为"初见秦"。① 事实上,《初见秦》篇是否出自韩非子之手对研究他的思想没有根本性的影响。学者们对这篇文章归属权的争论,实际上是试图借此研究韩非子的身世及其品质。

2. 人性论与历史观

关于韩非子的人性论,学界大致有两种观点。第一种观点认为韩非子和他的老师荀子一样,是性恶论者。如冯友兰认为,"法家多以为人之性恶。韩非为荀子弟子,对于此点,尤有明显之主张"。② 第二种观点认为韩非子对人性只有事实描述,并未对人性做出善恶判断。张申认为韩非子和荀子的人性论有原则区别,韩非子的人性论既不是性恶论,也不是性善论,而是无善无恶的自然人性论。③

如果从不同的角度看韩非子的历史观,会得出不同的结论。首先,从历史是否进化的角度来看,胡适认为"韩非极相信历史进化"。张子侠认为韩非子对人类社会历史发展过程的认识相当深刻,也是非常复杂的,韩非子的历史观不能简单说是进化论。准确地说,这是一种变易史观。④ 其次,从唯物唯心的角度来看,苏显信、羊华荣认为韩非子的历史观主导方面是唯物主义的;杨钊则认为韩非子极端轻视人民群众而突出个人的作用,是唯心主义的英雄史观。⑤

3. 法、术、势

法、术、势是韩非子政治思想的核心范畴。关于这三者的关系问

---

① 张觉:《韩非子考论》,第27—28页。
② 冯友兰:《中国哲学史》(上),上海:华东师范大学出版社,2010年,第187页。
③ 张申:《韩非是性恶论者吗?》,《吉林师大学报》,1979年第3期。
④ 胡适:《中国古代哲学史》,第258页;张子侠:《关于韩非历史观的几个问题》,《史学史研究》,1997年第4期。
⑤ 苏显信、羊华荣:《韩非的唯物主义历史观及其他》,《四川师院学报(社会科学版)》,1979年第4期;杨钊:《韩非的历史观》,《史学史研究》,2000年第4期。

题，学者们进行了长期争论。概括而言，有四种观点。第一种观点认为法、术、势并重，无分先后。冯友兰认为"韩非以为势、术、法三者皆'帝王之具'，不可偏废"。蒋重跃认为法、术、势三者是循环互补的关系。① 第二种观点认为法是中心，术和势起辅助作用。吕振羽认为"法"是中心，"术"和"势"都不过是行使"法"的必要条件。② 第三种观点认为术是中心。熊十力认为，"韩非之书，千言万语，一归于任术而严法。虽法术兼持，而究以术为先"。③ 第四种观点认为势是中心。萧公权认为"韩非以君势为体，以法术为用"。④

4. 理论渊源和哲学思想

对《韩非子》之理论渊源和哲学思想的研究最早始于司马迁。他在《史记·老子韩非列传》中说，韩非"喜刑名法术之学，而其归本于黄老"。这已经相当准确地指出了韩非子的思想渊源于之前的法家和黄老思想。中国古代的学者们对韩非子与老子的思想关系曾有过争论。⑤ 近代以来，尤其是随着一部分与黄老思想有密切关系之文献的出土，人们对司马迁的论断有了更深刻的理解。目前一般认为韩非子作为先秦诸子的殿军，其思想批判地吸收了之前诸子的思想，包括道家、儒家、法家、墨家、名家、黄老学家等。郭沫若即认为韩非子是综合了先秦诸子，而又完全扬弃了先秦诸子。⑥

---

① 冯友兰：《中国哲学史》（上），第184页；蒋重跃：《韩非子的政治思想》，第51页。
② 吕振羽：《中国政治思想史》（上），北京：人民出版社，2008年，第210页。
③ 熊十力：《韩非子评论》，台北：台湾学生书局，1984年，第22页。
④ 萧公权：《中国政治思想史》，北京：中国人民大学出版社，2014年，第143页。
⑤ 人们对老子与韩非子思想的关系有一个曲折认识的过程。在《史记》中是否将韩非子与老子合传就反映了人们的不同认识。南宋的晁公武似乎并不认为老子的思想有多么好，乃至于认为老子不能与饱受诟病的韩非子同传。他认为老子之书本身就含有"诈言"，那么由老子之诈而传为韩非之恶就不难理解了。（清）王先慎撰，钟哲点校：《韩非子集解》，《考证》。
⑥ 郭沫若：《十批判书》，北京：东方出版社，1996年，第403页。

韩非子的哲学思想主要是对《老子》和黄老思想改造后的理论成果。不少学者指出韩非子具有朴素辩证法的思想。① 蒋重跃认为韩非子的哲学思想是"道理论",② 还发表了多篇文章论述韩非子的道理论及中国古代道论的本体化发展。③

5. 韩非子的思想与秦朝速亡的关系

古今学者对这一问题形成了两种截然不同的观点。一种观点认为,法家学说,尤其是韩非子的学说应该为秦朝速亡负责。这种观点产生于汉代,一直持续到今天。徐进认为兴秦者商鞅的法治思想,亡秦者韩非子的"集大成"之学。④ 另一种观点认为韩非子及法家不应为秦亡负责。持这一观点的学者们指出秦朝实际的统治指导思想并不单纯是法家学说,而且正是因为秦始皇和秦二世背弃了法家思想才导致了二世而亡的后果。雷志认为韩非子的主张在秦朝并未实行,至少没有完全实行。秦始皇的做法与韩非子的思想背道而驰,韩非子不应该为秦亡负责。⑤ 事实上,作为思想家的韩非子以及其他法家诸子,对秦亡这一政治和历史事件如果一定要负责任的话,也只能承担思想家的那一部分责任,而非政治和历史责任,更不会是全部责任。现在

---

① 潘富恩、施昌东:《论韩非的朴素辩证法宇宙观》,《复旦学报(社会科学版)》,1980年第2期;罗炽:《韩非的朴素辩证法思想》,《武汉师范学院学报(哲学社会科学版)》,1981年第3期;刘蔚华:《韩非的朴素辩证法思想》,《文史哲》,1983年第2期。
② 蒋重跃:《韩非子的政治思想》,第157页。
③ 这些文章包括蒋重跃:《韩非的道理论及其在诸子天道观中的地位》,《求是学刊》,1999年第6期;蒋重跃:《道的生成属性及其本体化发展——先秦道论初探》,《南京大学学报(哲学·人文科学·社会科学版)》,2012年第4期;蒋重跃:《古代中国人关于事物本体的发现——"稽"字的哲学之旅》,《南京大学学报(哲学·人文科学·社会科学版)》,2013年第4期;蒋重跃:《〈荀子〉的"类"与道的范畴化发展》,《南京大学学报(哲学·人文科学·社会科学版)》,2014年第4期;蒋重跃:《战国法家在道论本体化发展中的理论贡献》,《南京大学学报(哲学·人文科学·社会科学版)》,2016年第5期等。
④ 徐进:《韩子亡秦论——商鞅、韩非法律思想之比较》,《法学研究》,1994年第4期。
⑤ 雷志:《秦汉史三题》,《湘潭师范学院学报(社会科学版)》,1997年第5期。

看来，将韩非子的思想与秦亡解除捆绑，具有重要的意义。如果这种连带关系不能消除，那么韩非子思想的正义性、正当性，甚至存在的合理性都会受到很大影响。

6. 韩非子思想的比较研究

韩非子思想的比较研究基本上可以分为两类。第一类是与国内思想家的比较研究。这类比较的重点是韩非子与先秦诸子的比较，如与孔子、孟子、荀子、老子、墨子、商鞅等人的对比研究。① 第二类是与国外思想家的比较研究。这类以韩非子和马基雅维利的比较研究成果最为丰富，涉及面也最广。此外还有韩非子与亚里士多德、边沁、尼采、西塞罗、马尔萨斯等人的比较研究。② 比较研究的目的应该是明同异而非辨优劣，要尽量客观公允地研究问题。

三 关于韩非子正义思想的研究

在漫长的古代社会，因为受到儒家思想的影响，人们对韩非子思想的评价一直以负面居多。即使到了近现代，仍有不少学者认为韩非

---

① 例如，王颉、唐军：《孔子与韩非思想的社会功能审视》，《社会学研究》，1991 年第 2 期；豫柏杞：《孔子、荀子、韩非"人治"思想新探》，《现代财经（天津财经学院学报）》，1994 年增刊；曲文：《孟子、韩非民众学说的三点对立》，《西华大学学报（哲学社会科学版）》，2010 年第 1 期；王威威：《老子与韩非的无为政治之比较——从权力与法的角度看》，《哲学研究》，2013 年第 10 期；曾海军：《从天下之利到人主之利——韩非与墨子的主利思想探析》，《广西大学学报（哲学社会科学版）》，2014 年第 2 期；汤新祥、张雪梅：《成也法家，败也法家——商鞅、韩非法治思想异同论》，《湖北大学学报（哲学社会科学版）》，2008 年第 6 期等。

② 例如，宋继和：《韩非与亚里士多德法治思想的比较》，《政法论丛》，2000 年第 1 期；万齐洲：《亚里士多德与韩非法律思想之比较》，《荆州师专学报》，1999 年第 1 期；黄朝阳：《韩非矛盾律和亚里士多德矛盾律比较研究》，《厦门大学学报（哲学社会科学版）》，2010 年第 2 期；徐岱：《墨翟、韩非、边沁的法的功利观比较研究》，《法学》，1992 年第 1 期；樊竞：《韩非与尼采非道德主义政治哲学比较研究》，《齐齐哈尔大学学报（哲学社会科学版）》，2016 年第 4 期；张力、王坚：《韩非与西塞罗法治思想比较论》，《山西大学学报（哲学社会科学版）》，2012 年第 6 期；李善明、周成启：《韩非的人口思想与马尔萨斯的"人口论"》，《贵州社会科学》，1981 年第 1 期等。

子的思想没有多少正义性。那么韩非子真的没有正义思想吗？我们先来看看关于韩非子非道德主义的相关研究。

韩非子的一句"不务德而务法"（《显学》），引起了对其非道德主义的批评。朱贻庭和赵修义从伦理思想史的角度对韩非子的非道德主义思想作了多方面的剖析。他们认为，韩非子的"法治"学说只认法，不要德，在极端夸大法（暴力）的地位作用的同时，否定道德的功能和作用，从而否定了道德本身。韩非子非道德主义的理论根据是"自为"人性论。把利己主义贯彻到底，"唯利无义"，必然否认任何道德的存在。作为一种伦理思想，它在理论上是极其荒谬的，在实践上是对剥削阶级罪恶行径赤裸裸的肯定。① 杨阳认为韩非子是彻底的非道德主义者。人性好利与"与时俱进"的历史现实主义是韩非子彻底非道德主义政治思想的理论基础。韩非子彻底的非道德主义政治思想更准确地反映了中国传统政治实践的本质，但其强烈的反人道性却使其失去了进一步意识形态化的历史机缘。②

韩非子的思想中确实存在一些"非道德主义"的色彩。学者们提出这个问题，并进行探讨，使得我们对韩非子思想的认识更深入了一层。在对这一问题的继续研究中，一些学者提出了不同的看法。钱逊指出韩非子批评儒家仁义并非否定道德的作用。历来儒家都以儒家之是非为是非，把反对儒家的仁义道德看作反对道德，因而也就认定韩非子是不要道德。这已经成为一种牢固的传统观念，在今天的研究中也难免会有它的影响。③ 钱逊的分析点明了人们认定韩非子之"非道德主义"背后的自觉或不自觉的思维定式对研究的影响。张昭指出，认为韩非子为非道德主义者的观点，其理论依据、逻辑推理及研

---

① 朱贻庭、赵修义：《评韩非的非道德主义思想》，《中国社会科学》，1982年第4期。
② 杨阳：《韩非非道德主义政治思想述论》，《政治学研究》，2015年第2期。
③ 钱逊：《韩非的道德思想》，《清华大学学报（哲学社会科学版）》，1987年第1期。

究方法皆存在不足。韩非子所用的"德"与历时语境中的"德"以及当今所用的"道德"一词之间既有共性，也有差别。①张昭的研究提醒我们，必须对研究中所运用的重要概念进行明确的界定。

宋宽锋指出在关于韩非子的非道德主义思想的论述中，学者们对"非道德主义"（amoralism）这一概念的理解似有所偏差。amoralism是一种道德学说或者伦理学说，而不是一种政治学说，当然更不是一种政治哲学的学说。但在有关韩非子"非道德主义"思想的论述中，"非道德主义"几乎被转换成了一个政治学概念和政治哲学概念，或者说，人们混淆和抹杀了伦理学（道德哲学）、政治学与政治哲学之间的差异。对韩非子政治思想"非道德主义误读"的另一主要理论根源是，把韩非子在政治思考中对"道德"的批判性阐释无意之中转换成了对"道德"本身的批判和质疑。②

或许正是在对"非道德主义"的争论中，韩非子是否具有正义思想的问题逐渐浮出了水面。从这个意义上讲，非道德主义的争论启发了正义思想的研究，为正义思想的研究提供了一种视角或前提，以及丰富的研究成果。在正义问题上，一种观点认为韩非子的思想没有任何合理性、正当性或正义性。罗世烈认为法家强调利并蔑视义，宣扬损人利己、弱肉强食，急功近利、不择手段，公开主张唯利是图，鄙弃一切道义，最能适应战国社会大变革的现实，收到立竿见影的效果。然而极端利己必然导致人际关系的完全毁坏，使社会联系趋于解体，这样一来，彻底孤立的个人也就无法保全其一己的私利了。③余子新认为"相马"与"赛马"既是对中西方官吏选拔方式上两种不

---

① 张昭：《"道"与"德"、道德与非道德——韩非道德观的历史唯物主义考察》，《哲学研究》，2016年第4期。
② 宋宽锋：《〈韩非子〉对形式正义的追求及其局限》，《长安大学学报（社会科学版）》，2016年第4期。
③ 罗世烈：《先秦诸子的义利观》，《四川大学学报（哲学社会科学版）》，1988年第1期。

同法律制度的形象描述，又是对中西方官吏选拔方式上两种不同法律观念的模拟概括。韩非子和亚里士多德分别是这两种模式的中西方代表。"相马"模式体现为人治，"赛马"模式体现为法治。"相马"模式背后是阴暗诡诈，"赛马"模式则体现了公正、透明、客观的奥林匹克精神。① 赵敦华认为以价值律为中心，可以把中国古代政治哲学分为三个类型：以道德律为指导，谋求统治者和被统治者的公共利益（儒家的德治主义）；以非道德的铜律为指导，谋求社会和谐（墨家的功利主义）；以反道德的铁律为指导，最高统治者奴役和驱使各级被统治者，谋求自身的最大利益（法家的极权主义）。②

针对上述观点，有学者提出了不同的看法。胡发贵认为在对法家之"法"的理解上，大都释之为"刑、赏"二字。于是法家在人们心目中的形象，不是酷吏就是玩弄权术的政客。法家固然倚重刑诛，但是，这只是他们法意的一面，或说只是其法的功能结构的特征，而在法的另一面，也可以说更为重要的法的本质与目的中，法家却认真地填入了丰富的公正观念，公正既是法家之"法"的真正精髓，又是其不可抹杀的历史性贡献。③ 刘洋对韩非子法、术的正义行政理想进行了重构。不同于传统研究对韩非子法术的纯粹实用化理解，刘洋的论文借鉴了罗尔斯的正义系统理论，对韩非子理想法理框架进行重构，总结出韩非子不平等正义行政理论的君臣契约论、自然法对行政法的统摄、非暴力反抗与革命的制约关系等一系列具有韩非子特色的理想法治理论。总起来看，刘洋建构的韩非子之正义行政思想包括君臣之间和君民之间的行政契约论、术治指向的行政法规刑事化、社会

---

① 余子新：《"相马"与"赛马"两种法律观之比较》，《政法论丛》，2004 年第 2 期。
② 赵敦华：《中国古代的价值律与政治哲学》，《北京大学学报（哲学社会科学版）》，2005 年第 5 期。
③ 胡发贵：《试论先秦法家"法"的公正意蕴》，《浙江学刊》，1990 年第 3 期。

成员的非暴力反抗及良心拒绝等内容。① 这篇文章肯定了韩非子思想中有正义行政的内容,并对此进行了深入的分析。

刘宝才、马菊霞指出以韩非子为代表的法家学派是古代的制度学派,他们的正义观念体现为"不分贵贱,一断于法"的法制主张。但法家思想中制度正义的因素没有得到发展。韩非子认为公利与私利对立,提倡公利反对私利,处理公私关系必须去私行公、废私立公。所谓公利就是国家利益,或统治阶级的整体利益。私利就是每个社会成员的个人利益。② 文章指出了中国古代正义观是整体本位的正义观,法家正义思想的特点是制度正义。这是十分精到的见解。而且,该文所提出的国家利益和个人利益之间关系的问题,也有助于我们对韩非子正义思想的思考。丁天立认为先秦法家思想强调"依法治国"的正义精神。管仲本于"道"的法学思想、商鞅变法的历史进化论、国家主义以及韩非子所提倡的人性论、法治论,是法家正义理念形成的不同时期。作者经过论证,还原了法家思想公正、民本、人性的本来面目。文章结语部分结合了亚里士多德的古典正义论和罗尔斯的当代西方正义论,对先秦法家的正义理念进行对比研究,指出了法家正义观的不足,探讨了先秦法家"正义观"对当代法治建设以及本土资源运用的积极意义。③ 周孝奇从价值论的视角对先秦法家的法治主义进行深入剖析,揭示了其"法治"思想中蕴含的许多正义价值,诸如客观、公正、平等与尚公等。但作者同时指出先秦法家的法治主义实质上是人治,是过分崇尚强力的反道德主义。④

宋洪兵对韩非子思想的正当性论述较多。他的博士论文《韩非

---

① 刘洋:《阐释与重构——〈韩非子〉研究新论》,浙江大学博士论文,2004年。
② 刘宝才、马菊霞:《中国传统正义观的内涵及特点》,《西北大学学报(哲学社会科学版)》,2007年第6期。
③ 丁天立:《先秦法家"正义观"析论》,苏州大学硕士论文,2015年。
④ 周孝奇:《先秦法家法治主义及其正义价值研究》,南京大学硕士论文,2016年。

子政治思想再研究》侧重于从诸子思想共识的角度来研究韩非子及诸子的政治思想。宋洪兵的《循法成德：韩非子真精神的当代诠释》一书探讨了我国当前社会道德水平滑坡的根源，并试图从传统思想中寻找解决方法的历史资源。宋洪兵指出，韩非子真精神的本质内涵是循法方能成德。宋洪兵的《韩非"势治"思想再研究》一文认为，围绕着如何确保"势"的运用符合为天下人谋利益的正义标准，韩非子具体分析了"势位"归属的正义性。韩非子强调，必须关注在君主世袭时代绝大多数情况下君主为"中人"的现实，从权力行使规范角度，即以"法治"来确保权力行使的正义性。① 宋洪兵的另一篇文章《先秦法家政治正当性的理论建构》指出，从子产到韩非子，先秦法家学说完成了从"救世"理论到"治世"理论的蜕变过程。法家学说从历时视域与共时视域两个层面构建其政治正当性理论。历时视域中的法家政治正当性，强调政治正当性之获得在于洞察人们最为关切的时代主题，并且通过有效的途径与手段来回应人们的关切，最终得到人们发自内心的拥戴。共时视域中的法家政治正当性，强调"以力服人""以利服人""以理服人"，主张回归到政治最为坚实的初衷是为了天下百姓的利益，获得正当性的最终源泉在于获得百姓心悦诚服的拥护。② 从古至今，学者们对韩非子思想有许多的成见和误解。宋洪兵的这些论著逻辑严密，论述深刻，有力地驳斥了这些偏见和误解，强调了韩非子及法家理论的政治正当性。当然，他也认识到了韩非子思想的不足之处。总体来看，宋洪兵关注的重点是韩非子及法家诸子的政治正当性。这体现在法家诸子与先秦诸子有广泛的思想共识，体现在他们洞察人们最为关切的时代主题（秩序与正义）并

---

① 宋洪兵：《韩非"势治"思想再研究》，《古代文明》，2007 年第 2 期。
② 宋洪兵：《先秦法家政治正当性的理论建构》，《北京师范大学学报（社会科学版）》，2017 年第 6 期。

提出务实的理论,体现在他们强调政治是为天下百姓谋利益等方面。"政治正当性"与正义思想有密切的关系,为我们认识韩非子的正义思想提供了十分重要的政治视角。而且,这一方面的诸多高质量研究成果也为韩非子正义思想的深入研究奠定了扎实的基础。

此外还有一些学者明确指出了韩非子具有正义思想,① 一些硕士论文或多或少提到了韩非子的思想,尤其是其法治思想具有的合理性、公平性、平等性、正义性等内容和特点。②

综上所述,学界对韩非子正义思想的研究已经取得了一些可贵的成果,揭示了其思想中蕴含的许多正义价值,诸如客观、公正、平等与尚公,指出了韩非子思想中有形式正义、制度正义和正义行政等内容,强调了韩非子思想的政治正当性和合理性。但是韩非子的正义思想仍有很大的研究空间。首先,研究正义思想要对正义进行明确的界说,包括正义的内容、内部结构、属性等。其次,应紧紧依托《韩非子》文本及其时代,构建基本符合韩非子原意的正义思想体系,包括主要内容、特点、局限与理论基础等,并揭示出韩非子正义思想的基本结构。在此过程中,应尽力避免以儒家思想或西方近现代理论为标准衡量韩非子的思想,这样才能恢复韩非子正义思想本身固有的独立地位与价值意义。

---

① [日]饭冢由树:《〈韩非子〉中法、术、势三者的关系》,《中国人民大学学报》,1993年第5期;隅人:《〈韩非子〉新识》,《郑州大学学报(哲学社会科学版)》,1995年第1期;黄正泉:《论韩非法学思想的人学基础》,《湖南社会科学》,2008年第5期;彭新武:《法家精神:价值与缺失》,《中国人民大学学报》,2014年第2期等。
② 王晓军:《试论韩非的帝王之术——韩非管理心理思想研究》,陕西师范大学硕士论文,2001年;王吉梅:《韩非"法治"思想研究》,河南大学硕士论文,2006年;白云:《先秦儒法治国方略比较研究》,辽宁师范大学硕士论文,2006年等。

第一章　韩非子正义思想产生的历史条件

社会存在决定社会意识，人们生活的环境在决定他们的哲学上起着很大的作用。① 韩非子亦然，时代的现实与宗国的命运深刻地影响了他的身世与思想。王夫之说战国时代是"古今一大变革之会"（《读通鉴论·叙论四》），政治、经济和思想文化等方面都发生了翻天覆地式的变化。在新旧交织、诸侯力争的乱世，政治失序与正义缺失是人们面临的严峻挑战。韩非子的宗国韩国是七雄中比较弱小的国家，内部腐败，又紧邻强秦，屡遭侵欺。韩非子对此痛心疾首，屡次上书韩王却不被任用。但是，他并未主动离开韩国寻求得君行道。当命运戏剧般地安排他到秦国后，他因为试图"存韩"和缺乏政治实践经验而结局悲惨。《韩非子》一书是韩非子毕生思想的结晶，是他对时代问题的思考与回应，浸透了他对宗国的忧患深切的孤愤之情。

第一节　韩非子的生存环境

韩非子生活于战国时代末期，秦国统一天下的前夜。战国时代与之前的春秋时代同属东周，是中国古代历史上波澜壮阔的时代，也是

---

① ［英］罗素著，何兆武、李约瑟译：《西方哲学史》（上），北京：商务印书馆，2016年，绪论，第9页。

中国思想史上第一个极具创造力的时代。经济上，铁器的使用使生产力得到极大的发展。政治上，礼乐崩坏，战争频仍，新的变革层出不穷。思想文化上，诸子蜂起，百家争鸣，盛况空前。可以说是辉煌与苦难同时，神奇与腐朽并存。这些都对韩非子正义思想的形成产生了深刻影响。

一 战国的动荡时代

1. 经济上，生产力大发展

生产工具是生产力发展的重要标志，这一时代标志性的生产工具是铁器。在人类社会发展史上，铁器的出现是一次意义重大的革命。"铁已在为人类服务，它是在历史上起过革命作用的各种原料中最后的和最重要的一种原料。……铁使更大面积的农田耕作，开垦广阔的森林地区，成为可能；它给手工业工人提供了一种其坚固和锐利非石头或当时所知道的其他金属所能抵挡的工具。"① 铁农具的使用，使得人们能够更大规模地开垦荒地，从而增加耕地面积。春秋后期，出现牛耕，用力少而效果好。② 农民对土地普遍采取深耕细作的经营方式，注意总结经验，从而提高了粮食产量。这使得一家一户的独立生产成为可能。西周时期以氏族或宗族为主要单位的"千耦其耘"（《诗经·周颂·载芟》）式的集体劳作，逐步被农民家庭的个体生产所取代。商鞅变法的一项内容即是将大家族分解为小家庭："民有二男以上不分异者，倍其赋。"（《史记·商君列传》）相应地，土地制度发生了重大变革。西周时期，天下的土地在名义上均属于周天子所有，即所谓的"普天之下，莫非王土"。贵族对农民的剥削主要是劳

---

① ［德］恩格斯著，中共中央马克思恩格斯列宁斯大林著作编译局编译：《家庭、私有制和国家的起源》，北京：人民出版社，2018年，第181页。
② 杨宽：《战国史》，上海：上海人民出版社，2019年，第84页。

役，农民无偿耕种"公田"，公田的收获归贵族支配。到春秋时期，这种制度无法再维持下去了。一方面农民不肯在公田上努力劳作，而将主要兴趣放在自己新开垦的私田上；另一方面战争的频繁亦需要国家增加财政收入。于是各国纷纷出现了土地制度的改革。前645年，晋国"作爰田"，紧接着又"作州兵"；前594年，鲁国"初税亩"，首次正式承认私田的合法性；前548年，楚国"芜掩书土田"；前408年，秦国"初租禾"。春秋战国之际，还出现了授田制，即政府将国有土地直接授予农民耕种的制度。授田制以户口登记为前提，计户授田，每户百亩，农民按受田数量向基层官府交纳赋税、提供徭役。① 授田制下，农民在土地的占有和使用上不再和宗族发生关系，而是直接受命于国家。② 土地制度的变化，尤其是授田制的推行，打击了氏族旧贵族的势力，使得一个新的阶级——地主阶级逐渐兴起并强大，成为推翻旧制度的革命性力量。土地制度的变化在巩固私人土地所有权的同时，也强化了国家对基层人口的控制力度。正是在国家对人口的牢固控制的基础上，韩非子设计的"规训"才有可能得以实施并取得实际效果。此外，社会的巨大变化让韩非子清醒地领会到"世异则事异"（《五蠹》）的道理，从而反对一味地抱残守缺。

在农业发展的基础上，战国时期初步形成了男耕女织的自然经济。农民的家内手工业，主要是妇女的纺织工作，已经成为战国时期主要的手工业。③ 这种手工业主要用来满足农民家庭自己的消费和缴纳租税，一般不面向市场。当然，如果偶有富余，农民也会拿到市场上出卖。农民的家内手工业以外，还有民营与官营手工业。民营手工

---

① 晁福林：《战国授田制简论》，《中国历史文物》，1999年第1期。
② 晁福林：《夏商西周的社会变迁》，北京：中国人民大学出版社，2010年，第235页。
③ 杨宽：《战国史》，第113页。

业可以分为两种,一种是脱离农业劳动的专业的小手工业者。小手工业者一般居住在市场上,所谓"百工居肆"(《论语·子张》),产品主要面向市场。《韩非子》中即有这样的小手工业者的身影:"鲁人身善织屦,妻善织缟,而欲徙于越。"(《说林上》)此时手工业的分工已经十分细致,据《周礼·考工记》记载,"凡攻木之工七,攻金之工六,攻皮之工五,设色之工五,刮摩之工五,搏埴之工二"。每一工种内部还有更细致的分工,如木工又分为"轮、舆、弓、庐、匠、车、梓"等七个工种。孟子曾提到"陶冶"之工与"百工":"以粟易械器者,不为厉陶冶","百工之事,固不可耕且为也"(《孟子·滕文公上》)。韩非子在论述人性好利自为而无善恶之分时,曾说"舆人成舆,则欲人之富贵;匠人成棺,则欲人之夭死也"(《备内》)。独立经营的小手工业,一定程度上打破了西周以来"工商食官"的局面。① 另一种是豪民经营的规模比较大的手工业,主要是冶铁业和煮盐业。与个体经营的小手工业相比,这两种行业都是劳动密集型产业,都需要巨额资金的投入,非豪民难以经营;同时亦能带来高额的利润,造就了一批富可敌国的大贾:"猗顿用盬盐起。而邯郸郭纵以铁冶成业,与王者埒富。"(《史记·货殖列传》)民营手工业之外,还有官营手工业。官营手工业的规模很大,主要产品有日用品、奢侈品、兵器、钱币等,供应贵族、官府以及军队的需求,一般不面向市场。

---

① "工商食官",徐元诰撰,王树民、沈长云点校:《国语集解》,北京:中华书局,2002年,《晋语四》。关于"工商食官"及其解体问题,杜勇认为战国时期官私工商业一直并行发展,它们之间只存在此消彼长的关系,而绝不存在所谓"工商食官"解体后谁取代谁的问题。朱红林则认为中国周代的"工商食官"制度是由当时的井田制度决定的,工商业者的组织形式正是井田制下农业组织在城市工商业中的翻版。正因为如此,战国时期井田制度的彻底破坏导致了"工商食官"制度的最后解体。杜勇:《"工商食官"解体说献疑》,《四川师范学院学报(哲学社会科学版)》,1993年第4期;朱红林:《周代"工商食官"制度再研究》,《人文杂志》,2004年第1期。

手工业发展的同时，商业也日益发达，并出现了一些以商业著称的大城市。当时各诸侯国的国都基本都是人口稠密、商业繁荣的大城市。齐国的临淄城，"车毂击，人肩摩，连衽成帷，举袂成幕，挥汗成雨"（《史记·苏秦列传》）；宋国的陶邑居"天下之中，诸侯四通，货物所交易也"（《史记·货殖列传》）。此外还有邯郸、洛阳、睢阳等商业城市。一些商人因经商而致巨富，他们不事生产，而是贱买贵卖，往来贩运，甚或囤积居奇以牟暴利。其中最著名的恐怕要数吕不韦了。他本为阳翟大贾，后用经商所得的财富搞政治投机，对中国历史产生了相当大的影响。

生产力的发展让更多的人从体力劳动中解脱出来得以从事文化事业，从而促进了文化的繁荣。同时，氏族组织的逐渐解体也使社会的流动性明显增强。熟人社会在向着陌生人社会转变，这就对社会治理提出了新的要求。产生并适应熟人社会的德治渐渐失效，法治思想以及任贤使能的官僚政治应运而生。工商业生产中度量衡的广泛使用，也让人们认识到统一的客观标准的重要价值。工商业的繁荣促使地区之间的经济联系愈益密切，加之战乱对经济的严重破坏作用，使得统一成为迫切的需要。商业交换中遵循的自愿、等值交换等原则，让人们逐渐产生了平等、自由的新思想。这些在韩非子的思想中体现为正义的公平原则、守法原则、平等原则和自由原则等。

2. 政治上，礼崩乐坏，诸侯力征，改革兴起

西周建立后，曾有一系列的制度创建活动，后人称之为"周公制礼作乐"。随着周天子实力的下降，礼乐制度开始崩解。前770年，平王东迁，东周开始。此后，王室日衰，政权下移，"礼乐征伐自天子出"的格局，一变而为"礼乐征伐自诸侯出"，再变而为"自大夫出"，三变则为"陪臣执国命"（《论语·季氏》），终至礼崩乐坏，礼治之下的封建宗法秩序逐渐解体。顾炎武在论及春秋与战国之不同

时,曾精辟地指出,"如春秋时,犹尊礼重信,而七国则绝不言礼与信矣。春秋时,犹宗周王,而七国则绝不言王矣。春秋时,犹严祭祀,重聘享,而七国则无其事矣。春秋时,犹论宗姓氏族,而七国则无一言及之矣。春秋时,犹宴会赋诗,而七国则不闻矣。春秋时,犹有赴告策书,而七国则无有矣。邦无定交,士无定主,此皆变于一百三十三年之间"。① 春秋时期周天子虽然已经式微,但仍有相当强的号召力。最早称霸的齐桓公所打的旗号就是"尊王攘夷"。进入战国,周天子册封韩、赵、魏为诸侯以及承认齐国太公和的诸侯地位恐怕是他天下共主作用的绝响。此后,周天子连那一点名义上的重要性都不复存在,诸侯的僭越日益升级。从魏国与齐国的"徐州相王",到七雄乃至宋国等小国皆称王,最后"王"的称号已经不能满足强国的野心,秦国就曾打算与齐国并称为东西二帝。

礼制的僭越是引人注目的历史现象。同样一件事,从不同的角度看会得出不同的结论。② 孔子站在周礼的视角看问题,自然会觉得诸侯、大夫甚至陪臣的僭越是不可容忍的。当季氏"八佾舞于庭"之时,孔子发出了"是可忍孰不可忍"(《论语·八佾》)的叹息。从历史进步与知识下移的角度来看,礼乐的僭越实际上意味着文化的下

---

① (清)顾炎武著,(清)黄汝成集释,栾保群、吕宗力校点:《日知录集释》,上海:上海古籍出版社,2014年,卷十三"周末风俗"条。王夫之也敏锐地察觉到战国时期与之前历史阶段相比所发生的巨大变化:"战国者,古今一大变革之会也。侯王分土,各自为政,而皆以放恣渔猎之情,听耕战刑名殃民之说,与《尚书》、孔子之言,背道而驰。勿暇论其存主之敬怠仁暴,而所行者,一令出而生民即趋入于死亡。三王之遗泽,存十一于千百,而可以稍苏,则抑不能预谋汉、唐已后之天下,势异局迁,而通变以使民不倦者奚若。"(清)王夫之著,尤学工、翟士航、王澍译注:《读通鉴论》,北京:中华书局,2020年,《叙论四》。不过顾炎武也好,王夫之也好,对周秦之变的认识大致停留在现象的观察和描述上而尚未深入到本质,没有如西方轴心期、社会形态变迁等理论性的认识。
② 参考刘家和的相关论述。刘家和:《史学的悖论与历史的悖论》,见刘家和:《史学、经学与思想:在世界史背景下对于中国古代历史文化的思考》,北京:北京师范大学出版社,2005年。

移和影响范围的扩大。原来是"礼不下庶人",知识完全掌握在少数贵族的手里。随着一批贵族没落为庶民,他们把知识传播到了社会的下层。最明显的例子是孔子开办私学,不问出身,广泛教授生徒。细细想来,此事颇具讽刺意味。最希望恢复礼制、反对僭越的孔子,居然最热衷于将本为贵族所控制的知识与礼乐文明传播到社会的下层。此后官学日益衰微,私学兴盛。自孔子开风气之先,后来学者纷纷仿效,著书立说,广收生徒,并互相辩难。知识的下移,造就了一个新兴的阶层——士。他们一般出身较低,受过良好的教育,有治国理政的才能,不甘心在世卿世禄的现实面前低头,而渴望在政治上一显身手。他们也确实在战国时期这个大舞台上有精彩的演出,"六国之时,贤才之臣,入楚楚重,出齐齐轻,为赵赵完,畔魏魏伤"(《论衡·效力》)。

战国初,魏文侯任用李悝主持变法,使魏国成为战国初期最为强盛的国家。魏国曾西攻秦,东击齐,南侵楚,至前344年的"逢泽之会",魏国在中原的霸业达到了顶峰。之后魏国的霸主地位遭到来自齐国与秦国的挑战。桂陵之战,齐国大胜魏国,秦国也趁火打劫,获得了魏国大片土地。齐魏马陵之战,魏国再次战败,元气大伤,失去了霸主地位。此后开始了齐国与秦国的东西对峙。齐国是春秋时最早称霸的大国,位于东部海滨,擅渔盐之利,国富兵强。秦国地处西陲,中原国家目之为半野蛮国家,"不与盟会"。秦孝公任用商鞅变法后,国力大增,开始越出函谷关向东发展。韩、赵、魏三国地处中原,成为齐秦争夺的对象。齐秦的东西对峙,导致了错综复杂的合纵连横斗争。所谓合纵连横,按照韩非子的说法,即"纵者,合众弱以攻一强也;而衡者,事一强以攻众弱也"(《五蠹》)。在合纵连横的争夺中,楚国的向背至关重要。楚国是南方大国,国土广阔,资源丰富,人口众多,号称"带甲百万"。秦国为与齐国争衡,曾派张仪诈楚。楚国先后经历了外交与军事上的失败，逐渐衰落，失去了一统天下的可能性。前316年，燕王哙让国子之，引发了内乱。齐国趁机侵伐燕国，意图兼并。因受到诸侯的干预，① 齐国才放弃灭亡燕国的打算。为报仇雪恨，继位的燕昭王励精图治，等待机会。前286年，齐国灭宋。齐国的强大引起诸国的不安。燕国抓住时机，联合秦国、赵国、魏国、韩国共同伐齐。燕将乐毅率军大破齐国。齐国遭到这次大规模的侵伐后，实力大损，齐秦对峙的局面结束。此后，秦国一家独大，统一天下的局势日益明朗，唯一的劲敌是赵国。赵国在"胡服骑射"② 的改革后，军事实力强大。两国之间的决战已不可避免。长平之战是秦赵之间的大决战，也是战国时期规模最大、最残酷的战争。战争持续了三年之久，赵国最终战败。赵国的四十万降卒皆被坑杀，从此失去与秦国抗衡的实力。秦国虽然在后来的邯郸之战遭到失败，但六国之亡已成定局。秦王政继位后，于前230年发动扫灭六国的战争，仅十年即廓清宇内，实现了中国历史上空前的大统一。

春秋时期诸侯国之间虽也发生过多次战争，但以贵族车战为主的战争与战国时期相比，持续时间短、规模小，即使像城濮之战这样的决定性战争，也不过几天工夫即见分晓。此时战争的目的主要是争夺霸权，以及随之而来的小国之归顺和贡赋，虽然也有不少华夏的小国与少数民族地区被强国兼并。战国时期以步兵为主要兵种的战争，持续时间更长，规模更大，亦更加惨烈。战争的目的十分明确，就是兼并土地，掠夺人口，"争地以战，杀人盈野；争城以战，杀人盈城"

---

① 《孟子·梁惠王下》："齐人伐燕，取之。诸侯将谋救燕。"
② 关于赵武灵王"胡服骑射"的改革情况，主要见于《战国策·赵策二》之"武灵王平昼闲居"章和《史记·赵世家》。值得一提的是，因为"武灵王平昼闲居"章和《商君书·更法》篇的内容有不少相似甚至相同之处，学界对于《更法》篇的真伪和成书有不同的看法。

(《孟子·离娄上》)。一次大规模的战争，对阵双方往往调动几十万大军，"相守数年不已，甲胄生虮虱，燕雀处帷幄，而兵不归"(《喻老》)。

在这种形势下，各国为了富国强兵，纷纷开展变法图强运动。魏国的李悝变法最早，内容涉及政治、经济、军队建设与法律编定等。李悝制定的《法经》是我国古代第一部较为完备的成文法典，后由商鞅带入秦国，成为秦国法律的蓝本，并深刻影响了历代法律。① 其次是楚国的吴起变法，持续时间虽短但成效显著，后因遭到贵族反扑而失败，吴起本人被射死。② 最成功的是秦国的商鞅变法，秦国因此日益强盛。这是战国时期实行的最为彻底、涉及面最广、持续时间最长、影响最深刻的一次变法。虽然商鞅在秦孝公死后被车裂，但变法的成果完整地保留了下来。韩非子深受商鞅思想的影响，《韩非子》中多次提及商鞅及商君之法。赵国在赵武灵王时向少数民族学习，改革军事，"胡服骑射"，造就了一支强大的骑兵，成为战国后期秦

---

① 一般认为李悝是法家先驱之一，不过《韩非子》关于李悝的记述却似乎与变法关系不太大，而且并不总是正面肯定的。尚志迈认为李悝在魏国首先确立了土地私有制和个体小农经济制，是中国历史上封建制度正式确立的标志。商鞅变法就是李悝变法的继续与发展。高专诚指出，李悝变法以经济政策的调整为中心，并没有触及社会制度的革新，致使社会发展缺乏后劲。尚志迈：《李悝变法的意义及启示》，《汉中师范学院学报（社会科学）》，1997 年第 5 期；高专诚：《战国前期李悝变法的历史反思——兼以吴起变法、商鞅变法为参照研究》，《史志学刊》，2015 年第 1 期。

② 吴起遭到贵族反扑，主要是因为吴起为了加强中央集权，采取了打击贵族势力的措施。贵族的根基在于封邑。吴起变法后，楚国封邑数量增多，新设立的封邑规模明显减小，而原有的封邑，也常常被割裂为两个或数个地区，以设立新的封邑或邑，这一措施削弱了地方实力，促进了中央权力的加强，成为战国后期楚国地方政治体制的主要特点。见郑威：《吴起变法前后楚国封君领地构成的变化》，《历史研究》，2012 年第 1 期。吴起变法的持续时间，据《韩非子·和氏》所言，似乎很短："悼王行之期年而薨矣，吴起枝解于楚"，所谓的"期年"，一般是指一周年。变法持续的时间短，历来被认为是吴起变法失败的原因之一。不过，徐士友认为，吴起变法持续的时间或为六年或为八年，变法也是成功的。徐士友：《吴起变法别析》，《湖北大学学报（哲学社会科学版）》，2000 年第 5 期。

国统一天下的劲敌。此外还有齐国的邹忌改革、韩国的申不害改革、燕国的乐毅改革等。变法与制定新法是与几个大国的发展同步前进的，是与适应地域国家的发展相配套的。① 各国变法的实质，是用官僚政治取代传统的贵族政治，用郡县制取代分封制。官僚制和郡县制都有利于加强君主的中央集权统治，有利于在战时统合全国之力。

连绵多年的残酷战争和小国弱国的消失，让韩非子深刻地认识到必须将国家利益置于首位，坚决打击重臣和保守的贵族势力，通过变法建立新的适应现实的制度。为了国家的安全，必然要牺牲一部分个人利益和自由，毕竟只有国家强大才能为人们的生活创造安全有序的环境。由此，不难理解韩非子的某些看似偏激的言论，他不过是在那个特殊的时代将利国利民原则格外突出罢了。

3. 思想上，传统礼制的崩塌、各国的竞争造就了相对宽松的政治环境，为思想的繁荣创造了极为有利的条件

在夏商周长期积累的知识基础上，思想家们直面时代挑战，创造性地提出了应对之策，于是出现了百家争鸣的思想盛世。诸子在长期争鸣的过程中也在不断地吸收和融合异己的成分，于是到战国末期，思想上的综合成为大趋势。这实质上是政治上的统一趋势在意识形态上的反映。

老子及《道德经》（亦称《老子》）。《道德经》的成书年代学界有不同的说法。1993年郭店楚墓出土《老子》竹简，直接证明《老子》最晚在战国中期即已成书。老子揭露了周代德文化的虚伪和偏颇，批判新兴势力的狰狞和凶残，创造性地提出了"道"这个概念，用以揭示社会的复杂性和矛盾性，贡献了新的世界观和方法论。②

---

① 刘泽华：《法家"不尚贤"辨析》，《天津社会科学》，2016年第6期。
② 蒋重跃等：《古代中国文明》上卷，北京：北京师范大学出版社，2018年，前言，第2页。

"道"无形无象，不可言说，万物皆由之而生，是宇宙间的最高规律。① "道"也被后来的思想家所继承，并成为各派思想的重要概念甚至最高概念。此外老子还提出了一系列对立范畴，在对立的双方中，老子总是选择柔弱的一方，即"老耽贵柔"（《吕氏春秋·审分览·不二》）。这与他朴素的辩证法有关："祸兮福之所倚，福兮祸之所伏"（《老子》第五十八章），对立面双方都在向对方转化。② 老子认为，造成时代问题的主要原因是礼乐制度本身，故而他对礼乐的崩塌并无一丝忧虑。他反对尚贤，提倡无为，希望回到文明兴起之前那种小国寡民的社会状态。老子的思想是韩非子思想尤其是其哲学思想的重要来源。《解老》《喻老》是已知最早对《老子》进行注释的作品。通过注释，韩非子对老子的道论进行了创造性改造，道理论成为韩非子正义思想的坚实理论基础。老子虽提出了"无为"的政治理想，但尚没有实现的具体措施。韩非子通过法术势的制度设计为无为的实现创造了条件，而且韩非子还将虚静无为发展成为君主的必备修养和主要的统治方法。

孔子（前551—前479）。孔子思想的核心是"仁"与"礼"。孔子的礼学说强调有等差的和谐（即和），而仁正是和的必要条件；其仁学说强调爱的外推是有等差的，而礼的等差正好成为仁赖以外推的

---

① 童书业认为，老子的"道"观念是从春秋以来泛神论的"命"的观念发展而来的，而"命"的学说，则是过去宗教唯心论"天""鬼"思想的否定。因为不承认有有意志、人格的上帝和神、鬼、灵魂等存在，于是宇宙的主宰就没有了。古代的思想家不能不在"天""鬼"之外寻找出一个宇宙的主宰来决定世界特别是人的一切变化，这就产生了泛神论的"命"论。进一步把"命"抽象化，就产生了"道"的观念。这是古代思想家思维发展过程的必然产物。童书业著，童教英增订：《先秦七子思想研究》（增订本），北京：中华书局，2006年，第133—134页。
② 吕思勉说："老子推原宇宙，极于一种不可知之动力；又认为此动力之方向为循环，因之得祸福倚伏，知雄守雌之义。"吕思勉：《先秦学术概论》，北京：中国人民大学出版社，2011年，第30页。

阶梯。故仁、礼实为同一思想体系相反相成的两个方面。① 孔子提出了内容丰富而又模糊的"通见"（vision），② 这就为后来的孟子、荀子在阐释的基础上构建自己的理论体系提供了机会与可能性。事实上，孟子对孔子学说的发展着重在"仁"上，荀子则偏重于"礼"。③ 孔子是周文化的热情支持者，"周监于二代，郁郁乎文哉！吾从周"（《论语·八佾》）。他提出"为政以德"（《论语·为政》），认为只有统治者是仁德之人，才能重新恢复礼乐制度，重建社会秩序，恢复正义。孔子的思想基本上符合正义的利国利民原则和守法原则，体现出鲜明的道德属性。孔子对管仲之为人虽略有不满，但仍推崇其为"仁"，正是因为看重管仲辅助齐桓公做出的功绩能够利国利民。④ 孔子强调"克己复礼"，对礼的遵守不违实际上就是守法。礼与法在规则的意义上是相通的，不过礼强调"亲亲尊尊"，对不同的人要区别对待。这一点违背了平等原则，受到韩非子的激烈批评。孔子所谓的道德似乎更侧重于家庭伦理和熟人之间的私德，对公德的论述不充分，亦不重视。韩非子则在肯定家庭伦理的同时，更强调社会成员在遵守法令基础上培养起来的公德。可以说，孔子对韩非子思想的影响多是反向的。韩非子虽然承认孔子是圣人，但孔子仍然多次充当了韩非子理论辩难的靶子。

墨子，名翟，鲁人或宋人。⑤ 据孙诒让考证，墨子大概生于周定

---

① 刘家和：《先秦儒家仁礼学说新探》，《孔子研究》，1990年第1期。
② ［美］史华兹著，程钢译：《古代中国的思想世界》，南京：江苏人民出版社，2008年，第80页。
③ 刘家和：《先秦儒家仁礼学说新探》，《孔子研究》，1990年第1期。
④ 《论语·宪问》子曰："桓公九合诸侯，不以兵车，管仲之力也。如其仁，如其仁！"
⑤ 蒙文通认为，墨子出于孤竹，则墨学不得为华夏之教也。墨学为代国与山戎、孤竹、东夷、貊族之教，故墨学的根据在代国和中山国。蒙文通：《先秦诸子与理学》，桂林：广西师范大学出版社，2006年，第87页。

王初年,卒于安王之季,享年八九十岁。① 墨子创立的墨家学派有严密的组织,首领称为"巨子",徒众"皆愿为之尸,冀得为其后世"(《庄子·天下》)。墨学曾显赫一时,与儒家并称为"显学"(《显学》),但到汉代已经中绝。墨子的思想大抵是针对儒家学说的,相传墨子曾受教于儒家,因不满儒家学说而自立门户。墨子的思想体系有十大内容:兼爱、非攻、尚贤、尚同、节用、节葬、非乐、非命、天志、明鬼,其中兼爱是核心,其他观点均围绕兼爱展开。墨子认为天下大乱,起源于人们的"不相爱",如果人人都能兼爱他人,就不会再有争夺引起的混乱与不义。为确保"兼爱"的实施,他设计了一套基于西周分封制的政治制度,以及与此配套的"一同天下之义"(《墨子·尚同中》)的思想与行为管制制度。墨子思想有鲜明的功利主义色彩,"仁人之事者,必务求兴天下之利,除天下之害。将以为法乎天下,利人乎即为,不利人乎即止"(《墨子·非乐上》)。墨子还提出了三表法,"有本之者,有原之者,有用之者……上本之于古者圣王之事……下原察百姓耳目之实……废(发)以为刑政,观其中国家百姓人民之利"(《墨子·非命上》)。墨子的思想基本符合正义的利国利民原则、守法原则、公平原则,体现出道德属性。韩非子认为,兼爱所体现的道德属性,要让一般人做到实属不易。更现实的做法是用法治来规训人们,在保住道德底线的基础上再逐步拉高社会的道德水平。韩非子继承并发展了墨子重视国民之大利的思想、尚贤所体现的公平原则。守法原则在墨子那里还比较模糊,不过墨子是有一套规则设计的。而且,为了让人们谨遵不违,墨子在世俗的严格管控之外甚至还搬出神鬼来加以恫吓。墨子的尚同还是一种粗疏的集权制度设计和规训策略的雏形,到商鞅和韩非子那里则演变成了真正的

---

① (清)孙诒让撰,孙启治点校:《墨子间诂》,北京:中华书局,2017年,第695页。钱穆的考证是前480—前390年,钱穆:《先秦诸子系年》,附《诸子生卒年世约数》。

君主集权制度和强化的规训形式——连坐告奸制。

孟子（约前390—前305）①是孔子之后的又一位儒学大师，亦曾率领弟子游说齐国、魏国等国的国君，但未被任用，于是退而著书立说，教授生徒。孟子继承并发展了孔子的"仁"学，明确提出了人性善的主张。孟子的思想带有强烈的理想主义色彩，希图以在上位者推己及人的仁政来解决时代问题。他重视义利之辨，大力提倡仁政，要求统治者"制民之产"，认为"王如施仁政于民，……可使制梃以挞秦楚之坚甲利兵"（《孟子·梁惠王上》）。他甚至认为只要实行仁政，"城郭不完，兵甲不多，非国之灾也。田野不辟，货财不聚，非国之害也"（《孟子·离娄上》）。在以实力抗衡的战国时代，孟子之论被目为"迂远而阔于事情"（《史记·孟子荀卿列传》）。②孟子的思想基本符合正义的利国利民原则、托底原则，体现出道德属性和人性属性。孟子关心人民疾苦，痛批"庖有肥肉，厩有肥马，民有饥色，野有饿莩"（《孟子·梁惠王上》）的现象，要求君主应该让人民有最起码的温饱生活。韩非子自然赞同孟子对这种不义现象的批判，他也希望人们都能过上平安富裕的生活。不过，人们的温饱生活完全仰赖于君主的恩赐，这让韩非子很不以为然。一方面，君主的恩赐没有制度保障，完全依靠君主本人的品性和心血来潮的意愿；另一方面，韩非子认为根据公平原则，人们不能在没有做出功绩的情况下就获得物质或精神上的回报。而且，如果人们是靠自己的努力创造更好的生活条件，就完全不需要对谁感恩戴德。这说明韩非子更致力于创建自由平等的良好环境。孟子对道德的重视与他的人性观是一致

---

① 钱穆：《先秦诸子系年》，附《诸子生卒年世约数》。
② 孟子的"迂阔"，在于他的政治主张基本上以宗法制国家为基础，把国视为家族，以道德当作政治，以仁心、"推恩"和"不得罪于巨室"（《孟子·离娄上》）为政治的立足点。这些都有昧于现实情势和历史发展趋势。金春峰：《先秦思想史论》，北京：东方出版社，2015年，第162页。

的。孟子虽然坚持人性善，但他也反复强调善性的微弱，需要精心保持与培养。道德修养即是保持、培养善性的基本方法，是对人性的柔性教化。与孟子相同，韩非子也要对人性进行改造，只不过基于对人性的不同看法，他采用的是硬性的规训。

庄子，名周，大致生活于战国中期，① 与孟子、梁惠王、齐宣王、楚威王同时。②《庄子》分为内篇、外篇与杂篇，这种划分始于何时已经很难考定，但内、外篇之分，至少在汉代已经出现。在郭象之后，内、外、杂的分别，大致趋于定型。③ 庄子继承并发展了老子的学说，"自然"是庄子思想最核心的观念，④ "齐物论"是庄子最具特色的理论。"齐物论"强调对立面的统一，"天下莫大于秋毫之末，而大山为小；莫寿乎殇子，而彭祖为夭。天地与我并生，而万物与我为一"（《庄子·齐物论》）。庄子追求"逍遥"的思想境界，政治上提倡无为而治。庄子的思想与现实政治最为疏离，个人主义色彩更加显著。庄子的思想基本符合正义的平等原则、自由原则，体现出哲学属性。庄子认为在"造物"眼中世间万物都是平等的，没有什么高低贵贱贤愚的区别。这是一种抽象的平等，没有具体的内容，也不可能实现。"逍遥"是对个人精神自由的讴歌。与此不同，韩非子致力于为人们创建一个正义的法治社会，人们在遵守规则的前提下可以自由行动。这是一种规训后达致的自由，是一种政治自由。庄子对老子道论的发展体现在他对"理"的大量论说上，这表明了当时的

---

① 根据钱穆的考证，庄子的生卒年约为前365—前290年。钱穆：《先秦诸子系年》，附《诸子生卒年世约数》。
② （汉）司马迁：《史记》，《老子韩非列传》。
③ 杨国荣：《庄子的思想世界：一种哲学的阐释》，北京：北京师范大学出版社，2018年，第6页。
④ 丁四新：《庄子思想的三大本原及其自然之义》，《人文杂志》，2020年第2期。

思想家对于道的本体性或普遍性有了新的觉醒,是理论水平提升的表现。① 庄子的理论探索为韩非子创建道理论铺平了道路。

荀子(约前340—前245),② 名况,又称孙卿,赵国人。荀子是战国时期儒家的最后一位大师,李斯与韩非子是荀子最著名的两个学生。荀子以倡言性恶著称,认为"人之性恶,其善者伪也",因此重视后天的教化,主张"化性起伪"(《荀子·性恶》)。荀子提出"法后王"的政治思想,具有"制天命而用之"(《荀子·天论》)的自然观。荀子继承并充分发展了孔子的"礼"学,将"礼"的地位大大提高,认为"国家无礼则不宁"(《荀子·修身》),要恢复秩序与正义,必须实行"礼治"。在重视礼的同时,荀子也重视法的作用,经常礼法并举,故荀子亦被视为由儒入法的关键人物。荀子的思想基本符合正义的利国利民原则、守法原则、公平原则和托底原则。荀子对民众遭受的沉重剥削深为不满:"厚刀布之敛,以夺之财;重田野之税,以夺之食;苛关市之征,以难其事。"(《荀子·富国》)这种让人民生活在水深火热之中的国家离灭亡倾覆也就不远了。荀子对礼法的强调符合守法原则。相对于韩非子的专任法治,礼法并用既能调动人们的道德自觉,也能有效遏制人性中自私的一面。荀子认为,决定人们身份地位及相应待遇的原则是礼义,标准有贵贱、长幼,还有"知贤愚、能不能"(《荀子·荣辱》)。按照人们的能力分配理应是公平的,虽然这种标准还排在贵贱、长幼之后。这说明荀子的思想还有保守的一面。不过,在《王制》篇中,荀子则打破了出身的限制:"虽王公士大夫之子孙也,不能属于礼义,则归之庶人。虽庶人之子孙也,积文学,正身行,能属于礼义,则归之卿相士大夫。"这更鲜

---

① 蒋重跃:《道的生成属性及其本体化发展——先秦道论初探》,《南京大学学报(哲学·人文科学·社会科学版)》,2012年第4期。
② 钱穆:《先秦诸子系年》,附《诸子生卒年世约数》。

明地体现了公平原则。在此基础上，韩非子要求将才能功绩作为首要的标准，实现更彻底的公平。《荀子·王制》篇中亦谈到"收孤寡，补贫穷"，这样才能让"庶人安政"。对孤寡贫穷之人的关心救助，无疑是托底原则的表现。

此外，还有慎子、商鞅、申子、尸子、惠施、公孙龙、尹文子、邹衍等人，他们或被归于法家，或属于黄老道家，或被称为名家，或是阴阳家。① 他们都针对时代问题提出了自己的解决方案，这些方案都符合正义的某些原则，并对韩非子的思想产生了不同程度的影响。不过，韩非子虽然对前人的思想多有借鉴和利用，从而成就了他的正义思想，但他对思想的多元现象并不满意。诸子争鸣既有历时性的关系也有共时性的关系，正是共时性导致了多元思想的共存与竞争。《显学》《六反》等篇比较充分地揭示了当时社会上混乱的思想状况以及由此引起的人们行为上的所谓矛盾。在韩非子看来，如果人们对正义的认识不一致，那么就不可能重建正义的社会。所以，统一思想势在必行。

二　韩国的黑暗现实

韩国是三晋之一，亦是七雄中的弱小国家。韩非子在谈到韩国的情况时说"夫韩，小国也，而以应天下四击，主辱臣苦"（《存韩》）。韩国地处中原，内政腐败而国小民弱，与强秦紧邻，屡次受到侵欺，是七雄中最早被秦国兼并的国家。

韩国的先祖与周同姓。韩万是曲沃桓叔之子，被封于韩原，曰韩武子。后世子孙韩厥因封地以为韩氏，即是晋国韩氏卿族的开始。晋

---

① 《商君书》是否商鞅所作，或有多少是商鞅所作，成书于何时，学者们的意见不同。蒋重跃将《商君书》看作商鞅派法家的思想，是比较合理的。慎子、申子、尸子、惠施、公孙龙、尹文子、邹衍等人流传至今的作品很少，多为辑佚或片言只语。

国诸卿中，韩氏与赵氏关系密切。在晋国讨伐赵氏家族时，韩厥曾保护过赵氏，并在晋景公时帮助赵氏重获卿位。晋平公十四年（前544年），吴国著名的公子季札来到晋国，预言晋国之政终将归于韩、赵、魏三家。晋顷公十二年（前514年），韩宣子与赵氏、魏氏瓜分祁氏、羊舌氏的封邑十县，实力得到扩充。晋定公十五年（前497年），韩宣子与赵氏侵伐范氏、中行氏。此后，晋国诸卿仅剩韩氏、赵氏、魏氏和智氏四家，其中智氏最强。智伯瑶曾派人向韩康子与魏桓子索地，韩、魏隐忍不发，均满足了智伯瑶的欲求。智伯瑶又索地于赵襄子，遭到拒绝，于是他联合韩、魏共伐赵氏。战争的结果是韩、魏反与赵氏联合，瓜分了智氏的土地。至此，三家分晋已成定局。韩非子曾多次提到这次战争，① 以此来说明自己的思想。

前403年，即韩景侯六年，周威烈王册命晋国三卿韩、赵、魏为诸侯。韩国从正式列为诸侯，到前230年被秦灭亡，共存续约173年。在此期间，韩国先后经历了四次内乱和四十余次大大小小的战争。除了立国初期在对小国郑国、宋国和两周的几次战争中取得了一定胜利外，其余的战争几乎都以失败而告终。韩国最为强盛之时，或许要算战国中期韩昭侯任用申不害为相的十几年了。申不害于韩昭侯八年（前355年）开始相韩，直至韩昭侯二十二年去世。他教韩昭侯用术驾驭群臣，整顿官僚队伍，加强对官吏的管理与监督。申不害的改革取得了一定的成效，使韩国的吏治一度清明，且终申子之身，"诸侯不来侵伐"（《史记·韩世家》）。② 可见韩国最强盛之时，也仅

---

① 散见于《初见秦》《十过》《喻老》《说林上》《难一》《难三》《说疑》等篇。
② 对于司马迁的记载，有的学者认为不尽可信。如曾振宇指出，申子相韩期间，不是"无侵韩者"，而是侵韩者甚多。申不害并没有扭转韩国的颓势。他举例说，在韩昭侯九年，秦派公子壮侵占了韩国的上枳、安陵、山氏三地，并在那里筑城。曾振宇：《前期法家研究》，济南：山东大学出版社，1996年，第257页。不过，即使申子相韩期间仍然有诸侯来侵伐，但韩国国势的相对提高应该还是可信的。

是自保而已。但是，申不害改革的局限也是明显的。韩非子对此有深刻的说明："晋之故法未息，而韩之新法又生；先君之令未收，而后君之令又下。申不害不擅其法，不一其宪令，则奸多。故利在故法前令则道之，利在新法后令则道之，利在故新相反，前后相悖，则申不害虽十使昭侯用术，而奸臣犹有所谲其辞矣。"（《定法》）这种新旧杂陈并用的局面在古代世界正是传统势力强大的表现。① 韩非子没有实际从政的经验，他认为申不害"徒术而无法"（《定法》），② 不统一韩国的法令，就无法从制度上确保政治的清明，其结果必然是"人存政举，人亡政息"。韩非子或许不明白，并不是申不害不想统一法令，而是韩国保守的贵族势力过于强大，使改革无法在深层次上展开。韩国的贵族势力强大、腐朽，且互相争斗。韩非子对此多有记述。韩哀侯时，韩傀为相，严遂为争相位，"乃令人刺韩傀于朝"（《内储说下》），兼及哀侯。③ 韩宣惠王时，宗室公仲和公叔两家争权夺势。韩王任用公叔为相，同时重用公仲。"公叔因内齐军于郑，以劫其君，以固其位，而信两国之约"（《内储说下》）。为巩固地位，打击政敌，权臣竟然不惜引外国军队入韩以威胁韩王。韩国大臣里通

---

① 蒋重跃：《韩非子的政治思想》，第202页。
② 关于法家三派，即申不害言术、慎到言势与商鞅言法的说法，只是揭示出了三子思想的重心或特征而不是他们思想的全部。《荀子·解蔽》云，"慎子蔽于法而不知贤，申子蔽于势而不知知"。从荀子的评论来看，申不害在重"术"的同时也谈"势"，慎到在重"势"的同时也谈"法"。从《韩非子》的文本来看，韩非子也认为申子对"法"是有一定认识的。如《外储说左上》就记载了申子对法的论述："韩昭侯谓申子曰：'法度甚不易行也。'申子曰：'法者，见功而与赏，因能而受官。今君设法度而听左右之请，此所以难行也。'昭侯曰：'吾自今以来，知行法矣，寡人奚听矣。'"从《商君书》的文本来看，商鞅派法家在重"法"的同时也屡次提到了"术"或"数"以及"势"。其实，已经有不少学者指出，对先秦诸子的思想流派问题应该重新认识。如蒋重跃：《申子非法家辨》，《文献》，1988年第3期；江荣海：《慎到应是黄老思想家——兼论黄老思想与老子、韩非的区别》，《北京大学学报（哲学社会科学版）》，1989年第1期。
③ 《内储说下》篇对此事的记载与《说林上》篇不同。

外国以巩固地位的事件屡见不鲜：申不害与赵相大成牛[1]互相勾结；暴谴相韩时，与魏相白圭有约定(《内储说下》)。此外，张谴相韩，临死前还收受贿赂，使韩王任用公乘无正为相(《说林上》)。

韩国的君主又多昏庸，他们"举浮淫之蠹而加之于功实之上……宽则宠名誉之人，急则用介胄之士"，使得"廉直不容于邪枉之臣"(《史记·老子韩非列传》)。在秦国进攻韩国之宜阳时，公仲朋提议与秦国媾和，联合伐楚。楚王得知后，用陈轸之计，使韩宣惠王相信楚国将援助韩国抗秦，让韩国放弃与秦国媾和的打算。结果韩王果然中楚国之计，兵败失地，为诸侯笑(《十过》)。韩王不知内政的重要性，不致力于增强自身的实力，反而多次参与合纵连横的外交游戏，为此付出了惨重代价。[2]

韩国由于紧邻强秦，受到秦国的侵扰较多，并多次被秦国胁迫共同侵伐别国。韩非子对此深有感触，他说"韩事秦三十余年，出则为扞蔽，入则为席荐。秦特出锐师取地而韩随之，怨悬于天下，功归于强秦"，且韩国之侍奉秦国，"与郡县无异也"(《存韩》)。韩国其实并不满意与秦国之间的关系。韩国曾参与合纵攻秦，但因诸侯各谋私利而失败。为谋弱秦，韩国曾派水工郑国到秦国，以修建水利工程为名，借以消耗秦国的国力，以放缓秦国对韩国的攻伐。韩国出此计谋，真可谓末路穷途。修建郑国渠虽可使韩国苟延几年，但秦之国力不仅不会因此而受损，反而会因郑国渠修建成功后秦的"关中为沃野"，使得国力更为强盛。事情败露之后，秦国宗室贵族进言秦王

---

[1] 据王先慎等学者考证，大成牛应该是大成午。(清)王先慎撰，钟哲点校：《韩非子集解》，第259页。

[2] 韩国或纵或横、无所适从的外交措施，引起了韩非子的批评。不过，韩国地方不足千里，又处于齐、楚、秦、魏之间，处境艰困。外交上无论合纵还是连横，韩国都首当其冲，左右为难，自身完全做不了主。韦政通：《先秦七大哲学家》，南京：江苏教育出版社，2006年，第158页。

政，认为六国来秦之人皆为间谍，应一概驱逐。秦王政于是下逐客令。如果没有李斯的成功进谏，阻止了秦国的逐客行为，恐怕郑国间秦之事会取得相当大的成功。但秦国终止了逐客，并认识到了修建郑国渠带给自己的长远利益。此事亦让秦王政坚信韩国不是什么可靠的盟友，乃是"腹心之疾"（《存韩》），必欲除之而后快。果然，李斯因郑国渠及逐客事件向秦王提议，"先取韩以恐他国"（《史记·秦始皇本纪》），这也符合秦国"远交近攻"（《战国策·秦策三》）的基本国策。① 内政腐败，外有强邻，韩国不可避免地成为六国中最早灭亡的国家。

如果我们相信韩非子的思想是为了宗国韩国的困境而设计的一套解决方案，那么就不难理解为什么《韩非子》对昏君重臣表现出了那么强烈的仇恨。正是韩王的昏庸与重臣的利令智昏，才加快了韩国灭亡的速度。韩非子对本国昏君重臣的不满还投射到了历史上和"外国"君臣身上，使韩非子满眼所见，充斥了刚愎自用、贪婪自私的君主和结党营私、篡逆夺权的官吏。正是他们搞乱了整个国家，败坏了社会风气。由此，我们能更深刻地理解韩非子为什么如此重视法术势的制度建设。在他看来，只有这些制度才能限制君主与各级官吏的谋私活动，真正让国家机关发挥为国为民谋福利的作用，创建一个公平正义的社会。

战国时代，是一个战争频仍的乱世。对当时的战乱没有切身体验

---

① 远交近攻是范雎为秦国制定的策略。范雎觐见秦昭王曰："王不如远交而近攻，得寸则王之寸，得尺亦王之尺也。"范雎在出谋划策之前，曾先说了一段话："今臣羁旅之臣也，交疏于王，而所愿陈者，皆匡君臣之事，处人骨肉之间。愿以陈臣之陋忠，而未知王心也。所以王三问而不对者是也。臣非有所畏而不敢言也，知今日言之于前，而明日伏诛于后，然臣弗敢畏也。大王信行臣之言，死不足以为臣患；亡不足以为臣忧；漆身而为厉，被发而为狂，不足以为臣耻。"这段话深刻地揭示了士人在游说君主之时所面临的风险，以及为了建功立业而不怕牺牲的精神。与《韩非子》的《说难》《难言》以及伊尹、百里奚自污以进的相关内容可以互相发明。

的现代人，或许更加关注生产力的发展和思想文化的高度繁荣。而对生活在那个时代的人来说，无论是底层饱经剥削与战乱之苦的民众，还是作为知识精英的士阶层，抑或掌握统治权的贵族与君主，他们最深切的感受恐怕莫过于秩序的崩溃、暴力的横行和正义的缺失。作为孤臣孽子的韩非子，聪慧而敏感，他对时代的感受、对宗国的感情恐怕要比常人更加强烈。那么，这样的一个人，又会有怎样的身世呢？

第二节　韩非子的身世与著述

孟子曰："颂其诗，读其书，不知其人，可乎？是以论其世也。"（《孟子·万章下》）人们要深入研究某一思想家的理论，不仅要熟悉其著作，更要熟悉其身世经历与性格特点，所谓"知人论世"也。韩非子生为弱国韩国的公子，敏感、偏执而自卑的性格使他对宗国在激烈兼并之世的命运异常关心，虽在国内不被任用，却仍不肯离开韩国，到别国另谋高就。面对秦王政的欣赏与别样的邀约，韩非子竟然幻想以一己之力延续韩国的存在。如此，韩非子的悲剧已然注定。① 最终，韩非子自杀于秦国的云阳监狱。对此，秦王政应该负主要责任。韩非子身后，他的著作得到较好的保存，流传后世，影响深远。

一　孤愤的贵公子

目前研究韩非子身世的主要资料有《史记》之《老子韩非列传》

---

① 韦政通指出，韩非子的前辈吴起和商君皆有功于国，但不得善终；韩非子本人也被迫自杀。后世的迂儒遂以为他们是"作法自毙"。这种惨烈的事之所以一再发生，主要是由于新旧势力的斗争和权力结构尚未获得合理的控制所致。不过，韩非子本人对吴起、商鞅之悲剧的解释是"大臣苦法，而细民恶治也"（《韩非子·和氏》）。韦政通：《先秦七大哲学家》，第160页。蒋重跃对中国、古希腊、古罗马等古代改革家的悲剧命运及其原因也进行过深入的分析，见蒋重跃：《韩非子的政治思想》，第212—214页。

《韩世家》《秦始皇本纪》《六国表》,《战国策·秦策五》以及《韩非子》之《初见秦》《存韩》《难言》《问田》等篇。"秦既得意,烧天下诗书,诸侯史记尤甚,为其有所刺讥也。……史记独藏周室,以故灭。惜哉,惜哉!独有秦记,又不载日月,其文略不具。"(《史记·六国年表》)汉初的司马迁去战国之世未远,已有史料阙如的叹息。商鞅因为是秦国历史上的重要人物,"秦记"有比较详细的记载,司马迁能据此写出《商君列传》。韩非子虽亦与秦国有交集,但已经到了生命的最后时光,故仅留下一些模糊的记录。没有与秦国发生关系的诸子,生平大抵是一片混沌。

《史记·老子韩非列传》记载了韩非子的生平,其文不长,兹转录于此(《说难》略去)。

> 韩非者,韩之诸公子也。喜刑名法术之学,而其归本于黄老。非为人口吃,不能道说,而善著书。与李斯俱事荀卿,斯自以为不如非。非见韩之削弱,数以书谏韩王,韩王不能用。于是韩非疾治国不务修明其法制,执势以御其臣下,富国强兵而以求人任贤,反举浮淫之蠹而加之于功实之上。以为儒者用文乱法,而侠者以武犯禁。宽则宠名誉之人,急则用介胄之士。今者所养非所用,所用非所养。悲廉直不容于邪枉之臣,观往者得失之变,故作《孤愤》《五蠹》《内外储》《说林》《说难》十余万言。然韩非知说之难,为《说难》书甚具,终死于秦,不能自脱。
>
> 人或传其书至秦。秦王见《孤愤》《五蠹》之书,曰:"嗟乎,寡人得见此人与之游,死不恨矣!"李斯曰:"此韩非之所著书也。"秦因急攻韩。韩王始不用非,及急,乃遣非使秦。秦王悦之,未信用。李斯、姚贾害之,毁之曰:"韩非,韩之诸公子也。今王欲并诸侯,非终为韩不为秦,此人之情也。今王不

用，久留而归之，此自遗患也，不如以过法诛之。"秦王以为然，下吏治非。李斯使人遗非药，使自杀。韩非欲自陈，不得见。秦王后悔之，使人赦之，非已死矣。

申子、韩子皆著书，传于后世，学者多有。余独悲韩子为《说难》而不能自脱耳。

韩非子是韩之"诸公子"。"诸"即"众、庶"，因此"诸公子"当是太子以外的庶子或众公子，① 那么韩非子的身份应是韩国的宗室公子。由于史料有限，我们不能确切地知道他是韩国哪位国君的公子。② 与同时代其他诸子相比，公子的身份使韩非子能够更直接地观察到君主身边为争夺国家权力人物的众面相，能够更多揭露实际政治过程中人物的所作所为。这种出身和视野导致韩非子的关注焦点集中在君主如何处理其面对的内部斗争和危机。③

韩非子出身于韩国王室，那么他的出生地应该是新郑。④ 他的生年史无明文记载，只能进行推测。韩非子与李斯同学于荀子，而李斯的生平有比较详细的记载。近人钱穆首先考订李斯去世时已经七十多岁，然后假定李斯与韩非子年龄相当，据此韩非子去世时在四十岁至五十岁之间，再由此倒推韩非子的生年应为前280年左右。⑤ 但是，同学之人不一定年龄相当，如孔子的弟子年龄差异有的就比较大。那

---

① 蒋重跃：《韩非子的政治思想》，第199页。
② 杨义认为韩非子是韩釐王之子、韩桓惠王之弟、韩王安之叔；陈千钧认为韩非子是韩釐王或韩桓惠王之子；施觉怀认为韩非子是韩襄王的孙子，韩釐王的侄子，韩桓惠王的堂兄弟，韩王安的叔父或伯父。王斐弘：《治术与权谋：韩非子典正》，厦门：厦门大学出版社，2013年，第7页。
③ 张昭：《韩非和马基雅维利政治思想比较研究：以国家权力为视角》，北京：中国社会科学出版社，2016年，第35页。
④ 张觉：《韩非子考论》，第1页。
⑤ 钱穆：《先秦诸子系年》，《李斯韩非考》与《诸子生卒年世约数》。

么能否根据《韩非子》中的信息来推测韩非子的生年呢?《问田》篇记录了堂谿公与韩非子的对话,陈千钧据此认定韩非子与堂谿公为同时之人,而堂谿公又曾向韩昭侯进言。这样,堂谿公在进言韩昭侯时不过二三十岁,与韩非子对话时已经九十余岁,那时韩非子才不过二十多岁。如此则韩非子年长于李斯,去世之时已经六十余岁,约生于前295年。① 陈千钧的推测有一个重要的前提,即进言韩昭侯的堂谿公与《问田》篇的堂谿公为同一人。但是,春秋战国之世,某地之封君有称公者,可以世袭,父子两代甚至祖孙几代均可共用一个称号。堂谿公亦有可能不是一人。② 所以这两种说法均属推测,至今难以证实。目前人们较为认可的是钱穆的说法。

韩非子"喜刑名法术之学"。韩国是三晋之一,法治传统其来有自。早在春秋时期,晋国已经制定了成文法。前513年,"晋赵鞅、荀寅……铸刑鼎,著范宣子所为刑书焉"(《左传·昭公二十九年》)。在范宣子的刑书之前,晋国立国之时即有"唐叔之所受法度",还有"士蒍之法"、"文公之教"、赵宣子"夷之蒐"等。在这样浓厚的法治氛围中,韩非子"喜刑名法术之学"是十分自然的。至于其思想"归本于黄老",乃是司马迁的特识,也是他将韩非子与老子合传的主要原因。

韩非子的口吃大概是功能性的,表明了他深深的自卑。他的自卑,是因为他的庶子身份,更是因为政治上的失意。③ 面对韩国的贫弱与政治上的黑暗,韩非子痛心疾首。他曾数次上书韩王,但未被任

---

① 陈千钧:《韩非新传》,见张觉:《韩非子校疏》,附录之《韩非及〈韩非子〉研究资料辑录》。
② 蒋重跃:《韩非子的政治思想》,第4页。
③ 蒋重跃:《韩非子的政治思想》,第199—200页。

用。① 韩非子善于著述，写作了大量政论文章。政治上的失败，却换来了韩非子在思想上的巨大成就，这种现象并不罕见。从后来韩非子在秦国政坛上的表现来看，他在韩国未被任用，未必不是一件幸事。如果他在韩国即被任用，或许早就暴露了政治上的"幼稚病"，自身尚且难保，又何来独成一家之言的成就？

韩非子与秦始皇的丞相李斯同为荀子的弟子。韩非子求学荀子的时间与内容可以根据李斯的情况来推测。韩非子早年求学荀子的时间大约在前255至前247年间，地点在楚之兰陵；所学自然有儒家学说，但更多的是"帝王之术"。② 韩非子与荀子的关系，可以很好地解释《韩非子》中一些具有儒家色彩的内容，也可以说明他为何能对儒家学说进行鞭辟入里的批判。

当韩非子对在韩国行道已然绝望之时，命运的转机却意外来到。韩非子的《五蠹》《孤愤》等篇传入秦国被秦王政看到后，秦王政发出"嗟乎，寡人得见此人与之游，死不恨矣！"的感叹。古时的文章是单篇流传的，且一般不署名。秦王政是从李斯那里得知这些文章的作者是韩非子。为了得到韩非子，秦王政不惜诉诸武力，攻打韩国。一场以思想家为目标的战争，在历史上即使不是绝无仅有，至少也是极为罕见的。③ 对此钱穆早就表示过怀疑，"天下宁有爱好其国一公子之书，因遂急攻其国者？"④ 考诸《六国年表》，从韩王安元年（前238年）至韩国灭亡，韩国与秦国之间除了秦灭韩一役外，并无战事。而且韩王在如此紧要的关头任用一名口吃之人作为大使，实在

---

① 韩非子为什么不被韩王任用？王先谦认为，韩非子"以宗属疏远，不得进用"。"宗属疏远"很可能不是最重要的原因，不过这也反映出了贵族政治所重视的亲亲原则。（清）王先慎撰，钟哲点校：《韩非子集解》，序。
② 马世年：《韩非师从荀卿考论——兼及荀、韩思想之"异"与"同"》，《河南师范大学学报（哲学社会科学版）》，2008年第6期。
③ 杨立华：《韩非之死》，《读书》，2009年第8期。
④ 钱穆：《先秦诸子系年》，第553页。

匪夷所思。① 但无论如何，韩非子终于作为韩国的使臣来到秦国，肩负着存韩的重任。韩非子出使秦国的具体时间，《史记》有两种不同的记载：其一是韩王安五年即秦王政十三年（前234年），见《韩世家》与《秦始皇本纪》；其二是秦王政十四年（前233年），见《六国年表》。这两种记载仅相差一年。

对韩非子来说，秦王政的态度并不明朗，这为他的秦国之行蒙上了一层阴影。秦王政虽然"悦之"，表示出对韩非子之理论的巨大兴趣，但对韩非子本人及其进言或上书却"未信用"。"未信用"的原因何在呢？以情理揆之，大概有两点引起了秦王政的疑虑。首先，韩非子并非一介平民而是韩国公子，他来到秦国，不是出于主动，而是被逼索的结果。这使韩非子与秦国所任用的六国之士有很大的区别。而且，他来到秦国的上书即《存韩》透露出明显的为宗国效劳的意图。② 韩非子建议秦王政先攻赵，待赵国灭后，韩国"可以移书定也"（《存韩》）。其次，韩非子是优秀的学者，但不一定是优秀的政治家。秦王政对韩非子的保留态度，为韩非子之死埋下了伏笔。

据《战国策·秦策五》记载，韩非子出使秦国之时，正值山东四国联合起来，打算进攻秦国。秦王政召开御前会议，姚贾提出的对策是由他出使，设法使四国罢兵。秦王政同意，并给姚贾"车百乘，金千斤"。姚贾的外交活动十分成功，四国放弃联合，重新与秦国修好。为此姚贾得"封千户，以为上卿"。但韩非子对此提出了非议。他认为，姚贾从事的外交活动，结果如何并不肯定，而国家的财富却蒙受了重大损失。奸臣还很可能利用外交之机会与国家之资财，损国以谋私利。此外，姚贾的出身不好，品行不佳，秦王不应该任用这样

---

① 高专诚：《〈史记〉所见"韩非之死"辨析》，《晋阳学刊》，2020年第1期。
② 王先谦指出："非劝秦不举韩，为宗社图存，画至无俚，君子于此，尤悲其志焉！"显然，王先谦认为《存韩》中韩非子为保存韩国而为秦国所做的"谋划"看起来漏洞百出。（清）王先慎撰，钟哲点校：《韩非子集解》，序。

第一章　韩非子正义思想产生的历史条件

的人来参与国家大事。

从事物发展的一般规律来讲，内因与外因所发挥的作用是不同的，外因必须通过内因才能起作用。体现在政治上，内政与外交都是国家的重要事务，但一般应以内政为主，外交只是内政的延续。韩非子坚信，"治强不可责于外，内政之有也。今不行法术于内，而事智于外，则不至于治强矣"（《五蠹》）。国家的强大只能靠内政，不可单纯依靠外交。在战国这个"大争之世"，弱小国家要想在残酷的兼并战争中生存下来，唯一可行的办法就是放缓外交，搞好内政："严其境内之治，明其法禁，必其赏罚，尽其地力以多其积，致其民死以坚其城守。"（《五蠹》）这样，"万乘之国莫敢自顿于坚城之下"（《五蠹》）。反之，如果没有强大的国家实力做后盾而一味搞外交，则会使国家陷于险境，甚至遭到亡国之祸，正所谓"弱国无外交"。在战国时代，国家弱小而专务外交，依恃大国的保护却亡国的事例比比皆是："曹恃齐而不听宋，齐攻荆而宋灭曹。邢恃吴而不听齐，越伐吴而齐灭邢。许恃荆而不听魏，荆攻宋而魏灭许。郑恃魏而不听韩，魏攻荆而韩灭郑。"（《饰邪》）[①] 面对这样血淋淋的教训，韩国却视而不见，"韩国小而恃大国，主慢而听秦、魏，恃齐、荆为用"（《饰邪》）。不仅如此，外事活动极易被某些奸臣和重人利用，成为他们巩固地位进而专权擅主的阶梯。韩国的公叔就曾"使齐、韩约而攻魏"，借此机会他"内齐军于郑，以劫其君，以固其位，而信两国之约"（《内储说下》）。所有这些都让韩非子痛心疾首，对外交尤其是从事纵横类外交活动的人十分警惕。

正是基于这样的认识，韩非子对姚贾的外交活动提出了非议。但具体问题应该具体分析，对当时的秦国来讲，形势十分紧迫：四国合

---

① 这里所涉及的历史事件有些不可考，有些与历史记载不太相符，但韩非子的意图是清楚的。

纵，意欲攻秦。作为国家的决策者和审慎的政治家，秦王政必须用一切可能的、风险较小的办法化解国家面临的危机，包括军事抵抗与外交瓦解。① 而且，秦国并非韩国那样的弱小国家，姚贾进行的外交活动有强大国力的支撑。再加上合纵四国内部的矛盾，这些都让姚贾的谋划与外交努力不仅可行，而且有相当的胜算。另一方面，姚贾是否乘机谋取私利，他的谋利又是否实质上危害了秦国的利益，秦王政的心中应该是有一定认识的。但韩非子显然没有看到这些现实政治的问题。他一味地逞书生意气，不顾实际情况，坚持自己对外交活动的看法，并公开指责姚贾。② 如果说他对姚贾外交活动的指责还有一定合理性的话，那么他对姚贾的人身攻击则暴露了韩非子身为贵族的阶级偏见。韩非子不无蔑视地说，姚贾是"监门子，梁之大盗，赵之逐臣"，姚贾不仅出身微贱，而且品行恶劣，秦王不应与这样的人"同知社稷之计"（《战国策·秦策五》）。他对姚贾出身与品行的指摘，与他一贯的用人思想背道而驰。

在春秋时期贵族世卿世禄的制度下，大大小小的官职基本上都由各级贵族担任，出身决定了人的地位和任职的资格。到春秋末，贵族政治开始松动。一些出身较低的人有了一定的机会担任官职，鲁国的曹刿就是一个著名的例子，孔子亦曾带领众多弟子周游列国以求任用。到战国时期，士阶层兴起，各国也在竞争的压力下争相以高官厚禄延揽人才。这就给非贵族出身的士人进入政权打开了通路。墨子已然开始呼吁"尚贤"，后之诸子无不主张任贤。但是，各人所谓"贤"，所指并不一致，或重品德，或重才能。要之，他们均不满意于贵族政治的"以出身论英雄"。实际上，各国也任用了一批游士来参预国家事务，不同程度上实行了"客卿制"，如张仪之在秦与苏秦

---

① 参见蒋重跃：《韩非子的政治思想》，第227页。
② 参见蒋重跃：《韩非子的政治思想》，第227—228页。

第一章　韩非子正义思想产生的历史条件

之在燕。这就造成了一种"官僚政治"的局面,既给各国政治带来了勃勃生气,也带来了一定的问题。正如萧公权在论述"术"之兴起时所言,游说之士来求官,"人君苟无术以判别能否,则用人为难。且人以势利而来,其心多不可测。若又无术以控驭忠奸,则国危位替"。①

韩非子十分重视用人问题,他说"任人以事,存亡治乱之机也"(《八说》)。在韩非子看来,所谓的贤人无非有两种:辩智之士与修洁之人。但是"智士者未必信"而"修士者未必智",若"无术以用人,任智则君欺,任修则君事乱"(《八说》)。加之人的好利之情"共阖棺而后止"(《商君书·赏刑》),因此,君主必须运用循名责实之术,"不求清洁之吏,而务必知之术"(《八说》),对官员"见功而与赏,因能而受官"(《外储说左上》)。另外,韩非子坚决要求破除贵族对官职的垄断和世袭,对有才能的人,即使出身低微,"在山林薮泽岩穴之间,或在囹圄緤紲缠索之中,或在割烹刍牧饭牛之事",明主亦应"不羞其卑贱也,以其能,为可以明法,便国利民,从而举之"(《说疑》),甚至可以不经过逐级提拔,"直任布衣之士,立为卿相之处"(《奸劫弑臣》)。

韩非子既然对姚贾提出了非议,秦王政自然要对姚贾进行询问。其实,在秦王政心里,孰是孰非是一目了然的。姚贾是在他的建议被秦王政采纳之后采取行动的,且符合秦王政与尉缭制定的贿赂六国"豪臣,以乱其谋"的政策,自然不会有错。② 更何况,姚贾既然能出使四国,出色地完成离间别国的外交任务,他的实际政治才能尤其是口才应该是相当了得的,与政治上幼稚的韩非子根本不在一个量级上。果然,面对秦王政的质询,姚贾成功地进行了自我辩护。这一事

---

① 萧公权:《中国政治思想史》,第143页。
② 蒋重跃:《韩非子的政治思想》,第228页。

件的结果是秦王政继续信任姚贾而"诛韩非"。

　　学界对"韩非子短姚贾"之事有不同的解读。概括来说，争议之处首先是此事的真伪，其次是韩非子这样做的动机是什么。在真伪问题上，一些学者认为《战国策》的这条材料是孤证，且漏洞百出，实在难以谈得上有什么史料价值。① 有学者认为《战国策》在有些史实的记载上，虽然有些情节有出入，但基本史实却不能根本否定。② 因为关于韩非子的资料实在太少，不少学者仍然采用《战国策》的这条史料来研究韩非子的身世与死因。而且，韩非子的言论与其出身、性格基本吻合，③ 以常情揆之，似应为真。在韩非子的动机问题上，或以为韩非子是出于存韩弱秦的政治目的和政治需要而非议姚贾，持这种观点的学者较多；④ 或以为这条材料只能说明韩非子、姚贾之间存在个人恩怨，不能证明韩非子有"弱秦"阴谋；⑤ 或以为韩非子对姚贾的攻击出于性格偏激、理论执着与身份的偏见等原因。⑥

　　按照《战国策》的说法，韩非子与姚贾之间发生的激烈冲突，是韩非子挑起的，这与司马迁的记载不同。司马迁认为是李斯与姚贾联合起来共同在秦王政面前谗害韩非子，他们说韩非子"终为韩不

---

① 龚维英：《试析韩非之死》，《中国史研究》，1983年第2期；徐勇：《李斯杀韩非原因浅析——兼与王举忠同志商榷》，《松辽学刊（社会科学版）》，1986年第1期；高专诚：《〈史记〉所见"韩非之死"辨析》，《晋阳学刊》，2020年第1期。
② 王举忠：《李斯杀韩非原因再考辨》，《辽宁大学学报（哲学社会科学版）》，1985年第4期。
③ 蒋重跃：《韩非子的政治思想》，第227页。
④ 邓廷爵：《关于〈韩子·初见秦〉的作者与韩非之死》，《学术月刊》，1982年第3期；王举忠：《李斯杀韩非原因再考辨》，《辽宁大学学报（哲学社会科学版）》，1985年第4期；马世年：《韩非二次使秦考》，《中国文化研究》，2008年第4期；杨立华：《韩非之死》，《读书》，2009年第8期等。
⑤ 徐勇：《李斯杀韩非原因浅析——兼与王举忠同志商榷》，《松辽学刊（社会科学版）》，1986年第1期。
⑥ 周乾溁：《说韩非之死》，《史学集刊》，1993年第4期；蒋重跃：《韩非子的政治思想》，第227页。

为秦"。秦王政原本对韩非子就有些疑虑,于是"下吏治非",将韩非子关进了云阳的监狱。李斯趁机送毒药给韩非子,迫使其自杀身亡。至于后来的秦王政后悔之说,不过虚词而已。

韩非子自杀的时间,史书也无明确记载。根据《史记·韩世家》中"王安五年,秦攻韩,韩急,使韩非使秦,秦留非,因杀之"的说法,韩非子卒于韩王安五年(前234年);另据《史记·秦始皇本纪》"十四年,韩非使秦,秦用李斯谋,留非,非死云阳",以及《史记·六国年表》秦王政十四年对应韩王安六年(前233年),"韩使非来,我杀非",则韩非子卒于韩王安六年。王先慎认同韩王安六年的说法。① 钱穆推测"非以王安五年十月后至秦,史公据秦纪则在翌年"。② 张觉认为韩非子出使秦国在韩王安五年,自杀在韩王安六年。③ 不论是哪一种说法,韩非子之使秦与自杀不过一年左右的时间,兹取前233年为准。

与诸子不同,韩非子之死成为一大谜案,历代为人关注。④ 首先是李斯与韩非子之死的关系。按照司马迁的记载,李斯在与韩非子同学时就已经认识到自己的才能不如韩非子,这使人们很容易联想到庞涓与孙膑的故事,把韩非子之死归因于李斯之妒。汉代的王充将司马迁的暗示明朗化了,他说"李斯妒同才,幽杀韩非于秦"(《论衡·祸虚》)。这种说法影响至深,几乎成为定论。实际上,李斯和韩非子是否发生了冲突,我们不能从司马迁那里得到什么有价值的信息。近代以来,人们开始抛开成见,重新审视韩非子的死因。实际上,将韩非子的死因归结为李斯之妒贤嫉能,失之于简单,忽略了当时复杂

---

① (清)王先慎撰,钟哲点校:《韩非子集解》,第1页。
② 钱穆:《先秦诸子系年》,第553页。
③ 张觉等:《国学经典导读:韩非子》,北京:中国国际广播出版社,2011年,第6页。
④ 古代如王充已经开始评论韩非子之死,近代以来更有诸多文章和著作考证这一事件。这是其他诸子所没有的。

的政治形势，有用道德来解释政治事件之嫌。韩非子之死是一件影响中国历史的政治事件，理应从政治的角度进行分析。

秦国在商鞅变法之后，国力日盛。经过多年经营，到秦王政之时，秦国统一六国的趋势已经非常明朗。秦王政十三岁继位，二十一岁亲政。亲政后即剪除了嫪毐和吕不韦这两大政治势力，将大权紧紧攥在自己的手中。几乎与此同时，又发生了郑国间秦与逐客等事件。经过一系列事件的洗礼，秦王政的政治智慧日益成熟。当他读到"《孤愤》《五蠹》之书"时，已经是一名心思缜密的政治家了。在他得知作者是韩国公子后，历史的经验告诉他不可对此人掉以轻心。秦国的先公对别国有无贤人十分敏感，为得到或消灭贤人，是不择手段的。秦穆公之时，戎王使贤人由余出使秦。秦穆公认为"邻国有圣人，敌国之忧也"（《十过》），于是内史廖向秦穆公献计，离间由余与戎王的关系，使由余去戎来秦。之后，秦穆公拜由余为上卿，由此得知戎王的"兵势与其地形"。于是"举兵而伐之，兼国十二，开地千里"（《十过》）。无独有偶，楚国出使秦国之人贤，秦王（不知是哪一位秦王）与秦穆公的忧虑是一样的。群臣的计策依然是离间计，借楚王之手除掉贤人（《内储说下》）。在秦国看来，别国的贤才若能为我所用，自然最好；若他不肯合作，则毫不犹豫地诛除之，绝不能让别国得到好处。当然，秦国自己也中过计。春秋时期，识破晋国士会回国企图的秦国贤臣绕朝被晋国的离间计所害。① 事实上，不仅秦国如此，别的诸侯国亦然。著名的如孔子曾将鲁国治理得"粥羔豚者弗饰贾，男女行者别于涂，涂不拾遗"（《史记·孔子世家》），引起了齐国君臣的忧惧。齐国于是送给鲁国女乐，迫使孔子离开鲁国。秦王政对历史尤其是本国先公先王的事迹应该是十分熟悉的。紧

---

① （清）王先慎撰，钟哲点校：《韩非子集解》，《说难》篇；《马王堆汉墓出土帛书〈春秋事语〉释文》，《文物》，1977年第1期。

邻秦国的韩国居然有这样的能人，实在让秦王政忧心忡忡。虽然韩非子并未被任用，但只要他还在韩国，就有可能发挥作用而使韩国成为秦国的一大威胁。秦王政之不惜诉诸武力以逼索韩非子，固然出于他对伟大思想家的景仰之情，但更重要的是出于国家利益打算的政治考虑。他在韩非子到来之前实际上已经拿定了主意，如果韩非子能"弃暗投明"，最好；若韩非子执意不肯，则除之。秦王政的心意既然如此，所谓的李斯、姚贾之谗害韩非子，不过是他们揣摩"圣意"之后的行为。这也就可以很好地解释秦王政在得知李斯逼使韩非子自杀之后，并未追究任何人的责任。究其实，李斯等人不过是执行秦王政的旨意罢了。①

韩非子在使秦之前，心中对此行的吉凶是否有所逆料呢？秦国君臣的种种设计，韩非子是否有些察觉呢？毕竟，在他的著作中，明明白白地记载着各国为争夺人才而使用阴谋的事件。抑或他的爱国之情使他完全不顾自己的安危了呢？还是真的如郭沫若所说，他是有心用秦，怀着欣喜之情踏上了征程呢？② 韩非子的心理活动，千载之下的我们已经无法得知了。我们知道的是，他甫入秦国，即言先举赵、后攻韩，为韩国谋划的意图昭然若揭。不是秦王政不信用韩非子，而是韩非子根本无意为秦效力。韩非子可以抛弃那些昏君奸臣，却无法抛下自己的宗国。既然如此，韩非子的命运已然注定。秦王政是秦国之主，作为政治家，必须优先考虑国家利益。况且，韩非子在秦国的所作所为，已经暴露出他并不具有从事实际政治的才能，仅仅是一名出色的学者。那么，牺牲韩非子也就不会太让秦王政感到遗憾了。

韩非子之死的问题之外，近代以来又产生了韩非子是否爱国的问

---

① 宋洪兵、孙家洲在《韩非子解读》的"导读"部分提出，韩非子之死与秦始皇的关系最大。李斯之逼迫韩非子自杀，可能得到了秦始皇的默许。宋洪兵、孙家洲编著：《韩非子解读》，北京：中国人民大学出版社，2010年，第5页。
② 参见郭沫若：《十批判书》，第405页。

题。这是因为，近代以来随着中国民族危机的出现与逐步加深，人们的民族与国家意识也逐步觉醒。现实中的问题投射到历史研究中，就产生了这个问题。其实早在宋代，司马光在编写《资治通鉴》时，就已经激烈地指责韩非子"为秦画谋，而首欲覆其宗国"，其"罪固不容于死矣，乌足愍哉！"（《资治通鉴·秦纪一》）司马光的见解不是空穴来风，而是其来有自。自汉代"独尊儒术"后，儒家思想几乎成为评价人物及其思想的唯一标准。法家可以说是受到攻击最严厉的一家。司马光对韩非子的认识，乃是这种评价发展到宋代的自然结果。近代，郭沫若认为韩非子向来崇拜秦国，毫无疑问是有心用秦的，入秦对他来说"正合了自己的希望"。郭沫若对韩非子的思想十分反感，称之为"法西斯式的理论"。[①] 司马光与郭沫若对韩非子有这样的评价，不难理解。宋代与近代都是民族危机深重的时期，人们在现实生活中的感受自然会反映在他们的历史研究，尤其是对历史人物的评价中，正如克罗齐所言，"当代史固然是直接从生活中涌现出来的，被称为非当代史的历史也是从生活中涌现出来的，因为，显而易见，只有现在生活中的兴趣方能使人去研究过去的事实"。[②] 改革开放之后，仍有学者坚持传统的观点，但也有研究者开始重新评价韩非子，认为他是真切的爱国者。要理解这一问题，必须结合韩非子所处的历史语境，不能以今人之观念绳古人之思想。

在战国时代，士人离开宗国，游说他国之君而得以显荣之事比比皆是，几乎成为潮流。孟子"后车数十乘，从者数百人，以传食于诸侯"（《孟子·滕文公下》）；商鞅本是卫国人，先适魏，后说秦，终成大业；吴起亦是卫人，先后在鲁国、魏国和楚国效力；张仪是魏

[①] 郭沫若：《十批判书》，第 405、497 页。
[②] [意] 贝奈戴托·克罗齐著，[英] 道格拉斯·安斯利英译，傅任敢译：《历史学的理论和实际》，北京：商务印书馆，2010 年，第 2 页。

国人，其功业成于秦国。与秦国相比，山东六国的文化水平更高，人才更多，但贵族的势力也更强大，使得众多有才能但出身较低的人没有机会施展抱负。秦国地处西陲，文化虽落后，然而广泛招揽六国人才，为己所用。韩国与秦国紧邻，韩非子对秦国的情况应该是比较了解的。相对于六国，他对秦国的政治状况还是比较认可的，"忠劝邪止而地广主尊者，秦是也；群臣朋党比周以隐正道、行私曲而地削主卑者，山东是也"（《饬邪》）。在这样的环境中，韩非子如果离开不得志的韩国而另谋高就，也在情理之中。然而韩非子从未主动离开自己的宗国，去"外国"寻找机会。他为什么没有去秦国求仕呢？或许是出于用韩的一丝渺茫希望，或许是出于对秦国君臣的轻蔑之意。[①] 他到秦国去，如果司马迁的记载属实，乃是被逼索的结果。韩非子不仅没有趁机为自己谋取高官厚禄，还以生命为代价以求韩国能再多延续几年。即便如此，韩非子却被司马光认为是叛国者，死有余辜。对于其他那些离开宗国而为"外国"效力之人，极少见到有人对他们提出什么异议。与韩非子形成最鲜明对比的是孔子。孔子曾带领弟子周游列国以求行道，"三月无君，则惶惶如也"（《孟子·滕文公下》），他甚至愿意接受叛臣公山弗扰、佛肸之流的邀请。对此，连孔子的弟子子路都十分不解（《论语·阳货》）。后世的儒家学者们却能为圣人曲意回护，甚至歌功颂德。这样评价历史人物，有"双重标准"之嫌。孔子与韩非子在身后的不同遭遇，其原因说起来并不复杂。秦朝二世而亡，后起的汉代为论证自己统治的合法性与正当性，需要将被推翻的前朝树立为"他者"（the other），于是出现了"暴秦"之说。这与西周立国之初极力丑化商纣王的情形几乎如出一辙。暴秦既然罪恶，其借以治国的思想自然也是完全错误的。韩非子

---

① 熊十力：《韩非子评论》，台北：台湾学生书局，1984年，第30页。

作为法家思想之集大成者，不可避免地成为被攻击的对象。至于对他的攻击是否有理有据，在"独尊儒术"、只有一种声音的情况下，这并不是一个问题。

韩非子虽然最终客死秦国，但他的思想却并未泯灭，而是成为秦国君臣治理国家的重要指导思想。不仅秦王政对韩非子的思想十分倾慕，秦二世与李斯君臣亦曾多次征引韩非子的著作，并称之为"圣人""圣人之论"（《史记·李斯列传》）。韩非子的理论在秦国既然受到这样的欢迎，他的著作必定被广泛搜罗，并编集起来以供秦国君臣阅读与参考。那么《韩非子》其书的情况如何呢？

二 口吃而善著书

众所周知，秦国在扫清六合，一统宇内之后，曾有一系列创建制度以巩固统一的活动。政治上，建立中央集权的君主制，地方上废封建、立郡县；经济上，统一度量衡、货币；文化上，统一文字和思想，"史官非秦记皆烧之。非博士官所职，天下敢有藏《诗》《书》、百家语者，悉诣守、尉杂烧之"（《史记·秦始皇本纪》）。民间之书虽遭焚毁，但官府藏书是受到保护的。秦始皇焚书，① 是中国思想文化史上的极大损失，诸多先秦古书尤其是六国史记的被毁，使得战国时期二百多年的历史至今如云遮雾罩般朦胧不清。

据余嘉锡的研究，先秦诸子之书，类似于后世之所谓文集。因事而为文，故各篇并非作于一时，其先后没有什么次序。文章多不署

---

① 关于焚书坑儒，李开元指出焚书是可靠的史实，史料来源于《奏事》。坑儒是三重伪造的历史，其第一个版本是收录于《说苑·反质》的历史故事，第二个版本是《史记·秦始皇本纪》，其定本是《诏定古文尚书序》。焚书坑儒是一个用真实的焚书和虚假的坑儒巧妙合成的伪史。编造者是儒家的经师。编造的时间在东汉初年，编造目的在于将儒家的经典抬举为圣经，将儒生们塑造为殉教的圣徒，为儒学的国教化制造舆论。李开元：《焚书坑儒的真伪虚实——半桩伪造的历史》，《史学集刊》，2010年第6期。

名，写完即流行于世。到暮年或者身后，再进行收集编次的工作。至于编集的人，可能是作者本人，抑或是弟子、再传弟子，甚至数十百年之后才被编定成书。① 无怪乎秦王政读到的是《孤愤》《五蠹》等单篇，而非《韩非子》全书，并且还要由熟悉韩非子著作的李斯来解决作者问题。由司马迁的记载，可知韩非子生前并无多少时间让他在晚年从容不迫地编集自己的著作。《韩非子》的成书，至迟在西汉初。司马迁说韩非子之著作有十余万言，这分明是已经编定的图书，而非单篇流传的文章。并且，《韩非子》在汉初流传甚广，"学者多有"。② 另外，西汉初的韩安国"尝受韩子、杂家说于驺田生所"（《史记·韩长孺列传》），其中提到的"韩子"，应该是已经编集成书的韩非子著作集。这就有力地否定了认为西汉末年的刘向是《韩非子》的编定者这样的说法。③ 那么《韩非子》的成书，最早是在什么时候呢？张觉认为，《韩非子》应该是秦国灭亡韩国后至李斯被杀前（前230年至前208年之间）由秦朝主管图书档案的御史编定的。④ 这种说法能够很好地解释为何韩非子的著作集中会混有秦国大臣李斯给秦王政和韩王的上书。但也有可能是韩非子的门人弟子在他殁后，将老师的作品（包括未完之手稿）收拾编次而成书。⑤《韩非子》编定之初，按照先秦诸子著作命名的通例，被称为《韩子》。到宋代，一些学者为与唐朝的韩愈相区别，而改称《韩子》为《韩非

---

① 余嘉锡：《古书通例》，上海：上海古籍出版社，1985年，第15、93页。
② 张觉：《韩非子考论》，第24页。
③ 周勋初认为《韩子》不可能是韩非子亲自编定的，也不是韩非子的学生编定的。汉初民间已经出现一些初步编就的韩非子著作，到刘向才正式编定。徐敏也认为《韩非子》是刘向编定的。周勋初：《〈韩非子〉札记》，南京：江苏人民出版社，1980年，第13—19页。徐敏：《〈韩非子〉的流传与编定》，《社会科学战线》，1982年第1期。
④ 张觉：《韩非子考论》，第26页。
⑤ （清）纪昀总纂：《四库全书总目提要》，石家庄：河北人民出版社，2000年，《子部·韩非》。

子》，且沿用至今。

《韩非子》成书后，流传广泛，历代目录之书均有所记。西汉末年刘向父子整理校雠国家图书，编成的目录书《别录》与《七略》均已亡佚。东汉班固的《汉书·艺文志》基本保留了《七略》的内容和体例，其中著录《韩子》五十五篇，篇数与今本相合。《隋书·经籍志》记录的《韩子》由五十五篇变为二十卷。① 这是因为书写材料发生了变化，然其内容大抵不变。此后的《旧唐书·经籍志》《新唐书·艺文志》《通志·艺文略》以及《直斋书录解题》均著录《韩子》二十卷。宋代印刷技术获得重大进步，《韩非子》有了印本，且最为学界所重视。至清代尚有宋版《韩非子》，一些学者得以据之校勘。清代朴学兴盛，经卢文弨、顾广圻等多位学者的努力，清末王先慎撰成《韩非子集解》，此书至今仍是研读《韩非子》不可缺少的重要资料。现代人在《韩非子》的校勘与整理上亦取得了相当可观的成绩，如陈奇猷的《韩非子集释》和后来的《韩非子新校注》，陈启天的《增订韩非子校释》，周勋初为主要成员的《韩非子》校注组编成的《韩非子校注》，以及张觉的《韩非子校疏》，都各有所长，在文本校勘、训诂释义等方面多有发明。

从目录学来看，今本《韩非子》基本保存了先秦时期古书的面貌，与司马迁所见的本子（除了在流传过程中不可避免产生的讹误）不会有太大的差异。在20世纪疑古思潮兴起之前，几乎没有人怀疑《韩非子》中有伪作。20世纪初，在疑古思潮的影响下，《韩非子》等古籍的真实性受到了学者们的质疑。胡适的看法最极端，他认为《韩非子》中只有十分之一二真，其余皆伪。② 与此相反，张觉认为《存韩》篇的后半部分是李斯的言论，至于其他篇章，即使有一些词

---

① （清）王先慎撰，钟哲点校：《韩非子集解》，《考证》。
② 胡适：《中国古代哲学史》，第8页。

第一章　韩非子正义思想产生的历史条件

句方面的问题，都不宜否定它们是韩非子所作。争议最大的《初见秦》篇是韩非子求学荀子之时，在秦昭襄王时到秦国时的上书，所以秦国御史在整理《韩非子》时将其命名为"初见秦"。① 大多数学者的观点比较谨慎，或怀疑某些篇章不是韩非子所作，或怀疑某些篇章中的一些段落、字句为后世所混入。张觉将学者们判定《韩非子》篇章为伪作的根据进行分类，共得七类，并一一进行了辩驳，② 其论可信。此外，蒋重跃从相对真实与绝对真实的张力关系出发考虑问题，认为目前我们对《韩非子》真实性判断的标准不能离开《史记》，在没有新的考古资料的前提下，任何辨伪的争论都无法证实或证伪。对《韩非子》之类古籍的合理态度应该是走出疑古，对它的真实性抱肯定的态度。③

学者们争论较大的是《初见秦》篇的归属问题。产生争论的原因在于《初见秦》篇与《战国策·秦策一》中所收的"张仪说秦王章"十分相似，再加上人们认为《初见秦》篇中主张"亡韩"与《存韩》篇的主旨相矛盾。事实上，《初见秦》篇是否出自韩非子之手对研究他的思想没有根本性的影响。学者们对这篇文章归属权的论争，实际上是希望借此研究韩非子的身世与品质。细读文本，我们会发现这两篇的主张都是建议秦国先举赵以破纵而后亡韩，并无矛盾之处。不能单单看见《初见秦》中有"亡韩"的字样，就忽视"亡韩"之前的"纵不破，赵不举"。即使这两篇的主旨真有矛盾之处，亦不能认为一定是两人所作。人的思想有现实根据，而现实往往有矛

---

① 张觉：《韩非子考论》，第74、27—28页。
② 这七类为：思想内容是否符合韩非的思想体系；是否符合史实；文体；文章风格；用词造句；是否与其他典籍重复；是否与本书其他篇章相重。张觉：《韩非子校疏》，前言，第16—22页。马世年进一步将这七类概为内外两方面标准，即文章的内部要素和外部形式。见马世年：《〈韩非子〉的成书及其文学研究》，第51页。
③ 参见蒋重跃：《韩非子的政治思想》，"关于《韩非子》一书的真伪"部分。

盾，思想就会有矛盾。历史上的人物，无一不处于多重矛盾的现实之中，要设想他们在思想与性格上没有矛盾，那几乎是不可能的。[1] 因此，《初见秦》的作者问题在没有进一步考古资料的情况下，仍以韩非子所作最为可信。

就目前的情况来看，本书赞同蒋重跃的观点，对待今本《韩非子》的合理态度应该是走出疑古，对其真实性抱肯定的态度。而且，无可否认的是，组成《韩非子》的五十五篇在历史的流传和思想的发展过程中早已经结成了一个不可分割的整体。即使某些篇章的个别字句有问题，或者某些史实发生在韩非子身后，这些都不应该成为思想研究的障碍，不应该影响我们以《韩非子》为依据来阐述韩非子的正义思想。

---

[1] 蒋重跃：《韩非子的政治思想》，初版序，第3页。

第二章 韩非子正义思想的内容、特点与局限

"故绕朝之言当矣,其为圣人于晋,而为戮于秦也,此不可不察"(《说难》),这似乎是韩非子自身的写照。韩非子虽然客死秦国,结局悲惨,但从《史记·李斯列传》可以看出,李斯和秦二世都尊称韩非子为"圣人",称他的学说为"圣人之言"。不幸的是,秦朝的大厦仅十五年即轰然倒塌,这巨大的历史教训使得后人不断反思。在历史的反思中,韩非子的际遇最耐人寻味。他从秦朝的圣人一下子变成了历史的罪人,背负着亡秦的责任。事实上,如果抛开偏见与成见,抱着"同情之理解"的态度,可以发现,韩非子有着明确的正义思想。韩非子宣称自己所倡导的全部思想都是为了"便国利民"(《说疑》)。用今天的学术语言来说,就是在韩非子的心目中,利国利民就是正义。

第一节 韩非子正义思想的主要内容

正义作为政治哲学的核心概念之一,是在近代以来才开始流行于中国学界的。古代多单音词,"正"与"义"原本单独使用,各有其含义。它们结合成一个词,大概最早出现在《荀子》中。《不苟》篇云:"正义直指,举人之过恶,非毁疵也。"这里,"正义"是一个偏

正结构的双音词，意为符合"正"之标准的"义"。① "正义"一词在古代典籍中虽然出现不多，但并不意味着中国古代没有正义思想，中国古人就不关注正义问题。对韩非子而言，他确实没有明确提出正义的概念，更没有在概念的基础上演绎成一套完整的体系。然而强烈的问题意识使得他在行文中几乎无处不涉及正义。《韩非子》中与正义概念密切相关的字主要有义、公、正、直等。

"义"字在甲骨文中已经出现，《说文》云："从我羊，己之威仪也。"② 据晁福林研究，商代甲骨文的"义"字，只是地名或人名用字，并不具备后世"义"观念的任何义项。周代保留了商代的这种用法，并增加了三种新意蕴："义"通假作"宜"；"义"用如"威义（仪）"字；"义"用为准则及道德规范代称。春秋时"义"已经成为社会公认的表示社会准则及伦理道德的观念。③ 战国时期，"义"作为一个重要的伦理与政治概念，引起了诸子的普遍重视。④ 韩非子对"义"并不全部肯定，而是区别对待。韩非子反对以儒家思想为代表的传统的、世俗的"义"观念，试图在证明上述"义"观念不利于国家的同时，建构起一种新型的"义"观念。《韩非子》中"义"字共出现143次（包括通假字6个），涉及27篇。⑤ "义"主要有以下四种意涵：

（1）适宜；正确、正当；善好。表示适宜，如"义者，谓其宜也"（《解老》）。表示正确、正当，如"离俗隐居，而以作非上，臣

---

① 丁天立：《先秦法家"法治"主义下的正义话语——以商鞅变法为例》，《西安财经学院学报》，2020年第2期。
② （汉）许慎撰，（清）段玉裁注：《说文解字注》，第633页。
③ 晁福林：《从甲骨文"俎"说到"义"观念的起源》，《考古学报》，2019年第4期。
④ 据初步统计，《论语》中"义"字出现24次；《墨子》高达306次；《孟子》108次；《商君书》22次；《庄子》118次；《荀子》最多，316次。
⑤ 与桓占伟的统计不同。桓占伟：《百家争鸣中的共鸣——以战国诸子"义"思想为中心的考察》，《史学月刊》，2014年第6期。

不谓义"(《有度》)。表示善好,如"子言,义主,何可诛?"(《外储说左下》)《解老》篇对"义"以及"礼、仁"等字的解释,更像是儒家的说法。韩非子曾就学于荀子,对儒家学说自然有深切的了解。除《解老》篇外,《韩非子》其余篇章中对"义"的此种颇具儒家色彩的含义多持批评态度。

(2) 某种道理、准则、主张,多与礼、仁等字连言。这种用法最常见,如"吾入见先王之义则荣之"(《喻老》);"遇诸侯有礼义,则役希起"(《解老》);"慕仁义而弱乱者,三晋也"(《外储说左上》);"古之听清徵者,皆有德义之君也"(《十过》)等。其中以"仁义"连言最多,共45处。"仁义"在《韩非子》中有不同的含义,或表示君主赏赐无功之人,如"施与贫困者,此世之所谓仁义"(《奸劫弑臣》);或表示古代的、传统的道德与政治治理准则,如"夫称上古之传颂,辩而不悫,道先王仁义而不能正国者,此亦可以戏而不可以为治也"(《外储说左上》)等。韩非子对这种"仁义"观极为不满,认为不利于国家,对此提出了严厉的批判。在批判旧的仁义观的同时,韩非子还提出了自己新的仁义观:"夫仁义者,忧天下之害,趋一国之患,不避卑辱,谓之仁义。"(《难一》)① 事实上,"义"作为某种道理或准则只有符合国家的利益即符合利国利民原则,才能得到肯定与提倡,否则即受到韩非子的批判。换句话说,在韩非子的思想体系中,代表国家利益的"公"观念才是绝对正确的,

---

① 《问田》篇也有类似的说法:"不惮乱主暗上之患祸,而必思以齐民萌之资利者,仁智之行也。"对于韩非子的这些言论,周勋初指出,韩非子挺身与以贵重之臣和乱主暗上为代表的守旧势力作斗争,确是不计个人安危,这里他也为自己的主观意愿所欺骗,以为是在为全体民众的利益而奋斗。但这种精神后面的真实动力,却是狭隘的地主阶级利益。周勋初进一步引用了马克思在《德意志意识形态》中的一段话来证明自己的观点。不过,蒋重跃认为在韩非子的主观意识中,救世是真诚的。周勋初:《〈韩非子〉札记》,南京:江苏人民出版社,1980年,第266页;蒋重跃:《韩非子的政治思想》,第217页。

比较中性的"义"只有与"公"联系起来,才是值得肯定的;若与"私"相连,则应被否定。"夫令必行,禁必止,人主之公义也。必行其私,信于朋友,不可为赏劝,不可为罚沮,人臣之私义也。私义行则乱,公义行则治,故公私有分"(《饰邪》)。

（3）君主尤其是官吏私自给人好处。这种用法集中体现为一个词,即"行义"。陈奇猷认为,"行义"不仅指以财利赐无功者,赦死、宥刑皆包括在行义之内。① 韩非子对"行义"深恶痛绝,他认为如果"臣得行义,则主失明"(《主道》)。官员"行义",意味着或徇私枉法,或朋党比周。如果君主"行义",则会使无功者受赏而有罪者不诛,导致"有赏不足以劝,有刑不足以禁"(《饰邪》)的严重后果。这实质上是违背了守法原则和公平原则。

（4）其他含义。如"昔者介子推无爵禄而义随文公"(《用人》),是自愿之意;"返为践土之盟,遂成衡雍之义"(《外储说右上》),是结盟之意。② "此必不顾人主之义矣"(《奸劫弑臣》),意为利益。有的研究者以为韩非子以及法家"以利为义",③ 看来并不符合原文之意。

亨里克·斯内德已经注意到,先秦古文中的"义",可以翻译为"正义"。但对于韩非子来说,他用不同的方式使用"义"、公正或正义。有时候被用作贬义,有时候作为一个旧有体系的遗迹,有时候被用作褒义。韩非子不喜欢把"义"作为一个普遍的道德准则,尤其是因为它带有儒家的意义。④ 因此,韩非子需要在解构的同时,提出

---

① 见《主道》篇对"臣得行义,则主失明"的注释。（战国）韩非著,陈奇猷校注:《韩非子新校注》,第81页。
② 《韩非子》校注组编写,周勋初修订:《韩非子校注》,南京:凤凰出版社,2009年,第382页。
③ 许青春:《法家义利观探微》,《中南大学学报（社会科学版）》,2006年第6期。
④ [奥地利] 亨里克·斯内德著,侯俊杰译:《韩非子与西方法哲学的正义:一种非比较的方法》,《哲学研究》,2014年第3期。

新的思想,来改造"义",剔除其中不符合正义诸原则的内容。

"公"在甲骨文中已经出现,字象瓮(甕)口之形,当为"甕"之初文。卜辞借为王公之公,① 指"先公"。《说文》曰:"公,平分也,从八厶,八犹背也。"② 许慎对"公"字字形的解释主要受到韩非子的影响。韩非子认为"自环者谓之厶,背厶谓之公"(《五蠹》)。西周时期"公"的使用逐渐广泛,从人指而扩展到属于"公"的物指和事指,并开始发展为有政治公共性含义的抽象概念。战国时期,"公"的政治意蕴空前强化,形成一种普遍的国家和社会公共理性。③《韩非子》中"公"字凡71现,有两种用法:

(1) 国家的、君主的,或与国家、君主有关的。如"为人臣者散公财以说民人"(《八奸》);"古者世治之民,奉公法,废私术"(《有度》)。这种用法最普遍,且多与"私"对举。④ "私"指臣下的、个人的,与"家""臣"相应。⑤ 韩非子看重利国利民原则,自然对"公"的此种意蕴最为推崇。人们所有的思想、行为与品德,只有符合"公"的要求,才是合理的、值得肯定的,否则即在被否定之列。

(2) 其他含义。如"万乘之患,大臣太重;千乘之患,左右太信;此人主之所公患也"(《孤愤》),意为共同的、公开的。"乃相衔负以越公道"(《说林上》),"公道"即大路。

---

① 徐中舒主编:《甲骨文字典》,第71页。
② (汉)许慎撰,(清)段玉裁注:《说文解字注》,第49页。
③ 刘泽华:《春秋战国的"立公灭私"观念与社会整合(上)》,《南开学报》,2003年第4期。
④ 韩非子强调思想一统,上下一心,行为一致。一之所由出,在国之君,一之所由立,在国之法,此即所谓"公"。不忠于君,不守于法,不合于者,为私。私无益于治有害于国,所以被名为蠹,被目为奸、邪、伪、诈。梁治平:《"为公"的理念》,《中国法律评论》,2014年第2期。
⑤ 张觉:《韩非子校疏》,《有度》篇注释,第95页。

"正"是"征"的本字，为会意字。甲骨文从止（脚）从口（城），会征伐之意。①《说文》曰："正，是也。从止，一以止。凡正之属皆从正。"②《韩非子》中"正"字共出现58次，有以下四种用法：

（1）正当的，正义的、正直的；符合或不偏离某种规则。这种意义最常见，如"以乱攻治者亡，以邪攻正者亡"（《初见秦》）；"若以道化行正理，不趋富贵，事上而求安"（《奸劫弑臣》）；"以其公正也誉之，以其不听从也废之"（《外储说右下》）；"故其治国也，正明法，陈严刑，将以救群生之乱"（《奸劫弑臣》）。在韩非子看来，判断正义的主要标准是以国家利益为核心的"法"。韩非子重"法"，"法"并非如某些论者所说的仅指"刑"，而是一套治国理政的规则体系。韩非子认为，只有贯彻守法原则，让包括君主、贵族在内的人都能知法守法，才能有效地恢复秩序，实现正义。

（2）动词，治理、管理；名词，有权或有能力从事管理的人，即君主、师长，亦为官职名称。如"释法术而心治，尧不能正一国"（《用人》）；"訾其里正与伍老屯二甲"（《外储说右下》）。君主、师长与各级官员该如何治理国家呢？儒家提倡榜样政治，强调君主和官员应为贤圣之人，以自身的品德化育万民。韩非子认为儒家的榜样政治过于理想化，在君主世袭的前提下，不能保障所有君主皆为品德高尚之人。③这样，"以法治国"（《有度》）而不逞私智就是更符合实际的选择。

（3）名称与事物相符。"名正物定，名倚物徙"（《扬权》），春

---

① 徐中舒主编：《甲骨文字典》，第146页。
② （汉）许慎撰，（清）段玉裁注：《说文解字注》，第69页。
③ 韩非子对儒家的很多批评集中在广土众民的大国的政治层面，集中在可靠性和可操作性上，其政治的目的是富国强兵。白彤东：《韩非子对儒家批评之重构》，《中国哲学史》，2020年第6期。

秋战国时期,"正名"成为一种重要思潮,诸子皆有所论,甚至出现惠施、公孙龙等所谓的"名家"。韩非子的"刑名法术之学",即是正名思想在政治领域的应用。

(4)端正、矫正。如"智短于自知,故以道正已"(《观行》);"使匠石以千岁之寿,操钩,视规矩,举绳墨,而正太山"(《大体》)等。用来端正、矫正人们思想与行为的原则主要有两种,在思想层面是"道",在行为层面是"法"。法以道为最终极的依据,所谓"道生法"(《黄帝四经·经法·道法》)是也。

"直"字已见于甲骨文,是个会意字。字形为目上一竖,一竖代表标杆、尺度,会以眼睛正对标杆以测直立之意,① 本义为"不弯曲"。《说文解字》曰:"直,正见也。从乚从十从目。""乚"字,《说文解字》曰:"匿也,读若隐。"由此《说文解字注》对"直"字字形的解释为"以十目视乚,乚者无所逃也。"② 《韩非子》中"直"字凡45现,共有三种含义:

(1)正直、公正、合理。如"能法之士,必强毅而劲直,不劲直,不能矫奸"(《孤愤》);"正直之道可以得利,则臣尽力以事主"(《奸劫弑臣》)。此种含义之"直",与"私、奸、曲"相对,与"公、忠、正"相合。可见,韩非子所谓的正直、公正,以利国利民原则为准,与孔孟等儒家士人首重宗族有重大区别。

(2)径直、直接,坦率。如"明割利害以致其功,直指是非以饰其身"(《说难》);"明主在上,群臣直议于下"(《内储说上》)。官吏能否坦率地指出君主的过错,是否敢于表达自己的真实想法,既与官吏和君主的私人关系有关,更取决于君主是否"明"。在韩非子看来,如果明君在上,即使官吏不致力于搞好和君主的关系,也可以

---

① 徐中舒主编:《甲骨文字典》,第1385页。
② (汉)许慎撰,(清)段玉裁注:《说文解字注》,第634页。

"直指是非""直议于下"。但是现实中的君主往往达不到这样的理想境界，为了"听用而振世"，有道之士不得不像伊尹学习，"役身以进，如此其污也"（《说难》）。

（3）其他用法。"绳直而枉木斫，准夷而高科削"（《有度》），意为不弯曲，不倾斜；"恐人怀其文，忘其直，以文害用也"（《外储说左上》），通"值"，意为价值；"前时臣窃以王为过尧、舜，非直敢谀也"（《外储说右下》），意为故意。

事实上，义、公、正、直可以互相为训，其含义多有交叉。最典型的如"所谓直者，义必公正，公心不偏党也"（《解老》）。这四个关键字只是韩非子正义思想的部分内容，仅靠它们无法支撑起一个完整的理论体系。实质上，韩非子的正义思想是以重建秩序为前提，以法、术、势为实现途径，以利国利民为宗旨，以君主为中心构建的一种规训正义。韩非子正义思想的各项内容并不是互相隔绝的，它们之间的关系好似彼此交织的网状结构，相互支撑、循环论证。

一　秩序优先：国无君不可以为治

"福莫久于安"（《大体》），没有稳定的秩序，谈何正义。春秋时期王纲解纽，政治与社会逐渐失序。不仅周天子的权威一落千丈，各国诸侯也面临被卿大夫架空的困境，鲁国甚至出现家臣控制政权的局面。政权的下移，伴随着激烈的政治斗争，"《春秋》之中，弑君三十六，亡国五十二，诸侯奔走不得保其社稷者不可胜数"（《史记·太史公自序》）。生活在春秋末期的孔子曾提出"礼乐征伐"若"自诸侯出，盖十世希不失矣；自大夫出，五世希不失矣；陪臣执国命，三世希不失矣"（《论语·季氏》）的论断。他认为政权若掌握在天子手中，意味着"天下有道"；若掌握在诸侯手中，可以延续十世；若掌握在卿大夫之手，尚能维持五世；若政权被陪臣所执，最多仅维持三世。换句话说，孔子认定春秋乱世的根源乃是因周天子政治上、经济上的衰弱而无力控制诸侯，于是列国征战；诸侯又大权旁落而卿大夫专权，于是政局混乱。孔子对春秋时代政治现象的概括虽不一定与历史事实若合符节，但政权愈下移就愈不稳定的趋势在春秋时期则基本上是可信的。如果将孔子的话反过来，就可以发现，政权的上移极有可能产生政权稳定进而社会秩序良好的局面。孔子之后，生活在战乱愈发严酷之战国时期的思想家们在思考时代难题时，几乎不约而同地认为只有君主才能最终结束乱世，带来和平、秩序与正义。《管子·重令》云"安国在乎尊君"；墨子认为，"天下之所以乱者，生于无政长。是故选天下之贤可者，立以为天子"(《墨子·尚同上》)；《商君书·开塞》云"治莫康于立君"；韩非子的表述最为典型："国无君不可以为治"(《难一》)。小国寡民的社会似乎没有君主，不过老子亦曾言"太上，下知有之"(《老子》第十七章)，在君主顺其自然的不干预政策下，人们产生了无君的错觉。诸子之所以认为君主制是正义的，乃是因为君主制只是一种手段，最终目的在于利民，即"立君为民"："天之生民，非为君也。天之立君，以为民也"(《荀子·大略》)；"立天子以为天下，非立天下以为天子也"(《慎子·威德》)；"故尧、舜之位天下也，非私天下之利也，为天下位天下也"(《商君书·修权》)等。近人刘师培、吕思勉等均曾指出，立君为民之意，战国时期乃是人们的共识甚至常识。① 立君为民体现出了正义的利国利民原则。

君主制以外，人们实际上还有两条可供选择的道路：第一条是回

---

① "赵太后谓：不有民，何有君？是君为民立，在战国之时且知之，而谓古圣独不知之乎？"刘师培著，李妙根编选：《国粹与西化——刘师培文选》，上海：上海远东出版社，1996年，第11页。"立君为民，而国非君主一人所私有，此理本古人所深知。……国非君主所私有，秦汉之际，其义尚明。"吕思勉：《中国制度史》，上海：上海教育出版社，2005年，第276—277页。

到小国寡民的前文明社会；第二条是重建西周时期的分封制。第一条道路是老子的理想，可惜走不通，因为历史无法后退，文明无法再回到野蛮。第二条道路最受儒家诸子赞同，且在古代对士人一直有很强的吸引力。战国时代，西周被塑造成了理想的盛世，它的分封制度自然也像镀了金似的闪闪发光。影响所及，汉代、晋代、明代等都曾有过分封制的借尸还魂。要之，这两条路都是复古之路。君主制是创新之路，基本符合历史发展的大趋势，而且君主制已经在几个大国成为现实。历史与事实均向人们表明，君权是否强大稳固与各国国内秩序的稳定直接相关。

　　君主制常常引起受到自由平等启蒙的现代人某些负面想象。但是在中国古代的实际条件下，君主制可能是最不坏的一种制度选择。原因或许就在于古人对秩序的偏爱和优先考虑。① 君主制意味着等级制和世袭制。在先秦实行贵族政治的时期，人们的等级由出身决定，社会上没有一条能够让底层之人上升的正常渠道。这样的社会处于一种近乎静态僵化的稳定之中。随着贵族政治的松动，越来越多富于才能的下层人士渴望上升，建功立业，社会变得骚动不安。韩非子也赞成等级制，强调人们严格按照等级身份享受相应的待遇，既不可僭越，也不可过于节俭。② 但他的革新之处在于，官僚政治背景下，人们的等级不再仅仅由出身所决定，而是更多地取决于个体的能力。这就打开了一条阶层开放、上下流动的制度化通道，不仅为政府输入了新鲜的血液，而且增强了社会的稳定性。与之前不同，这样的社会处于一种动态平衡的稳定之中，显得更有活力。高踞在等级制金字塔顶端的

---

① 赵汀阳指出，中国哲学在秩序与自由这两个利益和幸福的一般条件中更看重秩序，因为秩序是自由的先决条件。赵汀阳：《天下体系：世界制度哲学导论》，北京：中国人民大学出版社，2011年，第21页。
② 《韩非子·外储说左下》："臣以卑俭为行，则爵不足以观赏；宠光无节，则臣下侵逼。"

是君主，韩非子以才能决定等级地位的思想在这里没有贯彻到底，他仍然坚持传统的世袭制。君主世袭制在西周时期已经发展出一套颇为成熟的嫡长子继承制。虽然世袭制不能保障每一位继位的君主都能胜任他的工作，但与没有此种制度的国家（民族）相比，中国古代社会在相当长的历史时期内保持了最高权力的平稳过渡以及政治秩序的稳定。儒家所盛称并一度流行于战国时期的禅让（这恰恰贯彻了以才能定地位的标准）学说，在理论上不失为一种世袭制的改良方案。然而无论从历史事实还是从战国时期乃至历代的政治实践来看，禅让制都难以真正立足。尧、舜、禹究竟是禅让还是夺权，在战国时期已经有不同的声音。① 燕国的燕王哙让位于子之的事件更是沉重打击了人们的理论热情，禅让的思潮逐渐消退，而加强君权的理论浪潮淹没了思想界。② 历代的篡位者也大肆利用"禅让"的招牌，如曹氏代汉，司马氏代魏。另外，禅让制意味着选择贤良之人，在没有相应机制的前提下，可以想见，选贤的竞争往往沦为动乱。③

古人对于世袭制会让昏庸之人掌握最高权力的可能性并不是没有预见和相应的化解措施。选贤与能的官僚政治在某种意义上就是对世袭制的一种补充甚至保障。至于如果暴君在位该如何应对，人们的观

---

① 《竹书纪年》与《韩非子·说疑》都认定没有禅让，只有夺权。《竹书纪年》："昔尧德衰，为舜所囚也"，见《史记·五帝本纪》"尧崩"之"正义"，（汉）司马迁：《史记》，北京：中华书局，1959年，第31页。《韩非子·说疑》："舜逼尧，禹逼舜。"
② 罗新慧的原文为"加强专制主义中央集权的理论浪潮淹没了思想界"。罗新慧：《礼让与禅让——论周代"让"的社会观念变迁》，《社会科学战线》，2002年6期。
③ 韩愈已经论述过这一问题。他在《对禹问》中说："尧舜之传贤也，欲天下之得其所也；禹之传子也，忧后世争之乱也。尧舜之利民也大，禹之虑民也深。……传之人则争，未前定也；传之子则不争，前定也。前定虽不当贤，犹可以守法；不前定而不遇贤，则争且乱。天之生大圣也不数，其生大恶也亦不数。传诸人，得大圣，然后人莫敢争；传诸子，得大恶，然后人受其乱。禹之后四百年，然后得桀；亦四百年，然后得汤与伊尹。汤与伊尹不可待而传也。与其传不得圣人而争且乱，孰若传诸子？虽不得贤，犹可守法。"（唐）韩愈著，阎琦校注：《韩昌黎文集注释》，西安：三秦出版社，2004年，第42—43页。

点不尽相同，甚至针锋相对。儒家提倡"汤武革命"，而韩非子主张即使暴君在位也不可破坏既定的秩序。① 从一般的感情出发，人们更容易认可儒家的观点，希望在暴风骤雨的革命之后出现一个崭新的正义世界。反之，韩非子的态度却激起了人们的普遍不解与反感。悖论在于，无论采取何种方式都不可避免会伤害正义。暴力革命意味着既定秩序的严重破坏和杀人如麻的战争（武王伐纣，血流漂杵），静待暴君肉体生命的结束也会造成人们的极大痛苦。为此，韩非子安慰人们说，暴君不过"千世而一出"（《难势》）。所以从秩序优先的观点来看，君主制虽然不是最好的制度设计，但却是古代所能实现的最不坏的、最稳定的制度。

既然秩序的恢复、正义的实现依赖君主制，那么韩非子就要思考如何保障君主制的稳固和君主的有效统治。这一问题的答案就是以"法、术、势"为主的一整套制度设计。

二 制度保障：法、术、势

前贤对"法、术、势"的研究有两个侧重点：其一，探讨三者中何者为核心；其二，探讨三者的本质是什么。由于儒家与近代西方思想的影响，学者们对韩非子的思想存在一些误解。典型的，如认为"法"仅是严刑，所谓法治不过刑治而已；因为韩非子"居然"没有想到现代的民主议会制度，所以"立法权无法正本清源"，② 由君主制定并实施的"法"无法在实际上起到限制君权的作用，所谓的法治必然流于形式，落入人治的泥淖；术没有任何合理的内容，全部都是阴谋权术，牟宗三称之为"黑暗的密窟"；③ 势不过是强权政治甚

---

① 《忠孝》篇："人主虽不肖，臣不敢侵也。"
② 梁启超：《先秦政治思想史》，天津：天津古籍出版社，2003年，第177页。
③ 牟宗三：《中国哲学十九讲》，贵阳：贵州人民出版社，2020年，第152页。

至极权政治罢了。统而言之，法、术、势不过是韩非子为一位极权专制之君主设计的用来残害人民、专以恣己的工具。对此，肯尼迪·温斯顿表达了自己的困惑："在阅读《韩非子》的时候让我感到奇怪的是，道德和法律之间的联系是那么的明显，而传统的学者竟然看不到这一点。"① 传统的或者说古代的学者之所以没有看到"道德和法律之间的联系"，没有重视韩非子思想的正义性，很大程度上是因为儒家思想的束缚。

"法"在金文中已经出现。《说文》正书作"灋"，曰："刑也，平之如水，从水；廌，所以触不直者去之，从廌去。"② "法"自造字之时就已经具有了公平执法与惩罚罪犯的含义。某些学者将韩非子之法解释为刑或法律，有一定的根据。但韩非子与法家并不是现代法学意义上的法学家，而是政治家或政治思想家——尽管这两种身份都关注法律之运用，但政治家对"法"的理解远比现代法学家要丰富。③ 在韩非子的思想体系中，法的含义已经得到扩充，法所指向的是一整套治理社会的政治制度，刑以及法律不过是法的一部分内容而已。"法所以为国也"（《安危》），法作为制度，涵盖了政治与社会生活等公领域的各个方面，是调整公领域中各种关系的准则。

法是治国理政的制度，立法权的归属至关重要。有研究者认为韩非子将立法权拱手奉于当时的君主，而这些君主多昏庸自私，势必导致恶果。其实韩非子对与他同时代的君主以批判为主，并不认可他们拥有立法权。在韩非子看来，立法权只能属于圣人，"圣王之立法也，其赏足以劝善，其威足以胜暴"（《守道》），"圣人为法国者"（《奸劫弑臣》）。普通的中主只能"抱法处势"（《难势》），并没有立

---

① [美] 肯尼迪·温斯顿：《中国法家思想的内在道德》，宋洪兵主编：《法家学说及其历史影响》，上海：上海古籍出版社，2018年。
② （汉）许慎撰，（清）段玉裁注：《说文解字注》，第1877页。
③ 宋洪兵：《论法家"法治"学说的定性问题》，《哲学研究》，2012年第11期。

法权。圣人立法，中主守法，从理论上保障了法的正义性。韩非子认为，法的制定必须遵循"不逆天理，不伤情性"（《大体》）的基本原则。① 这样的法与人们的生活融为一体，让人们几乎感觉不到法的强制与约束，"若饥而食，寒而衣，不令而自然也"（《安危》）。另外一个引起诸多争论的问题是法与君孰为第一。从理论动机来说，韩非子认为法高于君："矫上之失，诘下之邪……莫如法"（《有度》），"人主……以事遇于法则行，不遇于法则止"（《难二》）。也就是说，君主和民众一样，都不能违反守法原则。② 至于如何在制度层面将法高于君的守法原则加以落实，韩非子以及中国古代的思想家均未能解决这一政治难题。③ 于是一些学者基于落实的困难而认定韩非子是君主至上论者，法不过是君主手中的工具，根本无法限制其滥用权力。这样的说法实际上是将思想与实践混为一谈。退一步讲，即使承认君高于法，但考诸历史，传统中国的君主虽然从理论上说可以随心所欲地立法与废法，但是在政治实践中，君主通常不会滥用这种权力，体制也不会允许君主随心所欲。通常情况下，君主及统治集团能够保持基本的理性，否则，根本就不会形成有效的国家治理，甚至导致自取灭亡。④

　　法作为制度与准则，能迅速安定并维持国内的秩序。⑤ 如何在乱世重建秩序？这是诸子面临的共同问题。儒家始终寄希望于由尧、

---

① "天理"即道理，是自然界和人类社会的最高规律和原则；"情性"是指人情人性。
② 有学者认为，"君之守法恰恰是君主强化自己权威性的绝佳手段"。乔健、王宏强：《论韩非"君道论"的内在矛盾》，《暨南学报（哲学社会科学版）》，2019年第6期。无论在人们看来君主守法出于什么动机，都说明在韩非子的理论设计中，君主要受到法的制约与限制。
③ 宋洪兵：《韩非子道论及其政治构想》，《政法论坛》，2018年第3期。
④ 喻中：《法家的现代性及其理解方式》，《山东大学学报（哲学社会科学版）》，2018年第1期。
⑤ 韩非子的法治具有预期确定、塑造公共理性的优点，解决了国家基本秩序稳定的问题。戴木茅：《法治臣民、术防重臣——韩非法术观论析》，《政治思想史》，2017年第4期。

舜、汤、武般的圣贤出来收拾局面，但圣人的出现已经是低概率事件，再加上"生而在上位"的条件，几乎可以说与幻想无异。即使真的出现满足以上条件的圣人，"人亡政息"仍然是一个巨大漏洞，这样一来秩序的稳固就受到了威胁，极易出现"千世乱而一治"（《难势》）的情况。在韩非子看来，"治乱决缪，绌羡齐非，一民之轨，莫如法"（《有度》），法的重要功用即是在混乱之中迅速恢复社会秩序，并使秩序得以保持下去，"法分明，则贤不得夺不肖，强不得侵弱，众不得暴寡"（《守道》）。因此，与其依靠"千世而一出"的圣人，不如为常见的中主建立一套可行的制度（法），使他们能够"抱法处势"，这样就可以达到"千世治而一乱"的良好效果（《难势》）。

法是公布的成文法，具有平等性和普遍适用性。成文法相对于不成文法或习惯法而言，它们的根本区别在于是否为立法者当下制定。是者，为成文法；非者，为不成文法。① 法最初作为秘密掌握在少数贵族手中，因此贵族能够借机压迫平民。② 中国古代维系宗法封建社会的规范主要是"礼"，具有不成文法的某些特点。礼具有鲜明的等级性，"礼不下庶人，刑不上大夫"（《礼记·曲礼》）。同样的行为由不同身份的人做出，产生的结果完全不同。战国时期是成文法的大发展时期，标志性的事件是李悝著《法经》。成文法之所以比不成文法更进步，更富于正义性，是因为它所具有的公开性、平等性和普遍适用性。为了使民众广泛地了解法，韩非子主张"以法为教，以吏

---

① 蒋重跃：《韩非子的政治思想》，第51—52页。
② "古代刑法，恒不公布。制法亦无一定程序。新法故法，孰为有效不可知。法律命令，盖纷然错出。故其民无所措手足。此法家之所由生。又治人者与治于人者，其利害恒相反。后世等级较平，治人者退为治于人者，治于人者进为治人者较易。古代则行世官之法，二者之地位，较为一定而不移，故其利害之相反愈甚。春秋战国之世，所以民穷无告，虽有愿治之主，亦多不能有为，皆此曹为之梗。"吕思勉：《先秦学术概论》，第87页。

为师"(《五蠹》),普及法的知识,以达到"明主言法,则境内卑贱莫不闻之也"(《难三》)的效果。① 在公开与普及的基础上,还要做到执法过程中的平等性与普遍适用性。"诚有功,则虽疏贱必赏;诚有过,则虽近爱必诛"(《主道》);"法不阿贵,绳不挠曲"(《有度》);"不辟亲贵,法行所爱"(《外储说右上》)。这是朴素的"法律面前人人平等"的观念。不仅是韩非子,法家诸子在这一点上认识也相同。慎子主张"官不私亲,法不遗爱,上下无事,唯法所在"(《慎子·君臣》);商鞅力主"壹刑","所谓壹刑者,刑无等级,自卿相、将军以至大夫、庶人,有不从王令,犯国禁,乱上制者,罪死不赦"(《商君书·赏刑》)。商鞅在秦国执政期间,因严格执法,不肯枉法以阿贵族,导致"宗室贵戚多怨望者"(《史记·商君列传》)。

法已经制定与公布出来,如何保障法得到忠实的贯彻与实行呢?毕竟,"国皆有法,而无使法必行之法"(《商君书·画策》)。法是人制定的,离开人不能自动发挥效力。这就涉及韩非子的另一种制度设计:术。术,繁体作"術"。《说文》云:"術,邑中道也,从行术声。"②《广雅·释宫》云:"术,道也。"术与道关系密切,皆有道路之意,由此引申出方法、学说等含义。事实上,在韩非子的理论体系中,术即是保障法能够顺利有效地实行的方法。众所周知,君主不能独治,必须有一批官员来协助他。君主和官员,在理论上和理想中,都是为了整个国家的利益而设置的。但实际上,无论君主还是官员,作为普通人,都极有可能利用手中的权力谋取私利,侵犯公共利益。官员处于君主和民众之间,他们的利益上不与君同,下不与民同。这就要求对官员进行有效的监督。谁来监督呢?只能是君主。但

---

① 《商君书·定分》篇对普法工作有更具体的制度安排。
② (汉)许慎撰,(清)段玉裁注:《说文解字注》,第78页。

君主只是普通人，精力、智识皆十分有限，如何让他有效地履行对众多官员的监督之责呢？对此可以有"内外"两种思路：一种是任用品德良好之人为官，依靠官员的内在道德修养来保障他们忠于职守；一种是建立一套奖惩规则，从外部来监管官员的行为。韩非子毫不犹豫地选择了后者，因为在韩非子看来，品德优良而又有能力的人十分少见，不足以满足国家的需求，"今贞信之士不盈于十，而境内之官以百数，必任贞信之士，则人不足官"（《五蠹》）。而且，品德优良之人在利益的诱惑面前能否坚持操守也是很成问题的事，"夫陈轻货于幽隐，虽曾、史可疑也"（《六反》）。所以，按照"不随适然之善，而行必然之道"（《显学》）的原则，韩非子主张由君主在实际工作中考察官员，这就是韩非子的"明术"或曰"刑名之术"："术者，因任而授官，循名而责实，操杀生之柄，课群臣之能者也。"（《定法》）这是术的制度化的主要内容，也是术之正义性的主要体现。

明术要求君主"虚静无为"，① 保持客观中立的态度，这样才能对官员的功过给予符合实际的奖惩。"虚静无为"并不意味着君主无所作为，而是指君主应该按照法的规定去治理国家，同时还要在官员中间树立起一种神秘莫测、无所不知的形象，这样才能达到"明君无为于上，群臣竦惧乎下"（《主道》）的效果，让百官群吏不敢为非。这就是韩非子的另一种术——"暗术"或曰"御臣之术"："术者，藏之于胸中，以偶众端而潜御群臣者也。"（《难三》）正是这种"暗术"使韩非子备受批评，这实质上也是术的非制度化的内容。平

---

① 陈奇猷认为，韩非子所谓"虚静"，有其特殊之意义，非如老氏以无思无欲为虚静也。心无成见之谓虚，行动不躁之谓静。以人君言，去其好恶则得其虚，按法治众则得其静。张纯、王晓波也指出，韩非子所言之"虚静无为"，乃是叫人不要"好用其私智，而弃道理"，并且是要"不以私欲害人事"。"无为"绝不是不为，而是"因乘以导之"。（战国）韩非著，陈奇猷校注：《韩非子新校注》，第69页；张纯、王晓波：《韩非思想的历史研究》，北京：中华书局，1986年，第55页。

心而论，在战国时期政治斗争十分激烈的情况下，君主若要牢牢地把握住手中的权力，且能有所作为，不得不运用明暗这两种术。实际上，申不害与韩非子教给君主用以对付臣子的术，正是从历史与现实中官员们结党营私、欺主篡权的教训中总结出来的。因为"君无术则弊于上"(《定法》)，君主只有善于用术，才能达到"大臣不得擅断，近习不敢卖重"(《和氏》)的效果，使法得到真正的贯彻与执行，切实保障国家与民众的利益。术的运用，尤其是暗术，在具有一定合理性的同时，在政治实践中极易造成不良的后果。所以，韩非子反复强调君主应该提高自身修养，一切以国家利益为重，坚持法的标准，"主雠法则可也"(《有度》)。质言之，术，即使有些内容是非制度化的，但在韩非子心目中，那也是利国利民所需要的，因此在他看来也是合乎时宜的，所以也是正义的。

作为标准、制度的法与贯彻法的术都已经到位，那么如何保障君主有权立法、用术呢？这就必须让君主拥有"势"。"势，盛力，权也。从力执声。"① 势是一种可以对他人施加影响的支配力量，也是指相对于他人所具有的优势和地位。② 君主能够独掌大权来治理国家，恰恰是法的制度性的规定，即"分势不二"的原则是以法制为基础的。根据法的规定，君主占据了国家的最高势位，"势者，胜众之资也"(《八经》)，"资"指赏罚之权。赏罚又被称为"刑德二柄"："何谓刑德？曰：杀戮之谓刑，庆赏之谓德。"(《二柄》) 为何掌握了"刑德二柄"就能保障君主的权力呢？韩非子认为人情是趋利避害、自为自利的："好利恶害，夫人之所有也"(《难二》)，人"皆挟自为心也"(《外储说左上》)。因此，掌握了国家重要资源的君主就可以运用赏罚之权来引导并支配人们的行为，让他们为自己效

---

① (汉)许慎撰，(宋)徐铉校定：《说文解字》，北京：中华书局，1963年，第293页。
② 蒋重跃：《韩非子的政治思想》，第69页。

劳。质言之,势是法、术得以实施的根本保障,这也是势之正义性的主要方面。① 不过,由于君主制的限制,法、术、势三者都不能独自发挥作用,必须循环互补,② 形成一个完整的闭合的圆环,才能重建秩序与正义。具体而言,法从制度上规定了君主的地位及相应权势,术从技术上确保了法的实施和君权的稳固,势使得君主能够执法用术。③

在诸子争鸣的语境下,韩非子对制度建设的情有独钟不仅是对墨子、商鞅等人思想的借鉴性吸收,更是对儒家轻视制度建设之德治或贤人政治的批判和理论回应。可以说,法、术、势的出现和制度化,具有历史必然性和现实必要性。如白彤东的研究所揭示的那样,周秦之变的实质是(或部分地是)建立在血缘继承基础上的、在每一层级上都是高度同质的小国寡民的熟人共同体的封建等级制的瓦解与异质的广土众民的陌生人社会的出现。④ 韩非子敏锐地抓住了问题的实质,指出在新的历史条件下个人化的德治、教化已然失效,必须以明确、统一的规则(法)来治理国家,调节人与人之间的关系。贵族政治衰落之后新兴的官僚政治在加强君主权力的同时,也对君主提出了更高的要求。最明显的一点是,面对纷至沓来的游说之士和请谒要求,君主必须掌握一定的方法(术)来选择、任免和监督官员。⑤ 那些进行了法家式改革因而君权强盛(势)的国家,如魏国、楚国、

---

① 战国后期,宗法国家解体,新的官僚郡县制政治国家正在摸索建立,大臣太贵,左右太重,篡夺不断而国乱不已成为现实的严峻问题。韩非子对"势"的强调,是针对这一新形势的。在当时有正面的意义,是政权巩固、社会安定所必需的。金春峰:《先秦思想史论》,第224页。
② 蒋重跃:《韩非子的政治思想》,第76页。
③ 当然,三者也有互相矛盾的一面,但这不是本书考虑的重点。
④ 白彤东:《韩非子与现代性——一个纲要性的论述》,《中国人民大学学报》,2011年第5期。
⑤ 萧公权:《中国政治思想史》,第142页。

秦国都先后走上了富强之路，当然这些国家因为改革的程度不同而有了不同的结果。不过，法、术、势的根本依据是"道理"而并非历史与现实。韩非子将法与道联系起来，提出"因道全法"（《大体》）的观点。道既然是自然的最高规律，人类社会是自然的一部分，其中也必然要由法来发挥类似道的作用。道是柔软的、恍惚的而又永恒存在的，法是硬性的、明确的和因时而变的，因此道与法之间还需要理作为中介。相比之下，道能直接转化为术，不需要中介。道与术都具有隐而不显、不可捉摸的特点，都以人的虚静为必要前提。道与势的关系表面上看比较疏远，但是韩非子用几句话就将道与势连在了一起。他说，"道不同于万物，德不同于阴阳，衡不同于轻重，绳不同于出入，和不同于燥湿，君不同于群臣"（《扬权》）。道与万物的地位不同，高踞其上；同理，君主的势位要远远高于群臣。不过，韩非子这种将道与君势相提并论的说法也容易招致误解，以为他将道拱手奉献于君主之前，使得道为君主独占独享，为极权专制创造形而上的根据。但是，如果抛开成见，站在政治实践的角度来平心静气地想一想，无论在什么制度之下，最高权力总要有所归属。君主制如此，民主制亦然。

三 利益支撑：驱动、宗旨、标准

虽然人们从未停止过对正义、对理想制度的设想，但并不是每一种设想都能够在不同程度上变为现实。韩非子清醒地意识到，要想让他的政治蓝图被人们（首先是君主）接受，必须使他的设计具有足够强的吸引力。在对人情人性的深入考量后，[①] 韩非子发现，利益正

[①] 陈深在《韩子迂评序》中曾感叹道："今读其书，上下数千年，古今事变，奸臣世主，隐微伏匿，下至委巷穷阎，妇女婴儿，人情曲折，不啻隔垣而洞五脏。"张觉：《韩非子校疏》，附录之《韩非子版本考述及其序跋题识辑录》。

是最强大的驱动力。因为人是趋利避害的，所以赏罚可用。而赏罚能够驱动并把官民纳入到所谓"利国利民"的方向上去。不仅如此，利国利民也是韩非子正义思想的宗旨，是他判断历史与现实中人物及其行为的标准。

利益包括金钱财物之类的物质利益，也包括安全、名誉、权力、地位等比较抽象的东西。利益本身属于某种事实，但一般情况下人们会赋予其一定的价值意义。古代所谓的"义利之辨"就是对利益的价值争论。不过利、义并不是简单的对立关系。利、义有互相反对的一面，也有相辅相成的一面。《墨子·经上》云"义，利也"，《易传·乾·文言》曰"利者，义之和也"。韩非子对利、义关系的复杂性有足够清醒的认识。他深知，从某种意义上说，政治就是利益（包括安全、尊重、收入等可望获取的价值①）的分配机制，正义就是对利益的合理分配。

利益是最强大的驱动力。② 在韩非子看来，人性是趋利避害的，因此只有利益才能从根本上调动起人们包括君主的积极性。战国时代"处士横议"（《孟子·滕文公下》），五花八门的思想学说纷纷涌现，并试图得到君主的认可而变为政治现实。然而要想得到君主的认可，必须能够满足其最核心的利益关切——富国强兵，统一天下。用韩非子的话说，这才是"人主之大利"（《六反》）。由此，我们不难理解，为什么孟子虽受礼遇而不被重用，为什么商鞅三次面见秦孝公，说之以帝道、王道皆不见用，及至说之以霸道和强国之术才引起秦孝公强烈的兴趣（《史记·商君列传》）。即使是让位于子之的燕王哙，表面上看起来他的行为似乎没有受到利益的驱使，但是，他如此这般

---

① 参见 [美] 哈罗德·D. 拉斯韦尔著，杨昌裕译：《政治学：谁得到什么？何时和如何得到？》，北京：商务印书馆，1992年，第3页。
② 王耀海对利益驱动机制进行了深入探讨，见王耀海：《商鞅变法研究》，北京：社会科学文献出版社，2014年，第406—411页。

作为的深层次原因不过是想要获得贤君的美名。① 所以，是利益而不是任何别的东西驱使着君主们采纳某种思想而非另一种思想。君主以外，官员和民众也必须用利益来驱动他们接受并切实贯彻君主或国家的政策主张，因为利益是人们遵守制度的核心原因，也是决定制度是否有效的基础性要素。② 在商鞅变法初期，新法曾遭到人们的普遍抵制。但是一旦人们意识到新法给他们带来的实际利益，他们立即转而拥护新法。③ 那么，利益的驱动力大到了什么样的程度呢？可以毫不夸张地说，人们为了利益可以拿生命做赌注。秦国在商鞅变法后实行了军功爵制，以至于秦民闻战而喜："出其父母怀衽之中，生未尝见寇耳。闻战，顿足徒裼，犯白刃，蹈炉炭，断死于前者皆是也。"（《初见秦》）

在韩非子看来，正义的宗旨必须是国家和人民的利益。历史与现实已经无可置疑地反复证明，厉行法治（韩非子意义上的法治）对国家利益至关重要："当魏之方明《立辟》，从宪令行之时，有功者必赏，有罪者必诛，强匡天下，威行四邻；及法慢，妄予，而国日削矣。当赵之方明《国律》，从大军之时，人众兵强，辟地齐燕；及《国律》慢，用者弱，而国日削矣。当燕之方明《奉法》，审官断之时，东县齐国，南尽中山之地；及《奉法》已亡，官断不用，左右交争，论从其下，则兵弱而地削，国制于邻敌矣。故曰：明法者强，慢法者弱。"（《饰邪》）法在维护国家利益的同时，还必须保证个体利益得到适当的满足。毕竟，国家既包括地域也包括民众，没有个人就没有国家。如果个体利益无法得到适当满足，民众的离心力势必会增大，以致分崩离析。如此，必须设法将民众的个人利益与国家利益

---

① 《韩非子·外储说右下》潘寿谓燕王曰："今王以国让子之，子之必不受也，则是王有让子之之名而与尧同行也。"于是燕王因举国而属之，子之大重。
② 褚松燕：《论制度的有效性：人们何以遵守规则》，《天津社会科学》，2010 年第 4 期。
③ 《史记·商君列传》："行之十年，秦民大说……秦民初言令不便者有来言令便者。"

捆绑在一起，使得民众在服务于国家的同时得到利益的适当满足。韩非子对此问题的解答是从好利恶害的人情出发，将民众得利的渠道限制在耕战上，使得国家和个人都能在耕战中得到实惠。商鞅在秦国的政治实践证明，耕战是实现富国强兵最有效的途径。但相对于工商业等其他求利的手段，耕战既十分辛苦，风险又很大。这就需要立法，严格地将人们得利的渠道限制在耕战上，"夫耕之用力也劳，而民为之者，曰：可得以富也。战之为事也危，而民为之者，曰：可得以贵也"（《五蠹》）。表面上看，这违背了韩非子一贯坚持的"因人情"原则。既然人情趋利避害，为什么不让人们去选择获利更多且更加安全的工商业呢？将人们限制在耕战之中，并加以"什伍连坐"的严厉监督，这不是违逆人情吗？于是不少学者认为韩非子只是把人当作工具，而不把人当作目的；[1] 仅知道国家而不知道个人。[2] 这是脱离历史语境的批评。在战国乱世，只有国家的稳定与富强才有可能为个人的生存与发展创造适宜的环境。韩非子迫于形势，必须将国家置于个人之上，个人只能在耕战允许的范围内追求财富与价值的实现。韩非子反复强调"世异则事异"（《五蠹》），法必须根据时代的具体情况来制定。据此，有理由相信，在实现天下大治之后，个人与国家之间的关系必然会发生相应的变化，国家会成为个人发展的工具，而个人则成为最终的目的。[3]

---

[1] 郭沫若曾辛辣地说，韩非子所需要的人只有三种，一种是牛马，一种是豺狼，还有一种是猎犬。牛马以耕稼，豺狼以战阵，猎犬以告奸，如此而已。郭沫若：《十批判书》，第400页。
[2] 章太炎曰："世之有人也，固先于国。且建国以为人乎？将人者为国之虚名役也？韩非有见于国，无见于人；有见于群，无见于孑！"章太炎：《国故论衡》，北京：商务印书馆，2010年，《原道》。事实上，国家并不是一个虚名，而是能够实实在在地为其成员提供安全、秩序等基本生存保障。
[3] 张娜：《无情有义：韩非子与柏拉图正义思想之异同》，《北京师范大学学报（社会科学版）》，2020年第5期。

利国利民是韩非子判断历史与当代的人物、事件及社会现象的标准。虽然出于论证的需要，韩非子在不同的语境中会对同一事件、人物做出不同的评价，但上述标准从未改变过。韩非子在《说疑》篇集中评价了历史上的一些著名人物。值得注意的是，一些历来受到好评的人物却遭到了韩非子的非议。如务光、伯夷、叔齐等人，在韩非子看来并不是什么值得称颂的贤人君子。他认为这样的人"见利不喜，上虽厚赏，无以劝之；临难不恐，上虽严刑，无以威之"(《说疑》)，先古的圣王都不能任之为臣，后世的君主就更没有可能任用他们了。不为君主所用，即使有再大的才能、再高尚的道德，于国于民又有何利？如此一来，士人参政不仅是权利更是无所逃于天地之间的义务了。相反，韩非子对不怕牺牲、一心为公的法术之士十分推崇，称赞他们"仁贤忠良"(《难言》)。历史人物以外，韩非子还对流行于当世的儒、墨"显学"，叱咤风云的策士，逃避兵役的"贵生之士"，经营工商业的游食之民，徇私枉法的官吏，全都进行了激烈批判，标准仍然是是否利国利民。

按照韩非子的想法，理想的正义社会要以利国利民为宗旨，以重建秩序为前提，而要达到这一目标，则必须以君主为主导和中心，以法、术、势为实现途径。就是说，秩序优先、制度保障、利益支撑这三方面构成了韩非子正义思想的主要内容。那么这样的正义思想如何实现呢？

第二节 圣人：正义实现的决定性因素

圣人话语是中国思想史中引人注目的现象，在传统文化中占有重要的地位。圣人智慧超群，道德完满，建立了无与伦比的伟大功业，甚至拥有神性，堪称完美。春秋战国时期是圣人观念与形象的定型时期，① 诸子无不借助圣人标榜自己的学说，甚至以之作为辩论的利器。王世贞曾言："凡刑名游说，诸家立说，必牵扯圣人以骇世。"② 韩非子也不例外，"圣"在《韩非子》中凡107现，涉及29篇；"圣人"出现71次，涉及22篇。由此可见，韩非子具有明确的圣人观念，而且圣人在韩非子的正义思想中占有重要的地位。他塑造的圣人形象具有道德性③、哲学性和政治性三种属性，这三种属性完美结合的圣人是韩非子正义思想实现的前提与条件。换句话说，圣人是实现正义的决定性条件，正义必须借助圣人的努力才能实现。

圣，繁体"聖"，《说文》曰："通也，从耳呈声。"④ "聖"字在甲骨文中已经出现，"从耳从口，乃以耳形著于人首部位强调耳之功用；从口者，口有言咏，耳得感知者为'聲'；以耳知声则为'聽'；耳具敏锐之听闻之功效是为'聖'。会意为'聖'，既言其听觉功能之精通，又谓其效果之明确。故其引申义亦训'通'、训'明'、训'贤'，乃至以精通者为'聖'"。⑤ 甲骨文的"聖"字字形由人的耳朵与嘴巴组成，对这两种感官的强调暗示了一种综合的能力：既具有敏锐之听觉，又具有较强的语言表达能力。之后，"聖"从表示这种能力引申为具有这种能力的人。那么具有这种能力的人最初是什么身份呢？王卫东认为，"聖"字的本义指巫祭仪式上巫对神祝咒、聆听

---

① 来森华：《先秦圣人观念及形象研究》，西北师范大学博士论文，2016年。
② （明）归有光辑：《诸子汇函》卷六。见许富宏：《慎子集校集注》，北京：中华书局，2013年，第5页。
③ 有学者认为韩非子是非道德主义者，他的圣人观念剔除了道德的因素；或以为韩非子的圣人仅指君主。如孙旭鹏、赵文丹：《韩非的"圣人"观及其现代意蕴》，《乐山师范学院学报》，2018年第2期。窃以为，这些观点无法得到《韩非子》文本的有效支撑。而且，在韩非子看来，只要符合条件，君主和大臣均可成为圣人。
④ （汉）许慎撰，（清）段玉裁注：《说文解字注》，第592页。
⑤ 徐中舒主编：《甲骨文字典》，第1287页。

神的旨意的活动，因此圣的原型是上古之巫祝。早期的一些部族首领，如黄帝、炎帝、颛顼、太昊、少昊、西王母、鲧、禹、启等都是著名的大巫。[①] 无论是初民社会的巫祝还是部落首领，都表明了能够成为"圣"的人必须具备的一些基本素质，包括超群的智慧、预测未来的能力以及与鬼神等超越性事物沟通的能力。

一　圣人：道德性、哲学性与政治性

韩非子笔下的圣人形象亦具有上述特点，德无不备，明哲绝伦，而能拯济生民。[②] 不过因为他对鬼神的"悬搁"，道代替鬼神成为圣人与之沟通的超越性事物。韩非子对之前儒家、道家和法家诸子的圣人观念进行了扬弃，他塑造的圣人形象既有道德性，亦体现出鲜明的哲学性与政治性。圣人的道德性在儒家思想中有比较全面深刻的论述，主要指圣人具有崇高的道德。圣人的哲学性在道家思想中体现得十分明显，主要指圣人对最高原理"道"有透彻的体悟与把握，因此具有最高的智慧，能够见微知著，从而预测人类历史发展的趋势，并且趋时而动。哲学性使圣人同时具有了神秘性与神性。在此基础上，圣人出于对天下众生的悲悯之心而参与到政治生活中，用自己的智慧来立法、用术，实现正义，体现出政治性。对于政治性，法家诸子如商鞅，论述得较为充分。实质上，圣人的政治性与道德性、哲学性不能截然分开，是交织在一起的。或者可以说，道德性、哲学性与政治性的结合恰好对应了中国古代"内圣外王"的理想。

表面看来，韩非子对于圣人的道德性似乎论述较少。不过，他对圣人的道德期许还是十分明显的："圣人德若尧、舜，行若伯夷"

[①]　王卫东：《"圣"之原型考——兼论中国古代的圣人观》，《楚雄师范学院学报》，2006年第11期。
[②]　张岱年：《中国哲学大纲》，北京：商务印书馆，2015年，第406页。

(《功名》)。一般认为，儒家所说的道德更偏重于个人的修养和伦理道德。这在韩非子看来虽然是必要的，却不是最重要的。圣人的道德，在于其满腔的救世热情，以及为了拯民于水火而不怕牺牲的精神与实际行动。恰如韩非子所言，"不惮乱主暗上之患祸，而必思以齐民萌之资利者，仁智之行也。惮乱主暗上之患祸，而避乎死亡之害，知明夫身而不见民萌之资利者，贪鄙之为也"（《问田》）。圣人为了民众的利益，不怕患祸，不惧死亡。这才是天地之大德。相反，那些自诩有德而隐居不仕，或者等待海晏河清或选择治理良好之邦国才肯出来从政的人，算不上什么道德高尚的圣人，不过是虚伪自私之徒罢了。

哲学性圣人即是"体道者"。老子最早提出"道"的概念来代替上帝天命，之后"道"成为中国思想中最崇高的概念，最基本的原动力，同时亦是最高境界。① 体道，意味着人对道的体悟与把握，而这个人只能是圣人。换言之，人只有体道才可成圣，也只有圣人才能体道。圣人之所以为圣人，从根本上说是因为他对道的体悟与把握。"体道"一词大概最早见于《庄子·知北游》："夫体道者，天下之君子所系焉。今于道，秋毫之端万分未得处一焉，而犹知藏其狂言而死，又况夫体道者乎！"事实上，将道与圣人结合在一起，古代思想家多有所论。孟子曰："圣人之于天道也"（《孟子·尽心下》）；荀子认为，"圣人也者，道之管也"（《荀子·儒效》）；《大戴礼记·哀公问》说："所谓圣人者，知通乎大道，应变而不穷，能测万物之情性者也。"朱熹的说法更加直接，"道便是无躯壳的圣人，圣人便是有躯壳的道"，② 将道与圣人画等号，颇有基督教"道成肉身"的意味。

那么什么样的人才有可能成为圣人呢？这取决于人们对道或者超越性事物的理解和规定。在上古时期，超越性事物指鬼神之类，那么

---

① 金岳霖：《论道》，北京：商务印书馆，1987年，第16—17页。
② （宋）黎靖德编，王星贤点校：《朱子语类》，北京：中华书局，1994年，卷一百三十。

必然只有"民之精爽不携贰者,而又能齐肃衷正,其智能上下比义,其圣能光远宣朗,其明能光照之,其聪能听彻之"(《国语·楚语》)的人才可以与鬼神沟通,成为圣人。如果按照儒家的理解,道指的是道德学问,那么人们就可以通过修德、习礼等系统的训练成为圣人,这正是孟子和荀子的认识。孟子认为"尧舜之道,孝弟而已矣"(《孟子·告子下》),圣人之道不过是人伦道德。人伦道德人人可为,圣人不过达到了人伦的极致,是道德的楷模:"圣人,人伦之至也。"(《孟子·离娄上》)因为"圣人与我同类者"(《孟子·告子上》),圣人是和我们一样的人,所以"人皆可以为尧舜"(《孟子·告子下》),只要努力修德,恪尽人伦,人人都有可能成为圣人。与孟子不同,荀子更强调礼与知识的重要性,认为"情安礼,知若师,则是圣人也"(《荀子·修身》),深明礼义,具有丰富知识的人是圣人。因此,人们能够通过礼的训练、知识的学习而逐步成为圣人,或者说学习的目的就是成为圣人:"学恶乎始,恶乎终?曰:其数则始乎诵经,终乎读礼;其义则始乎为士,终乎为圣人。"(《荀子·劝学》)每个人只要努力,都有成为圣人的可能,"涂之人百姓,积善而全尽谓之圣人"(《荀子·儒效》)。尽管孟子与荀子分别持有性善论与性恶说,但是他们对于人人都有可能成圣均抱有非常乐观的态度。然而可能性并不等于必然性,真正能够成为圣人的毕竟是少数。与此不同,韩非子对道的理解"归本于黄老"。① 道不仅是宇宙间的最高原

---

① 司马迁将韩非子以及申子、慎子等人归类为黄老道家,着眼于他们都将"道"作为各类治术的客观依据,将"虚无""因循"作为从治身到刑名的高级原则等。韩非子归本黄老一说在汉代"黄老"的优势为儒学所取代之际衰落,《韩非子》归入所谓"法家"的做法继而兴起。这一过程包含着某些《韩非子》研究史上影响甚为深远的转变,如韩非子学说内部结构中,先前被置于治术领域较低层级的"法势术"思想,逐渐成为韩非子"政治思想"的所谓"中心"等等。"法家"相对黄老道德家而言,属于偏于一隅的技术层面而不免含有些许贬义色彩。刘亮:《〈史记〉韩非子"归本于黄老"雏指》,《江海学刊》,2020 年第 3 期。

理，也是万物生成的本原。如此，能够体道而成圣的只能是极少数人，大多数人则汩没在世俗生活之中而没有体道的可能性。不过，韩非子着重论述的还是体道的方法与圣人在政治上的作用。

圣人如何体道呢？韩非子认为，道是不可见、不可闻的，因此人们只能通过道的实际表现和功用来间接地认识它，"今道虽不可得闻见，圣人执其见功以处见其形"（《解老》）。"道"不是纯粹的抽象，它有"形"有"象"，① 亦有功用。道的功用体现在自然万物与人世之中，因此圣人必须"望天地，观江海，因山谷"（《大体》），从万事万物的运动变化中认识和把握"道"，即体道。在体道的过程中，人必须"虚静无为"，这样才能"故德不去，新和气日至"（《解老》），逐步加深对道的体悟。为什么必须"虚静无为"才能体道呢？这或许与圣最初的巫祝身份有密切的关系。巫祝的主要职责就是沟通神人，他（她）能够聆听到神的话语，并将之宣告给部落的民众。这也是"圣"的字形突出人的耳朵与嘴巴的重要原因。巫祝必须排除一切杂念，使自己的心境进入空明虚灵的状态，才可以与神相通。② 类似地，人若要体道也必须如此，毕竟道与神都是超越性事物，甚至道占据的位置就是原来神灵、上帝的位置。这在某种程度上也可以解释圣人的神秘性与神性。

圣人"能象天地"（《扬权》），能够效法天地的客观中立与无私无欲，不会沉溺于世俗的利害之争；圣人"爱精神而贵处静"，尽量不用智识谋略去算计；圣人"虚无，服从于道理"（《解老》），为与不为皆顺从自然天道，不去刻意"为虚"，如此就能把握住最好的时机，借助各种有利条件成就一番功业："随时以举事，因资而立功，

---

① "道之为物，惟恍惟惚。惚兮恍兮，其中有象；恍兮惚兮，其中有物。"高明：《帛书老子校注》，北京：中华书局，1996年，第二十一章。
② 王卫东：《"圣"之原型考——兼论中国古代的圣人观》，《楚雄师范学院学报》，2006年第11期。

用万物之能而获利其上。"(《喻老》)这一层次的圣人明显具有道家与黄老思想的气质，带有神秘的色彩。圣人的神秘性不仅体现在见微知著的预测能力，还体现在对道的体悟方面。与"尊德性而道问学"的成圣途径不同，直觉体悟的方法不可言传身教，人们不可能通过系统地学习某些确定的知识而得道。另外，道家之圣人虽然没有与政治隔绝，但对政治采取了一种较为疏离的态度。庄子以为"帝王之功，圣人之余事也，非所以完身养生也"(《庄子·让王》)。圣人最重要的是用"道之真"来"治身"，治国理政不仅于治身无益，反而极有可能危及自然生命的存在，最起码从事政治活动不能让人的精神自由逍遥。这自然不能让着眼于政治的韩非子感到满意，他于是在道家圣人观念的基础上，对其进行了政治化的改造。韩非子认为，体道虽然可以造就圣人，但圣人决不可以停留在体道的层面上，而要再进一步，用自身所掌握的道来造福天下苍生。如果说体道是一条向上的路，那么造福苍生则是一条向下的路。向上的路为己，而向下的路为人。若要走向下的为人之路，圣人必须将抽象而普遍的道具体化、特殊化，落实到政治这个最大的现实中去。这就要求圣人在哲学性的基础上再增加一层政治性。所以，圣人的哲学性是实现其政治性的一个必要前提，政治性才是圣人的本质属性，是韩非子真正的关切点。

政治性圣人可以分为两个层次。第一层次是历史上的一些著名政治家，如管仲、伊尹、百里奚、由余、商汤等人。他们或为君主，或为重臣，均建立了不世功业。事实上，不仅是韩非子将伟大政治业绩作为判断圣人的标准，这也是古人的一致观点："作者之谓圣，述者之谓明。"(《礼记·乐记》)"作者"是指那些缔造了国家并创造了礼乐制度的政治家，是视听言动足以形成政治凝聚力的领袖人物。这一点，先人创造"聖"字时确实有过充分的考虑。"圣人"之所以为

"圣",是因为他通过有利于民生的制度安排来"使民养生丧死无憾"。① 从儒家的圣人系统来看,孔子之前的圣人均为一代王者,他们掌握了最高政治权力,创建了不朽的功业。于此,我们也可以更为深刻地理解孔子为什么说自己"述而不作",不轻易许人为圣,亦从不以圣自居。

韩非子这种既称许圣王亦看重圣臣的观点在荀子的思想中也可以找到。荀子之前的孟子虽然也认可伊尹、柳下惠等人为圣人,但没有明确提出"圣臣"的说法。荀子则首次明确提出了圣臣的说法,他在《臣道》篇中对臣子进行了分类,并论述为臣之道。他认为,臣子中"有态臣者,有篡臣者,有功臣者,有圣臣者"(《荀子·臣道》)。所谓的圣臣,是指像"殷之伊尹,周之太公"那样"上则能尊君,下则能爱民,政令教化,刑下如影,应卒遇变,齐给如响,推类接誉,以待无方,曲成制象"(《荀子·臣道》)的大臣。君主如果能任用圣臣则一定能够成就王者之业。

政治性圣人的第二层次实质上是韩非子对理想政治家的刻画,寄托着他实现正义的希望。韩非子正义思想的基本结构是"道理－正义－制度"。只有圣人才能对道理有深刻的体悟和精准的把握,并根据正义原则制定相应的制度。

圣人体道以立法。法从何处来?根据何在?韩非子继承黄老道家"道生法"(《黄帝四经·经法·道法》)的思想,认为道是法的最终根据与源泉,所谓"因道全法"(《大体》)。道作为最高原理,是运动不息、亘古永存的,是难以捉摸、混沌未分的。这样的道如何"生出"明确的、稳定不变的法呢?而且,道不能自动生法,必须借助人的力量。因此,在"道生法"的过程中,圣人就成为关键的一

---

① 韩东育:《道学的病理》,第48页。

环。体道后才为圣人，但体道不是终极目的。圣人必须以他对道的体悟与理解为基础，制定出适应时代的法或曰制度，"圣王之立法也，其赏足以劝善，其威足以胜暴"（《守道》）；或者在判断历史发展趋势的基础上，结合现实的具体情况对不合理的、不正义的制度进行变革，"圣人议多少、论薄厚为之政。故罚薄不为慈，诛严不为戾，称俗而行也"（《五蠹》）。这样才能达到治乱止争，恢复社会秩序，重建正义的目的："正明法，陈严刑，将以救群生之乱，去天下之祸，使强不陵弱，众不暴寡，耆老得遂，幼孤得长，边境不侵，君臣相亲，父子相保，而无死亡系虏之患。"（《奸劫弑臣》）法规定的是人们切身的利害关系，必须在稳定与变革之间保持适当的张力而不可偏重任何一端。这仍然需要圣人来做出判断，"变与不变，圣人不听，正治而已"（《南面》）。法作为制度，不可能是十全十美的，这就需要圣人在立法与执法的过程中权衡利害，具体问题具体分析，"法有立而有难，权其难而事成，则立之；事成而有害，权其害而功多，则为之"（《八说》）。

圣人体道以用术。长期以来"术"饱受诟病。牟宗三对法家思想的最高评价是"不算坏"，对申不害与韩非子则明言其为"坏""罪恶"，主要是因为他们对"术"的重视。牟宗三指出，要用术必须学习道家，将道家与法家结合起来。因为道家的"道"没有 moral content（道德的内容），所以暗无光明，术必然成为"黑暗的秘窟"。[①] 牟宗三的批判是外部批判，他没有深入到被批评者思想内部的逻辑结构与其理论所针对的问题。道家之"道"即使没有道德的内容，也不能贸然说它就是不道德的甚至是罪恶的。因为我们不能用儒家之道德观念为唯一的、最高的标准来衡量其他人的思想是否道

---

① 牟宗三：《中国哲学十九讲》，第147—152页。

德；即使退一步讲，儒家式的道德观念就是最高标准，但没有道德的内容并不意味着不道德或者罪恶，还可以是客观中立的某些不必进行或不能进行道德判断的内容。事实上，韩非子对道的超越于道德善恶判断的性质有着清醒的认识。他说，"道譬诸若水，溺者多饮之即死，渴者适饮之即生；譬之若剑戟，愚人以行忿则祸生，圣人以诛暴则福成"（《解老》），不同的人运用同一个"道"会得到完全不同甚至截然相反的结果。之所以会产生不良的后果，不是因为道错了，而是因为普通人、愚人对道的认识不到位。人对术的运用也是如此。历史上、现实中当然有一些见不得人的阴谋权术，但不能因此认为术本身就是邪恶的，既不可欲又不可行。术本身作为一种方法策略，是为了确保法能够得到切实的贯彻，与道一样无所谓善恶，关键看如何运用，谁来运用。从理论动机层面来说，韩非子从来没有认可术的不正义运用。在他看来，术的运用必须以道为根据、为指导。为此，韩非子反复强调，用术必须"虚静无事"（《主道》）、"去智与巧"（《扬权》）、"任理去欲"（《南面》），这样才能客观中立地对群臣"同合刑名，审验法式"（《主道》），真正做到赏功罚过。这只有圣人才能做到，普通人则免不了逞强恃智，被欲望牵着鼻子走。

圣人体道以执势。所谓的势，主要指的是权势，具体而言就是"赏罚二柄"（《二柄》）。圣人正是因为掌握了权势才能有效地立法、用术，统治臣民。如果圣人不能获得势位，那么即使像尧舜一样贤德也无济于事，"圣人德若尧、舜，行若伯夷，而位不载于世，则功不立，名不遂"（《功名》）。但权势既然是一种"加害－造福"能力，[①]那么就必须谨慎选择执掌权力的人，在最大限度利用权势之造福能力的同时设置一些必不可少的防火墙来防止对人们的伤害。如此看来，

[①] 吴钩：《隐权力2——中国传统社会的运行游戏》，上海：复旦大学出版社，2011年，第36页。

"唯有德者宜居上位"确实有一定的道理。然而,儒家所谓的"德"似乎更看重个人的伦理道德,而私德良好的人在处理政治事务时未必就有足够的能力,况且私德与公德之间、私德与国家利益之间还有深刻的矛盾。韩非子在这方面的认识十分深刻,也因为这种深刻和直白而为人所不喜。他说:"修士者未必智,为洁其身,因惑其智。以愚人之所惛,处治事之官而为其所然,则事必乱矣。"(《八说》)至于私德与国家利益的矛盾更是韩非子所着力揭示的。修士不行,智士也不行,因为"智士者未必信也,为多其智,因惑其信也。以智士之计,处乘势之资而为其私急,则君必欺焉"(《八说》)。职是之故,韩非子认为只有圣人才宜在上位,掌握权势。圣人不仅兼具修士与智士的优点,而且能够按照他对道的体悟合理运用权势,能够坦然接受法(某种防火墙)对他的约束。

二 圣人:一心救世,不惧卑污,役身以进

圣人既然在正义实现的过程中占有如此关键的地位,那么他如何进入统治核心,掌握相应的尚且不说是最高的权势呢?在战国时期具体的历史条件下,几乎一切政治问题都要放在君主制这个大前提、大背景下来考虑。既然圣人"生而在上位"的概率低到"千世而一出"(《难势》),那么就不能将希望寄托在当时的君主身上。在韩非子之前,曾经强盛一时的魏国、齐国、楚国等国都经历过变法运动;韩非子的时代,对六国虎视眈眈的秦国亦是在商鞅变法之后强大起来的。职此之故,韩非子将希望寄托在商鞅、吴起这样的法术之士身上,认为他们是圣人。法术之士可以在进入政治核心之后运用手中的权势来立法定制、移风易俗,从而实现正义。于是问题就转变为在野的士人以什么途径进入统治核心。

历史地看,战国时期为士人参与政治提供了远较前代宽松的环境

和更多的机会。他们可以在君主下令求贤时毛遂自荐或为人举荐，如商鞅就是在秦孝公下令求贤之时经由宠臣景监的推荐而得到赏识，进而在秦孝公的支持下主持变法。他们可以拜师学习，成名之后带领弟子游说诸侯，孟子即是如此。按照司马迁的记载，孟子受业于子思的门人，"道既通，游事齐宣王"（《史记·孟子荀卿列传》）。他在学成之后曾游说齐国、魏国等国的国君，虽被认为是"迂远而阔于事情"（《史记·孟子荀卿列传》）而不受重用，但仍然受到较高的礼遇。如果孟子的学说能够像与他同时代的商鞅那样切合实际，应该会顺利进入统治集团，发挥积极的影响力。当时所谓的纵横之士，主要走的就是这样一条仕进之路。他们还可以隐逸修道或著书立说，成名之后自会有君主来礼贤下士，如信陵君之于侯嬴（《史记·魏公子列传》），如齐桓公之于小臣稷（《难一》）。

这些途径之所以可能很大程度上是因为战国时期实行的客卿制。阎步克指出，客卿的任用，对各国贯彻"选贤任能"的原则都是重大的促进。但客卿制必须有一个严整发达的职业文官体制的存在作为前提，才能真正收到富国强兵的效果。职业文官体制为政客们提供了发挥政治才能的舞台，并将之纳入官僚政治的范畴之内，从而抑制了客卿活动的负面影响。这些负面影响时见于关东列国，故韩非子不仅斥责"文学之士"，也斥责"纵横之士""辩智之士"。① 在韩非子看来，隐逸之人若有真才实学但不主动为君主所用，"宜刑"；若没有真才实学而以虚名惑主欺世，"宜戮"（《难一》）。君主对这样的刑戮之人当然不应该自降身份去迁就，更不用说重用他们了。至于那些游说之徒、纵横之党，更是韩非子所鄙弃的对象。君主因为居于深宫之内，"希于听论议，易移以辩说"（《八奸》），极易被言谈者的花

---

① 阎步克：《士大夫政治演生史稿》，3版，北京：北京大学出版社，2015年，第215页。

言巧语和滔滔雄辩所迷惑。他们或者大谈仁义道德，称颂上古之成功；或者用一些微妙之言彰显自己的才智。君主如果"美其声而不责其功"(《五蠹》)，还未见分毫事功就轻易与之高官厚禄，不但于国家没有任何裨益，反而会祸国殃民。即使他们谈论的是"商、管之法"和"孙、吴之书"这类颇具实用价值的东西，但如果谈论的人多而实际参与耕战的人少，也会造成国贫兵弱的不良后果。① 游说之人还往往是重人的党羽，是"八奸"中的"流行"。他们受重人豢养，在君主面前为重人的私利大逞辩才，"为巧文之言，流行之辞，示之以利势，惧之以患害，施属虚辞以坏其主"(《八奸》)。重人的利益与国家的利益常常是相反的，"臣主之利与相异者也"(《孤愤》)。即使是外国的使者，为了完成出使的目的，也不得不在君主面前帮重人说话。苏代为齐国出使燕国，"见无益子之，则必不得事而还，贡赐又不出"，于是暗示燕王哙将权势都交给子之。燕王哙果然被苏代的一席话说动了心，"张朝而听子之"。再加上隐者潘寿的鼓动(《外储说右下》)，燕王哙演出了一场禅让的闹剧，几乎因此亡国。

　　至于纵横之士，更是会将君主引向重外事而轻内政的亡国之路。韩非子认为，国家的富强主要来自内政，不可依恃外交，"治强不可责于外，内政之有也"(《五蠹》)。历史已经无可辩驳地证明，如果不务内政而一味外交，则会造成"恃外以灭其社稷"(《饰邪》)的严重后果。因此，韩非子在外交方面颇有"弱则自保、强则吞并"的不结盟思想。纵横之士则恰恰重视国家之间的结盟，利用七国间错综复杂的政治形势大显身手。他们要么鼓吹"合众弱以攻一强"，要么鼓吹"事一强以攻众弱"(《五蠹》)，都是希望在结盟中谋取国家利益，顺带捞取私人利益。从历史事实来看，不可否认国家在结盟中

---

① 《韩非子·五蠹》："今境内之民皆言治，藏商、管之法者家有之，而国贫，言耕者众，执耒者寡也；境内皆言兵，藏孙、吴之书者家有之，而兵愈弱，言战者多，被甲者少也。"

确实能够得到一定的利益。但韩非子认为结盟的弊端要远远超过其所得的利益,无论是合纵还是连横,带给国家的伤害更大:"事大为衡,未见其利也,而亡地乱政矣","救小为从,未见其利,而亡地败军矣"(《五蠹》)。因此,君主也不可信任纵横之士。基于上述种种理由,韩非子毫不犹豫地将游说之徒和纵横之党称为"五蠹"之一。既然隐逸之路、游说之路等途径皆不可行,那么,法术之士如何进入统治核心才算正当呢?

从《韩非子》文本来看,大致有两种途径。一种是正常途径,这种途径包括两种方式。第一种是官僚制度下的"迁官袭级"(《显学》)。士人从国家的低级职位做起,逐步积累经验,在建功立业的基础上升迁至高位,用韩非子的话说就是"宰相必起于州部,猛将必发于卒伍"(《显学》)。在治平之世,这些从基层提拔起来的官员,具有丰富的管理经验,熟悉国家的情况,故而能够使国家得到良好的治理。然而在大变革时期,这种官员的局限性显而易见,他们一般会囿于常规而缺乏改革的激情,显得保守拘束。因此就需要有第二种"直任布衣之士"(《奸劫弑臣》)的客卿制作为补充。客卿不必从基层职位做起,而是通过被人举荐或游说得到君主的信任和重用,以伊尹、管仲和商鞅为代表。任用客卿是要冒风险的,对君主也有较高的要求。君主必须对自己国家的问题有深切的了解,并有进行改革的坚定决心;面对令人眼花缭乱的言谈,还得有巨眼识英雄的能力和放手任用人才的魄力。君主如果缺少其中任何一项能力都有可能造成严重的后果。而且,客卿制要发挥积极的作用,还必须以运作良好的官僚制度和法治为条件。列国皆重客卿而秦独"以客兴",与秦国存在着严整的法制和文吏体制,有密切的关系。① 通过这两种方式所产生的

---

① 阎步克:《士大夫政治演生史稿》,3版,第216页。

官吏，实际上是两类官员。按照现代政治理论，政府中的权力可以分为治权与政权两种。治权即执行权，负责决策的具体实施，掌握这种权力的官员为事务官；政权是决策权，有权对国家的大政方针做出决定，掌握此种权力的为政务官。① 所谓的圣人，指的当然不是事务官而是政务官。

第二种是非正常途径，士人不惧卑污，"役身以进"（《说难》）。圣人都是真正的仁义之人，他们不会眼看着社会的动乱与民生的疾苦而无动于衷，他们会想尽办法进入政权中心来救国救民，即使像伊尹和百里奚那样自辱其身也在所不惜。与能够得到君主赏识和重用的"布衣之士"商鞅等人的幸运相比，这实属不得已而为之的下策。伊尹为了天下苍生，曾游说商汤七十次，可惜都不被接受；最后他"身执鼎俎为庖宰，昵近习亲"（《难言》）才取得商汤的信任。商汤是古代著名的圣王，以"至智"的伊尹游说"至圣"的商汤尚且如此之难，要取得那些资质平平甚至昏庸愚昧之君主的信任岂非更难？作为历史人物，伊尹应该是真实的，他与商汤的君臣关系亦是确定的。但关于他的身世经历，至迟在春秋战国时期就已经无从稽考了。这就为诸子利用他为自己的学说张本提供了便利。据《墨子》，"伊尹，天下之贱人也"（《墨子·贵义》），是商汤听说了伊尹之贤能而力排众议去请他出山。孟子一方面认为伊尹是"圣之任者也"（《孟子·万章下》），他"治亦进，乱亦进"（《孟子·公孙丑上》），曾先后游说夏桀与商汤，最终受到商汤的重用；另一方面又认为伊尹是"不召之臣"（《孟子·公孙丑下》），商汤是先就学于伊尹然后才以之为臣的。孟子的观点虽貌似矛盾，但他的中心思想不外是肯定伊尹的仕进之路是完全光明正大的。司马迁在写作《殷本纪》时，并列

---

① 牟宗三：《中国哲学十九讲》，第 156 页。

了关于伊尹的不同说法,"阿衡(即伊尹)欲奸汤而无由,乃为有莘氏媵臣,负鼎俎,以滋味说汤,致于王道。或曰,伊尹处士,汤使人聘迎之,五反然后肯往从汤,言素王及九主之事"。

百里奚"以秦为乱",不惜"道为虏干穆公"(《难一》)。秦穆公是春秋五霸之一,算得上是一代雄主。他和百里奚的君臣际遇,《史记》的记载与韩非子的论述并不相同。据《史记·秦本纪》,百里奚原是虞国大夫,后被晋国所掳。晋国本打算将他作为秦穆公夫人出嫁时的媵臣,但他逃到了楚国。秦穆公听说百里奚的贤才,想办法从楚国把百里奚弄到秦国,并大加重用。百里奚亦没有辜负秦穆公的信任,帮助他建功立业。如果我们相信司马迁,那么百里奚并没怀抱一颗为秦之心而甘愿为奴,以期接近穆公,得到信任与重用。但韩非子的说法应该也有所本,不是凭空编造出来的。《孟子》中就有关于百里奚"自鬻于秦养牲者,五羊之皮,食牛,以要秦穆公"的记载,尽管孟子对这种说法极力否认,认为这是"好事者为之也"(《孟子·万章上》),是编造出来的。与伊尹的相关记载不同,司马迁没有并列两种不同的说法,而是择取了其中之一。

在伊尹与百里奚仕进之路的不同传说中,韩非子选择的倾向性是一致的,即他愿意相信这些人都是在救世热情的驱使下,义无反顾地经过一番艰苦的甚至备受侮辱的过程后才得到君主的信任。这说明他对作为圣人的法术之士进入统治核心,进而施展抱负以救国救民之理想的实现抱着悲观甚至绝望的态度。韩非子在《难言》中一口气列举了历史上十多位"仁贤忠良有道术"的贤圣之士无法"逃死亡避戮辱"的悲惨事实,可谓触目惊心。这种态度,当然有前代改革者如商鞅、吴起等人悲惨命运的深刻影响,更重要的则是韩非子把他自己的身世经历与仕途坎坷进行了扩大化和极端化,并

韩非子的正义思想
——兼与柏拉图的正义思想比较

投射到了思想理论中。蒋重跃已经指出，韩非子既是君主制度最热情的拥护者与讴歌者，同时也是这个制度最尖锐的批判者。韩非子身为弱国韩国的支庶公子，目睹国家的衰弱，曾数次上书韩王以图行道，却多次受挫。欲行道而不能，加之孤臣孽子的深切忧患，使得韩非子对现实中君主的认识发生了很大的扭曲。在他那里，君主不是如他一样的普通人，而是被赋予了超乎寻常的极大权力，具有绝对的威严；他把君主做了两个极端的划分，要么是现实的魔王，要么是理想的圣人。职此之故，韩非子一方面畏惧魔王，一方面又狂热地向往圣王。[1] 他无法在那个"布衣驰骛之时而游说者之秋"（《史记·李斯列传》）像孟子、苏秦、张仪们那样在君主面前坐而论道，侃侃而谈。因此他才有《说难》《难言》这两篇文章，把向君主进说描述得险象环生，步步惊心。平心而论，战国时期可以说是中国古代知识分子的黄金时代，以后再也没有那么宽松的政治环境让他们著书立说，周游各国以兜售治国方略。那时的君主自然达不到韩非子之圣王的标准，但也没有昏庸残暴到桀纣之流的程度，他们不过是韩非子反复提到的"中主"。然而从韩非子对伊尹与百里奚的描述来看，即使是如商汤和秦穆公那样的圣君明主在位，法术之士的进说之路依然充满艰险和羞辱。由此可见韩国君主的独断和残暴、大臣的腐败和阴险已经到了多么严重的程度，韩非子内心的软弱与怯懦又已经到了多么严重的程度！[2]

有学者认为，韩非子屡屡提到伊尹，是试图以一种平静的、不带感情色彩的理性分析来阐明士大夫进入权力系统的艰难以及在坚持"治亦进，乱亦进"的政治信念时该如何达成"救世"抱负等政治技术问题。他塑造的伊尹体现了一种真正的专业政治精神，主要解决的

---

[1] 蒋重跃：《韩非子的政治思想》，第217—218页。
[2] 蒋重跃：《韩非子的政治思想》，第218页。

是如何在暴君统治下获得信任最终实现变法图强以救世的目的，即如果没有明君该怎么办或者愚暗君主不清醒该怎么办的实际问题。①以情理度之，韩非子在写到伊尹、百里奚时内心不可能是平静的，他所要解决的也不是法术之士如何面对无道昏君的问题。事实上，这是理性或真理如何与权力进行合作的问题。在理想状态下，真理与权力应该合二为一，但现实往往是掌握真理的人没有权力，有权力的人不懂得真理。这就迫使有救世情怀的体道者想方设法寻求与权力者的合作。然而，掌权者既然昧于真理，这条合作之路对圣人而言必然充满了艰险。如果圣人以道的高姿态来批评当时的君主，很有可能失败。圣人在无奈之下，必须伪装自己，委婉曲折甚至诌媚地接近君主，以期达到合作的目的。这里面的道德风险无疑是巨大的。②

韩非子正义思想"道理－正义－制度"的基本结构预设了圣人在正义实现的过程中所起到的决定性作用。在韩非子看来，每个时代都有相应的时代主题，它们都是由这个阶段中社会发展的道理决定的。要想审时度势、立法定制，就必须在道理的层面上率先得到领悟，有了这样的先见之明，才可以驱动臣民实现法治改革的目标。这样神圣的使命，必须由圣人（英明的君主和法术之士）才可承当。圣人必须在体道明理的基础上设计制度，实现正义。因此，韩非子的圣人观念以政治性为核心，以哲学性为条件，以道德性为光环。正是出于巨大的道德热情，圣人要努力实现正义。哲学性是指圣人对道的体悟与把握，但体道绝非最终目的。圣人要用自身所掌握的道来造福天下苍生，为此必须将普遍性的道具体化，落实到

---

① 宋洪兵：《孟子与韩非的"伊尹悖论"》，《诸子学刊》第十二辑。
② 参见董波《〈伊利亚特〉中的波吕达马斯》一文对理性与权力的论述，娄林主编：《〈理想国〉的内与外》，北京：华夏出版社，2013年。

政治这个最大的现实中去，这就将哲学性转化为政治性。无论立法、用术抑或执势，都非普通人所能胜任，必须要圣人为此付出努力。问题在于圣人如何进入政治核心，获得决策权。在韩非子看来，历史上与当时常见的、正常的仕进之路，或者不可欲，或者不可行。由于韩非子将自己的身世经历和仕途坎坷投射到了思想之中，致使他认为法术之士的仕进之路狭窄、危险，而且充满对士人人格的侮辱。无论他们面对的是圣主明君还是中才之主，昏庸之徒还是残暴之君，无一例外。圣人通向执政的路如此艰难，意味着韩非子在一定程度上对正义的实现抱着悲观绝望的态度，这也为他的思想抹上了无可奈何的乌托邦色彩。

第三节　韩非子正义思想的特点与局限性

韩非子的正义思想具有现代性、适时性、因循性、功利性、塑造性与道德兼容性等特点。从政治实践的角度看，韩非子的正义思想具有一些明显的局限，主要有残酷性、压迫性和理想性等。归根结底，韩非子正义思想的本质是一种规训正义。规训（discipline）是指近代产生的一种特殊的权力技术，既是权力干预、训练和监视肉体的技术，又是制造知识的手段。福柯认为，规范化是这种技术的核心特征。[1] 所谓的规训正义，并不是某种新型的正义观，而是指出了韩非子正义思想的某种本质特征。

---

[1] [法] 福柯著，刘北成、杨远婴译：《规训与惩罚：监狱的诞生》，北京：生活·读书·新知三联书店，1999年，译者后记，第375页。

第二章　韩非子正义思想的内容、特点与局限

一　韩非子正义思想的特点

1. 现代性①

现代不仅是一个表示时间的概念，更是一个表示社会与文化变迁的理论性概念，是与"传统"相对应的。② 现代性与近代西方有密切的关系。事实上，正是西方经济在近代的成功，以及颇具成效的意识形态宣传，才导致人们简单地将现代性与近代西方画等号。随着西方文化自身暴露出来的一系列问题以及中国等迥异于西方之国家在经济上的崛起，对现代性的反思成为一种思潮。现代性是一个颇具争议的问题，可以有不同的理解。人们最容易想到的是近代欧洲由封建社会向资本主义社会的转变；机器大生产代替手工劳动以及生产力的极大进步；民族主权国家的兴起，从开明专制到民主法治、平等自由；世俗化运动，人们的理性逐渐从宗教（尤其是基督教）的束缚中解放出来；等等。但这些或许只是现代性的表现而非本质。按照白彤东的说法，现代性的本质，或者说古今之变的本质，是（或部分地是）建立在血缘继承基础上的、在每一层级上都是高度同质的小国寡民的熟人共同体的封建等级制的瓦解与异质的广土众民的陌生人社会的出现。现代性的问题就是如何处理在这种转变下的各种政治、社会问题。他认为中国于周秦之变之时，就已经在面对着现代化问题，而韩

---

① 意识或思想是可以具有一定的超前性的。马克思在《德意志意识形态》中指出："在某些可以进行更一般的概括的问题上，意识有时似乎可以超过同时代的经验关系，以致人们在以后某个时代的斗争中可以依靠先前时代理论家的威望。"张东荪在为严群之书所写的序言中说："学术之发展颇有与社会进化之阶段不相符应处。亚里士多德之著书去今二千余年矣。而其中所诠，按今日之情形，仍多适用之点。"不仅亚里士多德的著作是这样，古代那些卓越学者的著作无不具有经久的生命力。而古代思想对于现代的价值正是现代性的重要表现。中共中央马克思恩格斯列宁斯大林著作编译局编译：《马克思恩格斯选集》第一卷，北京：人民出版社，2012年，第205页；严群：《亚里士多德及其思想》，北京：商务印书馆，2011年，第220页。

② 赵敦华：《现代西方哲学新编》，前言，第2页。

非子则是世界上第一个现代政治哲学家。① 喻中也曾研究过韩非子及法家思想的现代性问题。他没有给出自己对现代性的理解，而是从三个方面论证了法家思想的现代性：法家学说作为社会科学，与近代以来新世界局势的高度契合以及作为一种法治主义学说都可以支撑法家的现代性。② 事实上，早在民国时期，萧公权就已经从道德与政治分野的角度指出了韩非子思想的现代性："韩非论势，乃划道德于政治领域之外，而建立含有近代意味纯政治之政治哲学。"③ 前贤的研究成果斐然，具有启发意义。具体而言，韩非子正义思想所具有的现代色彩体现在如下方面：

首先，将天命、神意从政治生活中排除出去。④ 古代与现代的重要区别之一就是对政权正当性、合法性来源的不同认识。天命神意曾经是政权正当性、合法性的主要来源。目前出土的大量殷商时期的甲骨卜辞，证明了殷人对鬼神天命的信仰，所谓"殷人尊神，率民以事神"（《礼记·表记》）。商纣在灭亡之前，还坚信"我生不有命在天乎"（《史记·殷本纪》）。武王伐纣，以小邦周战胜大邦殷，这历史性的剧变引发了周初统治者的深刻思考。他们认为天命不是固定的，而是会随着统治者的德行而转移。因此要想长治久安，必须"敬天保民"。这实质上意味着统治的正当性与合法性不再单纯诉诸神意和天命，而是更多地取决于人心向背。并且，人们还将天命与民心联系起来看，认为天命的具体表现就是人心："天视自我民视，天听自我民听。"（《孟子·万章上》）战国时期，依然有人用天命来判

---

① 白彤东：《韩非子与现代性——一个纲要性的论述》，《中国人民大学学报》，2011 年第 5 期；白彤东：《韩非子：第一个现代政治哲学家》，《世界哲学》，2012 年第 6 期。
② 喻中：《法家的现代性及其理解方式》，《山东大学学报（哲学社会科学版）》，2018 年第 1 期。
③ 萧公权：《中国政治思想史》，第 145 页。
④ 刘家和：《论历史理性在古代中国的发生》，《史学理论研究》，2003 年第 2 期。

断政权是否正义。如墨子推崇"天志";孟子认为天子之位的传承,"天与贤,则与贤;天与子,则与子"(《孟子·万章上》),不可私自传授。韩非子则彻底将天命、神意从政治中排除出去,以是否利国利民作为判断政权之正当性、合法性的唯一标准。正如《五蠹》中对上古时期的历史回顾所表明的那样,君主的产生是因为他们解决了那个时代最为严重的危机,维护和保障了人民的利益。神意和天命在韩非子的阐述中没有丝毫的地位,而且他在《饰邪》篇中还明确地说"龟策鬼神不足举胜"。以人为本而非以神为本,乃是现代社会区别于古代社会的重要特征。

不仅如此,韩非子还公然宣扬政权的来源是强力。韩非子在《五蠹》篇中将历史划分为三个阶段,即上古、中古与当今。在上古时期,某些人的政权来自他们的功绩或道德;而在战乱频仍的当今,政权只能来自强力。韩非子说"当今争于气力"(《五蠹》),"力多则人朝,力寡则朝于人,故明君务力"(《显学》)。谁的胳膊粗、力量大,谁就可以掌握更大的权力,那么拥有最强实力的人就应该成为掌握最高权力的统治者。其实不仅"当今"如此,即使是舜和禹这样的上古圣君,他们获得权力的过程也渗透了暴力的因素。儒家极力美化三代社会,宣扬尧舜禹禅让的美德,认为他们顺从天意,是凭借自己的道德和功绩才获得最高统治权的。但韩非子却说"舜逼尧,禹逼舜,汤放桀,武王伐纣。此四王者,人臣弑其君者也"(《说疑》)。这不就是赤裸裸的暴力夺权吗?撇开诸子的思想论战,从历史事实来看,历代王朝的政权基本上都来自武力的征服,即使承认天命所归,但政权转移的实现最终还是要凭借战争的胜利。"在一切权力的起源上我们遇到了武力",但是,"一切权力,不管它们是什么,都拒不接受这种起源,没有一个承认自己是武力造成的结果"。① 人们决不承认自己的权力是得自暴力,他们更愿意宣称权力来源于自身的德性或某种神意。夏代开国之君启的王位虽得自世袭,但他在荡平有扈氏动乱时,高举天命的大旗,宣称自己是"恭行天之罚"(《尚书·甘誓》)。汤在讨伐夏桀之时,声称是奉了天的命令:"非台小子,敢行称乱!有夏多罪,天命殛之","夏氏有罪,予畏上帝,不敢不正"(《尚书·汤誓》)。武王伐纣,亦宣称"共行天之罚"(《史记·周本纪》)。

其次,以外部规则(法)来治理国家,调节人与人的关系。一个共同体的规模大小具有重要的意义。经营一个小家庭,管理一个大的氏族,与治理一个疆域广阔的国家是本质完全不同的事情。小共同体占据的地域狭小,成员数量少且一般具有实在的或拟构的血缘关系,彼此之间比较熟悉。在这种情况下,以习俗、道德来纽结社会是足够的。传说上古之时,尧依靠自身的高尚品德团结族众和百姓,"克明俊德,以亲九族。九族既睦,平章百姓"(《尚书·尧典》)。但德化是有条件的,不能超出某个高度同质的熟人小共同体。不满足这个条件,德化的作用是十分可疑的。尧在"平章百姓"之后是否真的能够"协和万邦"?即使能够做到,尧所影响的,应该仅限于万邦的首领而不会涉及民众。而且尧对万邦首领的影响亦只是"协和"(和谐相处)而非改变。其他的氏族或部落自有本身的习俗与道德标准,不会轻易改变。战国时期的剧变,从根本上说是从小国寡民的"城邦"过渡到地域国家,再进一步形成统一的大国。这不仅是量的增长,更是质的改变。据说夏禹之时,"执玉帛者万国"(《左传·哀公七年》);到商汤之时尚有"诸侯三千"(《战国策·齐策四》);武

---

① [法]基佐著,程洪逵、沅芷译:《欧洲文明史》,北京:商务印书馆,2005年,第49—50页。

王伐纣，"诸侯不期而会盟津者八百"（《史记·周本纪》）；但见于《春秋左传》的诸侯国已不过一百多个；到战国时期，随着兼并战争的愈演愈烈，小国的数量急剧减少，最终形成了七雄并立的局面。①七雄都是疆域广大、人口众多的国家。此时再像以前那样依靠统治者的仁义道德来治国理政，处理"外交"关系，无异于缘木求鱼。对具有不同血缘、不同风俗尤其是不同道德观念的人们来说，只能靠外在的、客观的、明确的规则体系来治理才会有效。

最后，强烈的国家意识。强烈的国家意识是现代性必不可少的重要内容。近代以来，西方社会的最高主权单位是民族国家。② 与西周的天下体系③不同，在民族国家之上不再有更高的政治实体拥有合法的权力干涉各国的内政。各民族国家之间的关系是外交关系而非内政，遵循弱肉强食的丛林法则。如此，各国必然对内重视国富兵强，对外试图以各种方式扩张。随着信奉天下体系的中国被迫卷入世界竞争，民族自觉与国家意识的缺失是中国亟须解决的重要问题。事实上，韩非子的思想中已经有了空前强烈的国家意识。④ 韩非子是紧邻强秦的韩国之公子，他对宗国命运有着深切的忧虑。越是到国破家亡之时，国家意识越强烈地凸显出来。韩非子思考的基本单位是国家。

---

① "涂山之会，亦云万数。夏祚经四百，已丧七千，殷氏六百年间，又损千二百矣。爰及周郝，八百余祀，离为十二，合为六七。始皇荡定，天下一家，历载千九百，并万而为一。"（唐）杜佑撰，王文锦等点校：《通典》，北京：中华书局，1988年，《职官十三·王侯总叙》。
② 民族国家一般是指欧洲近代以来，以一个或几个民族为国民主体的国家。欧洲民族国家的成型，大多认为始自1648年签订的《威斯特伐利亚和约》。
③ 关于中国古代的天下体系、天下观念与近代西方民族国家的问题，可参考赵汀阳：《天下体系：世界制度哲学导论》，北京：中国人民大学出版社，2011年；梁治平："天下"的观念：从古代到现代》，《清华法学》，2016年第5期等。
④ 学者们已经指出，韩非子具有鲜明的国家意识。周春生：《韩非与马基雅维里国家权力学说同异辨》，《古代文明》，2007年第2期；孙颖：《韩非的历史观与国家主体意识》，《苏州大学学报（哲学社会科学版）》，2009年第3期。

考诸《韩非子》,"国(邦)"共出现613次,称得上是高频词。《亡征》篇一口气列举了48种可能导致亡国的现象,韩非子对国家兴亡的关切可见一斑。虽然韩非子也主张"兼天下",但他为新的统一天下的王者所设计的制度是新的中央集权国家,而非重建西周"封建天下"的所谓王道政治。

2. 适时性

适时性与韩非子的历史观密切相关。韩非子认为历史是有阶段性的,"上古竞于道德,中世逐于智谋,当今争于气力"(《五蠹》)。不同的历史阶段具有不同的特征,面临不同的问题,应该有不同的治理方式,所谓"论世之事,因为之备"(《五蠹》)。既然周代的礼乐制度已经不适应战国时期了,就必须顺应时代的要求进行变法改革:"法与时转则治,法与世宜则有功"(《心度》)。如果还死守旧的那一套所谓的"先王之政",就好像"无辔策而御悍马"(《五蠹》),是十分危险的。当然,改革之后建立的适应时代的法,必须具有一定的稳定性。因为法直接关系到人们的利害,利害变了,人们的行为自然也要跟着变:"法令更则利害易,利害易则民务变"(《解老》)。如果法没有一定的稳定性而频繁改易,那么人们将无所措其手足。这说明,法在稳定性和适时变革之间必须保持合理的张力而不可偏重任何一端。

不仅政治制度必须适应时代,正义观亦是如此。与社会现实的变化相比,观念具有稳定性、保守性或滞后性,往往是社会的经济和政治已经发生了重大的变化,人们的观念却还停留在上一个历史阶段。战国时期是社会形态、政治形态急剧转型的时代,原有的以血缘为基础的、高度同质的小共同体已经瓦解,人们逐步脱离氏族的约束,流动性显著增强。春秋时期众多的小国在激烈的战争中多数被兼并,出现了数个前所未见的地域性大国。这种情况下,原来产生并适应熟人社会的正义观已经不再适应规模急剧扩大的、广土众民的大国了（陌生人社会）。与政治的多元相应，人们的正义观也变得多元而互相矛盾。韩非子对传统的以及社会上流行的一些正义观十分不满，认为这些都是将个人私利置于国家利益之上的不义观念。在国家竞争十分激烈的情况下，必须适应时代的现实，依靠国家的强制力量确立一种以利国利民为原则的新型正义观。

3. 因循性

因循性主要与韩非子的立法原则有关。因，即随顺人情；循，即服从道理。① 用韩非子的话来讲就是"不逆天理，不伤情性"（《大体》）。立法的首要原则是服从道理。从形而上的角度来说，法来源于道。道是自然万物的根本规律，人类社会作为自然的一部分，必然也要"循道"。法就是道在社会领域的体现。因此立法必须以道为根据，"因道全法"（《大体》）。由于只有圣人才能对道有深刻的体悟和把握，故而法只能由圣人创立。立法的第二个原则是随顺人情。人情事实上是人的自然，是道理在人身上的体现。② 所以，"因人情"从根本上说还是服从道理。韩非子认为立法必须对人之情性有清醒的认识，"凡治天下，必因人情"（《八经》）。韩非子注重现实，他对人情人性的认识偏重于现实的表现，并不从某种先验的道德观念与价值出发对之做出简单的善恶判断。③ 在他看来，人情是趋利避害的，"安利者就之，危害者去之"（《奸劫弑臣》），无所谓善恶。这种人

---

① 徐克谦认为是黄老思想中的因循之道启发韩非子要求君主"缘道理""因人情"而立法。徐克谦：《黄老思想因素在韩非子政治学说中的作用》，《管子学刊》，2021年第1期。
② 参见王威威：《"理"、"势"、"人情"与"自然"——韩非子的"自然"观念考察》，《晋阳学刊》，2019年第2期。
③ 韩非子并不以为人性有先验的善恶，而是以自利之"自为心"为人性之实在者。张纯、王晓波：《韩非思想的历史研究》，第78页。

情观①虽适用于绝大多数人,但不排除个别人不为赏劝,不为罚沮。不过从国家治理的角度来看,"治也者,治常者也"(《忠孝》),统治者需要考虑的还是普遍的人情。只有顺应现实的、普遍的人情,考虑到人们的实际能力,"立可为之赏,设可避之罚"(《用人》),才能达到重建秩序与正义的治世理想。法若违背普遍的人情,"为太上士不设赏,为太下士不设刑",必然会无效,"治国用民之道失矣"(《忠孝》)。然而,随顺人情并不意味着完全按照普通百姓的意愿来决策。因为"民智之不可用"(《显学》),普通民众迫于生活之压力和教育之局限,无法看清自己的长远利益,遑论考虑国家利益了。所以,必须借助圣人的智慧来为国家、民众的长远利益做出切合实际的打算。

4. 功利性

功利即人们的思想或行为所产生的实际功效与利益,尤其指看得见摸得着的物质利益、经济利益。功利性是指对实际利益的高度重视,以功利作为衡量一切的标准。中国古代的功利主义以墨子开其端,经由李悝、吴起、商鞅等人的发展,到韩非子手里真正形成一个完整的功利主义形态。可以看出,这些人的共同点是浓厚的现实主义色彩,②他们尤其关注政治,这是因为现实与政治都要求将事功放在重要的地位。韩非子的正义思想以利国利民为宗旨,其功利性显而易见。其中"功"字在《韩非子》中出现将近300次,"利"字出现300余次,都是高频词。韩非子的功利主义以趋利避害的人情论为理论起点,主要体现在以下方面:

---

① 人情观即一般所说的人性论,对于韩非子而言,人情论比人性论更符合他的理论原意。详见本书第三章第二节。
② 以韩非子为代表的法家,他们的现实主义主要表现为实力论、中君论、现世论、法治论。周炽成:《法家政治思想中的现实主义和个人主义倾向》,《学术研究》,2006年第4期。

首先，功用是衡量言行的唯一标准，"言行者，以功用为之的彀者也"（《问辩》）。君主之听言，必须以实际功用作为标准，坚决摒弃那些虚言浮说。当时，儒者"盛容服而饰辩说"（《五蠹》），大谈仁义道德；当涂之重人花言巧语，极尽阿谀逢迎之能事；游说之士持"白马非马"之类的言论蛊惑人心。在韩非子看来，这些都不过是"可以戏而不可食"的"尘饭涂羹"罢了（《外储说左上》），于国于民没有丝毫实际的功用。反之，法术之士的言辞虽然因为直指事实，甚至与人主之心相违背而显得没有那么动听，却可以"烛重人之阴情""矫重人之奸行"（《孤愤》），切实地维护国家利益。

韩非子所谓的"行"，主要是指"耕战"等实践活动以及当时人们所从事的其他政治、经济等社会活动，而不是像儒家那样把"行"看成是日常生活中的道德践履。① 在战国时期，富国强兵成为每一个国家生存发展的必然选择，而耕战正是实现富国强兵的主要手段。因此，韩非子认为，只有利于耕战的行为才是可以接受和鼓励的。事实上，他之所以将学者、言谈者、带剑者、患御者和工商业者判定为"五蠹之民"，不过是因为他们危害了耕战和实际的事功。

其次，功利是人们获得官职爵禄的唯一根据，"明主之为官职爵禄也，所以进贤材劝有功也。故曰：贤材者处厚禄任大官，功大者有尊爵受重赏"（《八奸》）。任何人，只有为国家建功立业才能得到官职爵禄，不能凭借血缘出身、请谒、名誉等来邀宠得利。而且，官职的升迁重视实际经验，强调从基层逐级提拔，"宰相必起于州部，猛将必发于卒伍"（《显学》）。人们是否有功劳以及功劳的大小，不取决于君主之私意，而必须"循名责实"。具体而言，"群臣陈其言，

---

① 周兆茂：《韩非功利主义思想述评》，《安徽师大学报（哲学社会科学版）》，1989年第3期。

君以其言授其事，事以责其功。功当其事，事当其言，则赏；功不当其事，事不当其言，则诛"(《主道》)。群臣之言就是"名"，群臣之事与功就是"实"。以功利作为考核官员的标准是历史的一大进步，这为有才能而出身较低之人开辟了上升的通衢。但韩非子对名实相符的要求过于理想化了，按照他的说法，人人都必须先成为百发百中的预言家才敢去君主那里猎取功名利禄："故群臣其言大而功小者则罚，非罚小功也，罚功不当名也；群臣其言小而功大者亦罚，非不说于大功也，以为不当名也害甚于有大功，故罚"(《二柄》)，功劳超过或小于臣之所言都要被罚，实在是苛刻。

韩非子的功利主义亦有其庸俗的一面。《外储说左上》记载了一则"墨子为木鸢"的故事：墨子用三年时间做了一架飞行器，成功地飞了一天。如果此事属实，堪称人类历史的奇迹，值得我们大大骄傲一番。但韩非子对此却不以为然，他认为耗时三年而仅飞一天的木鸢毫无实际功用。虽然战国时期的紧张局势可以为韩非子的"近视眼"开脱，但庸俗功利主义的不良后果于此却显露无遗。

5. 塑造性

所谓塑造性，是基于意识与存在的互动性而言的。社会存在决定社会意识，意识也能反作用于存在，对社会存在起到阻滞、引导或重塑的作用。韩非子对"法"的移风易俗功能有充分的信心。法通过赏来鼓励某些行为，通过罚来禁止某些行为，加上在执法过程中能够做到信赏必罚，人人平等。如此，规则意识将深入人心，使得人们根本就不会产生任何违法的念头："太上禁其心"(《说疑》)。某些学者将这句话解读为韩非子对思想的严酷专制，这无疑是一种误读。普法工作的广泛开展，使得人们都对自己的行为后果有明确的预期，趋利避害的本能使得大多数人不会选择违法犯罪。这样的社会能"使人乐生于为是，爱身于为非，小人少而君子多"(《安危》)，在确保道德底线的同时，逐步培养起更高的道德水平。① 这并不是空想，而是有历史事实为证。商鞅变法前的秦国"有罪可以得免，无功可以得尊显"（《奸劫弑臣》）。商鞅在短时间内通过"信赏必罚"在民众中牢固地树立起了规则意识，使得秦国的政治清明，社会风气得到了极大改观。

韩非子对人的塑造，对世俗观念的改革，主要着眼于外部规则的强力控制与利益的诱导。这与孔孟重视个人的内在道德修养与君子的榜样作用形成了鲜明对比。孔子认为，"君子之德风，小人之德草，草上之风，必偃"（《论语·颜渊》）。君子如果自身品德高尚，自然能够以其言行带动身边之人修德向善，于无形中重塑人的思想与行为。孔子虽然不否定刑罚的必要性，但对刑罚可能产生的后果却十分警惕："道之以政，齐之以刑，民免而无耻。"（《论语·为政》）刑罚会让人满足于不触碰法律底线而对高尚的道德生活失去向往。至于以利益尤其是物质利益来诱导人们，孔子则嗤之以鼻。他说"君子喻于义，小人喻于利"（《论语·里仁》），只有小人才会被利益所吸引。孟子的观点与孔子一脉相承，而且更加激进。他在回答梁惠王"何以利吾国"的问题时，说"王何必曰利？亦有仁义而已矣"（《孟子·梁惠王上》）。为什么不能说"利"？因为利会引起人的争夺之心，导致篡权弑君等惨烈的后果。当然，孟子并不是绝对不言利，他主张制民之产，就是要让小民得利。但用利益来引导和改造人们的行为恐怕已经超出了孟子的想象。

6. 道德兼容性

道德兼容性是指韩非子的正义思想并不像某些人所认为的那样排斥道德，它有道德的内容，或者说培养并提高人们的道德修养是其重

---

① 宋洪兵：《循法成德：韩非子真精神的当代诠释》，北京：生活·读书·新知三联书店，2015年，第15页。

要目标之一。

一句"不务德而务法"(《显学》)使韩非子被认为是非道德主义者而饱受诟病。其实这些指责中有很大一部分是因为某些先入为主的偏见和成见而造成的有意无意地误读。首先什么是"非道德"？从逻辑的角度来看，A +（-A）=1，即A与非A的总和是一个完整的"一"。A与非A的关系，是矛盾关系而非对立关系。一般而言，矛盾关系是事实，而对立关系往往附加有人们的某种价值判断。举例来说，白与黑不是矛盾关系而是对立关系，白与非白才是矛盾关系。非白并不一定是黑色，还可以是黄色、红色等各种不是白色的颜色，黑色只是"非白"的一种选择或可能性。黑与白之所以构成对立关系，是因为黑是所有"非白"颜色中与白色反差最为明显的一种颜色，而且白与黑的对立也被人们赋予了诸多价值内涵。同理，道德与非道德是矛盾关系，道德与不道德或反道德才是对立关系。非道德包括不道德的行为、思想，也包括一些与道德无关的行为、思想，如人们的吃饭、穿衣等行为，就没有道德的属性，是非道德的。如此看来，非道德并不等于不道德，将非道德与不道德画等号实际上是将非道德的范围故意窄化。值得注意的是，非道德这种说法，很容易使人们产生"不道德"或"邪恶的"之类的联想与误解。仅从容易产生误解来说，也不宜用非道德来定性韩非子的思想。再者，人们在什么意义上来使用"道德"一词？毕竟，在不同的时代、不同的社会，道德有不同的内涵与标准。如果用儒家的道德为标准来批判韩非子的思想，恐怕并没有什么说服力。况且道德也不是儒家能够垄断的，韩非子自有其道德标准。要想真正批判韩非子，必须"入室操戈"，"以其人之道还治其人之身"才行。

儒家诸子历来重视道德，甚至试图将道德泛化到政治领域，从而导致政治的道德化或道德的政治化。但政治与道德毕竟分属不同的领域,将二者混为一谈势必造成一些不良的后果。儒者的论述多侧重在社会需要仁爱道德以及仁爱道德如果在人间流行会达致的美好结果等方面,而对如何培养人们的道德意愿并使之能产生相应的道德行为等问题则避而不谈。韩非子在重视道德方面与儒者无异,因为正义的社会必然是一个道德的社会。韩非子不仅批判了儒者的空谈,还进一步指出了解决问题的切实办法。正如上文所言,韩非子的正义思想具有塑造人们行为的作用,事实上这种作用并不局限于让人们停留在法律底线上,而且具有逐步拉高社会整体道德水平的作用。韩非子认为人们之所以不愿意将道德意愿付诸实践,是因为社会并没有为人们提供一个良好的外部环境。因为"赏者有诽"而"罚者有誉"(《八经》),所以百姓无所措其手足。因为"以忠信事上,积功劳而求安,是犹盲而欲知黑白之情,必不几矣。若以道化行正理,不趋富贵,事上而求安,是犹聋而欲审清浊之声也,愈不几矣"(《奸劫弑臣》),官员的正当行为换来的只是让人心寒的结果,所以官员们不敢清白以至于不愿清白。① 针对这样的问题,韩非子提出"赏誉同轨,非诛俱行"(《八经》)的观点,实际上提出了道德观念变革的问题。② 韩非子以为,必须用"非诛"这硬的一手来压制和消解人性中恶的因子,使人在步入恶行的过程中产生畏惧退缩的感觉,并逐渐积淀成与恶绝缘的思想意识,使之固定为人行为选择的思维模式而内在地镶嵌在人的大脑里;同时用"赏誉"这软的一手来引导人选择为善,将道德意愿切实转化为道德行为。③ 实质上,韩非子已经深刻地认识到,要想提高整个社会的道德水平,不仅需要社会舆论的正面引导与消极批判,更需要将道德行为与实际利益挂上钩,毕竟大多数人都是趋利避

---

① 宋洪兵:《循法成德:韩非子真精神的当代诠释》,第120页。
② 钱逊:《韩非的道德思想》,《清华大学学报(哲学社会科学版)》,1987年第1期。
③ 许建良:《韩非的"刑德"世界图式》,《苏州科技学院学报(社会科学版)》,2007年第4期。

害的。如此，韩非子正义思想的道德兼容性已然明确。

二 韩非子正义思想的局限性

作为一种理论，韩非子的正义思想在逻辑上是完满自洽的。然而从实践的角度来看，它又不可避免地存在一些局限，主要体现在残酷性、压迫性与理想性等三个方面。

1. 残酷性

韩非子在古代已经背负了刻薄寡恩的名声。司马谈首先将先秦诸子分为六家，认为韩非子及法家诸子"不别亲疏，不殊贵贱，一断于法，则亲亲尊尊之恩绝矣"（《史记·太史公自序》）；司马迁将老子与韩非子合传，指出韩非子的思想"原于道德之意"而"极惨礉少恩"（《史记·老子韩非列传》）；班固站在儒家正统的角度，指责法家思想"残害至亲，伤恩薄厚"（《汉书·艺文志》）；唐代的魏徵与班固的观点如出一辙，认为法家"杜哀矜，绝仁爱，欲以威劫为化，残忍为治，乃至伤恩害亲"；宋代的苏轼甚至对韩非子进行人身攻击，说韩非子"敢为残忍而无疑"；[①] 延至清代，纪昀主编的《四库全书总目提要·子部法家类》仍然坚持前人的看法："观于商鞅、韩非诸家，可以知刻薄寡恩之非。"人们对韩非子思想的这些评论，究其实，是重血缘、分亲疏、序尊卑的传统中国社会对这种现代色彩极强的理论的不接受、不适应。[②] 韩非子在这样的社会中提倡将伦理道德从政治中排除出去，强调"法律面前人人平等"，反对因人而异的礼制，自然会遭到严厉批评。具有戏剧性的是，使韩非子在古代社会受到批判的原因正是他在现代社会受到高度认可的原因。因此，韩

[①] 魏徵的言论见《隋书·经籍志》，苏轼的言论见《韩非论》。张觉：《韩非子校疏》，附录之《韩非及〈韩非子〉研究资料辑录》。
[②] 谢红星：《法家"刻薄寡恩"笃论——从"刻薄寡恩"看法家的治理理论》，《法律史评论》，2016年（总第9卷）。

非子的刻薄寡恩并不是残酷。

韩非子及法家的另一"罪名"是提倡酷刑。韩非子确实强调严刑峻法，希望通过轻罪重罚达到"以刑去刑"的目的。但人们一看到重刑、严刑，立即联想到酷刑、滥刑，想到"民不畏死，奈何以死惧之"（《老子》第七十四章）。每次看似仅偏离了一点，但到最后离开韩非子的本意已经万里之遥了。这实际上是有意无意地将严刑惩罚的对象从罪犯偷换成了普通百姓。于是乎，韩非子的思想被联想与推论代替，被认定为提倡对无辜人民的残酷镇压。然而，韩非子曾反复说明，重刑的作用在于预防犯罪，而且刑罚所针对的是罪犯而非无辜之人："重一奸之罪而止境内之邪"，"重罚者，盗贼也；而悼惧者，良民也"（《六反》）。韩非子从未说过刑罚可以滥施无辜，反而告诫统治者，"杀戮不辜者，可亡也"（《亡征》）。韩非子的重刑论，根植于他对人性的深刻认识。人是趋利避害的，如果犯罪的成本低，得利却丰厚，人们难免会铤而走险，从而导致社会的失控。所以要用重刑，使人们在犯罪之前就认识到违法的得不偿失："所谓重刑者，奸之所利者细，而上之所加焉者大也。民不以小利蒙大罪，故奸必止者也。"（《六反》）只要人类社会还无法根除违法犯罪行为，刑罚就是必不可少的手段。如果惩罚罪犯也不可以，那么"报复的正义"将不复存在，人类社会将退回到霍布斯所说的"自然状态"，秩序和正义都将成为空话。理论上虽然如此，但重刑论确实有可能在实践中滑入滥刑伤民的深渊，这一点前贤论之甚详，也毋庸讳言。

韩非子正义思想的残酷性还表现在他所倡导的自由竞争可能带来的残酷后果。首先需要说明的是自由竞争问题。自由并不是无原则地随心所欲，而是在规则制约下的行为自由，如闻一多所说"带着镣铐跳舞"。即使是现代所谓的自由社会，亦无法离开规则的束缚，甚至可以说"无规则即无自由"。韩非子认为，只有国家建立起了明确而正义的规则，人人都真心地服从与信仰规则，人们才能真正得到自由。韩非子反复强调，"民不犯法，则上亦不行刑"（《解老》），"不引绳之外，不推绳之内；不急法之外，不缓法之内"（《大体》），即是说国家对于人们的正常生活不能横加干涉，但对违法行为则必知必罚。换句话说，人们只要不违法，就拥有行动的自由。不仅如此，法还鼓励人们通过为国家建功立业来获得功名利禄："明主之为官职爵禄也，所以进贤材劝有功也。"（《八奸》）国家以官职爵禄为条件，换取人们的智慧勇力，所谓"主卖官爵，臣卖智力"（《外储说右下》）是也。这就在无形中引入了竞争机制，并且人们不论出身，都可以自由平等地参与到竞争中来。竞争一方面打破了贵族政治以出身论英雄的旧机制，为出身较低之人开辟了一条向上流动的通衢，无疑对增进社会的公平与正义发挥了良性作用。另一方面，既然是竞争，必然有成功有失败。我们不得不注意到，韩非子对竞争的描述，侧重于成功者能够得到高官厚禄，而讳言失败者的遭遇。更有甚者，韩非子以为那些失败者乃是自身懒惰奢侈的结果，"与人相若也，无饥馑、疾疢、祸罪之殃独以贫穷者，非侈则堕也。侈而堕者贫，而力而俭者富"（《显学》）。在这种观念的指引下，他反对向富人征收赋税以救济穷人，认为这是"夺力俭而与侈堕也"（《显学》），会造成不良的后果。虽然韩非子也曾说过"论其税赋以均贫富"（《六反》）这样的话，似乎有意在二次分配领域进行社会正义建设，但秦王在大饥之时，拒绝开放五苑让饥民取食的故事给人的印象则更为震撼。韩非子具有这样冷酷的思想不足为奇。他继承并发展了老子的道论，而道具有"以百姓为刍狗"的"不仁"特点（《老子》第五章）。韩非子不过是将道和法的无情、客观与中立发挥到了极致而已。近代资本主义兴起之初，亦极力倡言人人自由，平等竞争。但貌似正义的自由竞争，其结果不过是财富与权力的垄断，社会正义因此遭到严重戕害。人的出身不同，天赋能力不同，所受教育不同，使得人的起点极不平等。在不平等的人之间奢谈自由平等的竞争，无疑是一种极大的讽刺。解决之道，在于自由竞争的同时必须确保失败者能够得到最低的生活保障，不至于饥寒无告。这也是正义之托底原则的必要性所在。当然，这是对韩非子的苛求，但我们必须认识到无论古代还是现代自由竞争所具有的两面性。

2. 压迫性

压迫性主要是基于国家与个人的关系而言的。从自由主义的观点来看，个人是目的，国家的建立是为了保障个人的生存与发展，保护个人的私有财产权。因此政府的权力应该尽可能地小，以发挥基本的功能为限。若超出这个限度，就被怀疑是对个人权利的侵犯。这是近代以来西方社会的传统：小政府、大社会。从国家主义的角度来看，个人不能离开国家独自生存，他必须仰赖国家为他提供基本的保障。因此，必须将国家利益置于首位。事实上，在以国家为基本竞争单位的时代，国家的强大与否，直接关系到每个人的切身利益。

国家由一个个的个人组成，没有个人就没有国家，但个人的存在也需要国家为他提供安全、秩序与发展的基本保障。如此说来，国家与个人是互为工具、互为目的的。如果为了国家利益而过度地以个人为工具，就是国家对个人的压迫。从这种意义上说，韩非子思想的压迫性显而易见。① 韩非子极言耕战以富国强兵，因为在他看来，只有耕战才能为国家带来真正的财富与成功，"博习辩智如孔、墨，孔、

---

① 韩非子将国家置于个人之上，乃至于将个人工具化，也许并不是有意识的。正如宋洪兵指出的，先秦法家的国家学说认为，国家存在的理由首先在于恢复秩序，维护民众的正当利益，消除各种损害民众利益的不良现象。国家行动的目标和限度则在于天下之"公共利益"。如果认可宋洪兵的观点，那么是否可以认为，韩非子的此种做法，其理论动机还是为了通过国家来造福个人？宋洪兵：《法家的富强理论及其思想遗产》，《社会科学战线》，2018 年第 10 期。

墨不耕耨，则国何得焉？修孝寡欲如曾、史，曾、史不战攻，则国何利焉？"（《八说》）在这种思想的指引下，耕战以外的一切活动均遭到限制与打压。实际上，从事工商业、修习文学等能够为个人带来比耕战更大的利益，而且所冒的风险也小得多。这一点韩非子也是承认的："为匹夫计者，莫如修行义而习文学。行义修则见信，见信则受事；文学习则为明师，为明师则显荣：此匹夫之美也"（《五蠹》）；商贾则"聚敛倍农而致尊过耕战之士"（《五蠹》）。人的本性是趋利避害的，韩非子也认为立法治国应该顺从人的自然情性，因此，国家似乎就不应该限制人们从事比耕战更安全、利润更丰厚的工商业。但事实上，在战乱纷争，国家存亡之际，富国强兵乃是第一要义，此时必须以国家的强制力来控制人们得利的渠道，将民众束缚在耕战上。民众在耕战中虽然也能得到一些利益的满足，但难免沦为国家的工具。对此郭沫若的论述十分典型，他说："韩非所需要的人只有三种，一种是牛马，一种是豺狼，还有一种是猎犬。牛马以耕稼，豺狼以战阵，猎犬以告奸，如此而已。"①

人们不仅无法根据自己的意志与特点自由选择职业，还要忍受告奸制造出来的恐怖。告奸制发端于墨子的尚同，制度化于商鞅在秦国的变法实践，理论化于韩非子的思想。韩非子的正义思想以君主为中心，君主是正义实现的主要承担者。但君主如何以一人之身而治理天下？韩非子给出的解决之道是"使天下不得不为己视，天下不得不为己听"（《奸劫弑臣》），具体做法就是告奸连坐，"设告相坐而责其实，连什伍而同其罪"（《定法》）。不仅老百姓要编成什伍，互相连坐，官员的平级之间、上下级之间也必须连坐告奸，"贱德义贵，下必坐上"（《八说》）。这种措施可以使君主得以全面了解国内情况，

---

① 郭沫若：《十批判书》，第400页。

"发奸之密"(《制分》),让人们不敢为非作歹,具有一定的正面价值。即使是在现代,隐匿犯罪的行为仍然会受到法律的制裁。但这种做法的负面效应也不容忽视,最主要的是让人们之间失去最起码的信任,人人自危的同时以怀疑畏惧的心理窥测他人。毕竟,人不仅是政治动物和经济动物,还是伦理动物,人需要亲人与朋友,需要亲密的感情。如果人们不能从自己最亲近的父母、子女、配偶那里获得信任感和保护,那么这个社会也实在冷漠无情到了极点。

告奸制生动地展现出国家强制力对个人的几乎是无限度的监视,君主或国家希望借此达到恫吓、干预、控制的规训目的。然而,韩非子之规训的最终目的并不是要戕害人性,压制自由,而是将其作为达到理想盛世的必要手段。如果我们结合韩非子的人论来看,会发现这里有一个正反合的辩证发展结构。马克思曾经说,人的根本就是人本身。① 所谓的人本身就是人之为人的本质。对于韩非子而言,他对人之本质的认识远绍墨子,直接源于荀子,并受到商鞅等早期法家思想的深刻影响。② 韩非子通过对社会现实和历史的深刻考察,以人的外显行为为依据,得出人的自然本性就是自为自利、趋利避害的结论,并且认为这就是人的一般本质。基于这样的本质,如果没有社会规范的制约或者规范混乱、无效,那么人们的自然本性就会肆无忌惮地表现出来。这或许就是为什么儒家无论对人性抱有何种价值判断,都没有放松对人之自私性的警惕,力求以道德修养、礼义来逐渐教化人性的根本原因。与儒家一样,韩非子也要求对自然人性进行否定性的改造,所不同的是他选择了硬性的规训而非柔性的教化。如前所述,规训要对人的肉体进行严密监视和控制;以法为标准,用赏罚二柄来强

---

① [德]马克思著,中共中央马克思恩格斯列宁斯大林著作编译局译:《黑格尔法哲学批判》,北京:人民出版社,1963年,导言,第9页。
② 刘家和:《战国时期的性恶说》,见刘家和:《史学、经学与思想:在世界史背景下对于中国古代历史文化的思考》。

制性地引导、塑造人的行为方式。然而，规训也好，教化也罢，这种对自然人性的否定并不是最终目的，其最终目的乃是让人们能够将规则内化于心，使得人们浑然不觉规则的存在："安国之法，若饥而食，寒而衣，不令而自然也。"（《安危》）这是"从心所欲不逾矩"（《论语·为政》）的自由境界。自由意味着规训被否定，失去了其存在的必要性，从而在一个新的高度上实现了人的自然本性。简而言之，规训是对自然人性的否定，而自由是对规训的否定。否定之否定所达到的这种自由实际上是对自然人性和规训的扬弃，是规训与自然人性这两个对立面辩证发展的结果。"自然人性－规训－自由"的正反合结构使得韩非子的正义思想具有了辩证发展的理性精神。不过，在达致"自由"境界之前，压迫仍然是存在的。

3. 理想性

理想性或称为空想性，指某种思想在实践中表现出的不适应性，是从实践效果出发来衡量思想。虽然思想自有其自身的价值，不一定非要实践来证明，但对中国古代的思想家而言，他们的兴趣并不在于构建理论，而是始终关注政治实践。① 韩非子尤其注重现实，他对儒家德化政治的批判即着眼于实践上的不可能、不可行。德化的实现主要借助于圣王的崇高道德，而圣人的出现可遇不可求，其概率可说是"千世而一出"。况且即使圣人出现了，又如何保障他一定能获得最高的统治权呢？韩非子对儒家的批判不可谓不深刻，但他自己又何尝不是如此呢？韩非子认为法是治理国家的制度，制度的确立必须与时代和国家的具体情况相适应，因此只有见微知著，洞悉社会发展大势的圣人才能立法定制。这样的圣人，其出现的概率与获得统治权的机

---

① 卢梭在《社会契约论》的开篇说，如果他是一个君主或立法者，就不会在这里写关于政治的书了，而是去做该做的事情。[法]卢梭著，李平沤译：《社会契约论》，第1页。这似乎在暗示卢梭希望能够从事实际的政治事务，而对自己的思想家身份并不那么满意。这与中国古代士人以"得君行道"为最高理想不无相通之处。

会丝毫不会高于儒家的道德圣王。从这一点来说，韩非子的思想与儒家思想并没有本质的区别，都具有理想的色彩。但韩非子比儒家更高明的地方在于，他不是将所有希望都寄托在圣人身上，而是明确地认识到在现实中多的是"上不及尧、舜，而下亦不为桀、纣"(《难势》)的中主。因此，韩非子以中主治国为考虑的重点。他认为圣人立法之后，后世的君主只需要"抱法处势"(《难势》)，坚持按制度办事，就能保证国家的正常运转，不会出现大的问题。这样表面上看是降低了对君主道德与才能的要求，实质上"韩子所谓中主，就其论法术诸端察之，殆亦为具有非常才智之人。身居至高之位，手握无上之权，而能明烛群奸，操纵百吏，不耽嗜好，不阿亲幸，不动声色，不挠议论，不出好恶，不昧利害。如此之君主，二千余年之中，求其近似者寥寥无多，屈指可数。其难能可贵殆不亚于尧舜"。① 平常的中主亦演变成难得的圣人，其所谓的现实性大打折扣。不仅如此，韩非子思想浓厚的理想色彩注定了在政治实践中并不依照其内在的理论逻辑展开，而是难逃被政治势力利用和操纵的命运。② 最明显的就是韩非子设计的"术"，其理论动机是保障法能够得到顺利有效的实施，重点在防范重臣，③ 且对君主本身的修养有较高的要求，但实际上君主们往往忽略自身的修养与法的标准，滥用权术。韩非子的严刑峻法与什伍连坐本为预防犯罪，惩治罪犯，在实践中也容易演化为暴政伤害民众。

　　秦朝二世而亡，其速亡的原因十分复杂，人见人殊。但不可否认的是，秦朝实行的法治确实与中国的传统社会不相适应。众所周知，

---

① 萧公权：《中国政治思想史》，第157页。
② 宋洪兵：《先秦法家政治正当性的理论建构》，《北京师范大学学报（社会科学版）》，2017年第6期。
③ 鉴于法不能有效约束重臣，韩非子提出"术防重臣"作为加强秩序的手段。戴木茅：《法治臣民、术防重臣——韩非术观论析》，《政治思想史》，2017年第4期。

韩非子的正义思想
——兼与柏拉图的正义思想比较

两千多年以来的中国都是一个讲究血缘伦理和尊卑亲疏的社会，费孝通称之为"差序格局的乡土社会"。在这样的社会中，一切普遍的标准并不发生作用，一定要问清了，对象是谁，和自己是什么关系之后，才能决定拿出什么标准来。① 而法治则要求一视同仁，不论是谁，都以普遍的、共同的法作为标准。这样一种现代色彩较强的、超越时代、背离传统的思想理论必然要与社会脱节，也注定了法家以及韩非子的理论具有理想性，不能在后世的思想竞争中赢过儒家。② 不过吊诡之处在于，在传统社会不合时宜的韩非子的正义思想，随历史变迁，在现代社会反而成了优势。近代以来中国社会受到西方的强力冲击，震荡之后的人们蓦然发现，韩非子等法家诸子那么早就提出了与近代西方观念和实践颇为相似的政治想象。也正是因此，备受冷落的法家思想一时间有复兴之势。③ 事实上，对现代中国的法治建设来说，相对于"水土不服"的西方政治制度与理念，韩非子的正义思想因为根植于民族文化，以及其所具有的现代性，能够与现代社会更好地对接，使之成为异常宝贵的本土思想与历史资源。

总之，韩非子的正义思想是一种规训正义，具有现代性、适时性、因循性、功利性、塑造性与道德兼容性等特点，以及残酷性、压迫性和理想性等局限。韩非子的思想基本符合正义的利国利民原则、

---

① 费孝通：《乡土中国》，上海：华东师范大学出版社，2017年，第29、37页。
② 于树贵也指出，法家的价值观与其所依存的社会基础之间难以整合。中国传统社会以家庭、家族为生产单位的小农经济，无法真正与宗法血缘主义道德相分离。一旦国家摆脱了"战争体制"，那么国家主义道德的社会基础便发生动摇，更何况在传统的生产力水平上，国家也无力维持法治社会的庞大成本。于树贵：《法家伦理思想的独特内涵》，《哲学研究》，2009年第11期。
③ 晚清特别是甲午战争之后的时局，包括社会政治的危机、西学的东渐以及整个诸子学的兴盛，使得法家受到不少人士前所未有的重视。由此，晚清形成了一股重估法家价值以及对法家给予正面评价的强劲潮流，从而让法家学说迎来了渐次复兴的空前盛况。程燎原：《法家的解放——以〈劝学篇〉引发的论争为中心》，《法学论坛》，2015年第3期。

公平原则、守法原则、平等原则、自由原则和所有权原则。利国利民是韩非子正义思想的宗旨，是他判断历史与现实中人物及其行为的标准。君主和统治集团通过为人民谋福利来换取人们的服从，这不仅符合利国利民原则，亦符合公平原则。公平原则还体现在以才能、功绩为标准的选官和奖惩制度。既然选官主要以才能为标准，不再局限于贵族而向广大的士人开放，这就意味着自由平等的竞争。平等原则更多地体现在法的公开性与普遍适用性。自由原则除体现为自由竞争外，还表现在人们只要不触碰法的底线，国家一般不会干涉人们的生活。① 当然，这种自由的实现还有待于规训的完成，在规训阶段人们的肉体和生活实际上受到极大的控制。守法原则始终贯穿于韩非子的正义思想中，无论君主、官吏还是民众都不能例外。所有权原则体现在韩非子对人们追求合法利益的鼓励与保护方面。

韩非子的正义思想还充分体现出正义的哲学、历史、人性、政治、道德等属性。韩非子对人们进行规训的目的在于保住道德底线并逐步拉高道德水平，体现出道德属性；法、术、势作为政治制度，体现出正义的政治属性；韩非子对人性的深入剖析和对人性的因顺利用，体现出人性属性；韩非子秉持"世异则事异"的历史观，体现出历史属性；道理论在韩非子正义思想中所起到的决定性作用，体现出哲学属性。② 如果将这些属性综合起来看，可以揭示出韩非子正义思想的基本结构是：道理－正义－制度（法术势）。正义以道理为根本依据，制度（法术势）设计以正义为指导性原则和目的。不过，无论是道理、正义还是制度，都无法离开人尤其是圣人的作用。换言之，没有圣人，正义就难以实现。

---

① 原来韩非子的思想总与"极权主义"联系起来，而与"自由"无缘。然而，韩非子虽非现代意义上的自由主义者，但他的核心思想对于建立一个自由社会却有着重要的启示。温带维：《韩非思想与自由社会》，《哲学与文化》，2006年第6期。
② 韩非子正义思想的历史属性、人性属性和哲学属性将在本书第三章中展开论述。

第三章　韩非子正义思想的理论基础

　　韩非子的正义思想体现出了正义的历史属性、人性属性和哲学属性。这三者实质上就是韩非子的历史观、人情论和道理论，是韩非子正义思想的理论基础，其中道理论是最深层的基础。韩非子秉持变常统一的历史观，无论是正义制度抑或社会流行的正义观念，都必须随着历史阶段的不同而适时转换。韩非子认为人是自为自利且趋利避害的，人情的表现具有历史阶段性。所以，要实现正义必须充分考虑当时的人情，适当满足人们对利益的追求。道理论是韩非子正义思想的深层根据。韩非子的道理论强调变常统一，重视情实，具有"只真不善"的彻底本体化特点。由于道理的艰深，只有少数圣人才能体道，再在体道的基础上根据正义来立法定制。这预设了圣人在正义实现过程中的决定性作用。此外，法、术、势的正义制度设计虽然是历史发展的必然要求，但法、术、势的根本依据却是道理。

第一节　历史观

　　中国历史的发展具有世所罕见的连续性。自古以来，先人们就十分重视历史，重视从历史中总结经验教训，由此形成了源远流长的史学传统。先秦诸子在他们著书立说和思想论战的活动中，大量征引历史来证成自己的观点，批驳别人的谬误。① 在这方面，韩非子十分突出。刘勰称"韩非著博喻之富"，② 指的就是《韩非子》一书中大量运用历史故事和民间传说来论证自己的论点，有代表性的如《说林》上下篇，六篇《储说》和《喻老》等。许多珍贵的史料和有趣的民间故事也借此保存下来，成为后人研究先秦历史的重要参考资料。但是，这些材料中所渗透的韩非子之历史观却并没有成为一个问题引起人们的注意。直到近代，随着西方进化论和进化史观传入中国，人们才开始意识到这一问题，进而对《韩非子·五蠹》提出的"上古竞于道德，中世逐于智谋，当今争于气力"的论述展开了广泛而深入的探讨。有的学者认为这是典型的进化史观，如胡适认为"韩非极相信历史进化"。③ 谷方亦认为"韩非把人类社会的历史看作一个不断向前进化的发展过程"。④ 然而，并不是所有学者都认同进化史观的看法，张子侠就对此提出了质疑。他认为韩非子对人类社会历史发展过程的认识相当深刻，也是非常复杂的。韩非子的历史观不能简单地说是进化论，而是一种变易史观。⑤ 判断历史发展的过程是进化还是倒退，首先需要明确标准。例如春秋战国时代，如果从生产力的角度来看，自然是进步的；如果从政治的角度来看，天下大乱恐怕不能称之为进步，但在混乱中又孕育着一种新的更加进步的制度；如果从道德的角度来看，与传说中唐虞三代的盛世相比，毫无疑问是退化得不成样子了。标准的转变必然引起结论的变化甚至针锋相对；同时，

---

① 在很多先秦诸子的论述中，历史起了非常重要的作用。诉诸历史不仅仅是出自共享文化的方便，还因为先圣先贤的言行会给引用者提供权威与规范性。白彤东：《韩非子对古今之变的论说》，《复旦学报（社会科学版）》，2020年第5期。
② 见刘勰的《文心雕龙·诸子》。张觉：《韩非子校疏》，附录之《韩非及〈韩非子〉研究资料辑录》。
③ 胡适：《中国古代哲学史》，第258页。
④ 谷方：《中国历代哲学思想概要（二）》，《编创之友》，1982年第2期。
⑤ 张子侠：《关于韩非历史观的几个问题》，《史学史研究》，1997年第4期。

多角度的观察也有利于我们更好地理解思想家的理论，尤其是其中所蕴含的矛盾。毕竟历史和思想都是复杂的多面体，必须从多个角度进行透视才有可能得出比较全面而深刻的结论。

除历史是否进化的讨论之外，学者们还从唯物唯心的角度展开了研究。苏显信、羊华荣认为韩非子的历史观中有唯物主义思想，也有唯心主义思想，但主导方面是唯物主义的。杨钊则认为韩非子极端轻视人民群众而突出个人的作用，是唯心主义的英雄史观。[①] 唯物唯心之争是西方思想史上的重要论题，由于受到西方以及苏联研究范式的影响，这一问题在中国近现代的思想史研究中也曾经成为热点。事实上，对于中国古代思想家来说，唯物还是唯心并不是那么泾渭分明。在他们那里，根本不存在像西方哲学那样明显的唯物唯心之问题意识；加之天人合一之思想观念的影响，自然理性与历史理性的比附，[②] 都导致了古代思想的混溶性特征。以韩非子为例，如果考虑到他对经济因素的重视，可以认为他的思想是唯物的；如果考虑到他对圣人的极端重视，认为圣人是推动历史发展的主要动力，则可以判定他的思想是唯心的。这些内容毫无疑问都属于韩非子，但如果人们根据自己的需要而剪裁运用，却能得出完全不同的结论。或许正是因为看到了以西方哲学的研究方式和问题来框架中国古代思想的"水土不服"，唯物与唯心之争现在已经逐步淡出了学者们的研究视野。

一 历史分期和历史发展

韩非子对历史的认识丰富而立体，主要包括两方面的内容：历史分期和历史发展。当然，这是我们为了研究的方便而对韩非子思想进

[①] 苏显信、羊华荣：《韩非的唯物主义历史观及其他》，《四川师院学报（社会科学版）》，1979 年第 4 期；杨钊：《韩非的历史观》，《史学史研究》，2000 年第 4 期。

[②] 刘家和：《论历史理性在古代中国的发生》，《史学理论研究》，2003 年第 2 期。

行解析的结果，并不意味着这些问题在韩非子本人的意识中就如此清晰明确。从文本来看，这两个方面实际上是纠缠在一起的，无法截然分开。

从宏观方面来看，韩非子将历史粗略地划分为古与今两个大的时期。《韩非子》一书中多次涉及古今对比，① 他对古今问题的看法可以概括为"古今异俗"(《五蠹》)。

> 古者人寡而相亲，物多而轻利易让，故有揖让而传天下者。然则行揖让、高慈惠而道仁厚，皆推政也。处多事之时，用寡事之器，非智者之备也。当大争之世，而循揖让之轨，非圣人之治也。故治者不乘推车，圣人不行推政也。(《八说》)
>
> 古者丈夫不耕，草木之实足食也；妇人不织，禽兽之皮足衣也。不事力而养足，人民少而财有余，故民不争。是以厚赏不行，重罚不用，而民自治。今人有五子而不为多，子又有五子，大父未死而有二十五孙，是以人民众而货财寡，事力劳而供养薄，故民争。(《五蠹》)

这两段材料说明韩非子注重从经济的角度来考察历史的发展变化。古代的人口较少，相对而言物质资料就比较丰富，人们不用付出

---

① 韩非子的古代圣王与当今统治者的对比（前穷后富）似乎与古代人民与当今人民的对比（前富后穷）相矛盾。事实上，古代人民的"富裕"是"低端"的。"今天"的人民，从绝对意义上讲，可能比古人更富裕。但是因为资源有限，而今天"五色"或者货币的发明使得他们的欲望可以无限膨胀，他们得到的注定比他们所欲求的要少，因此他们处于相对贫穷并因之争夺的状态。就统治者而言，因为古代的财产不能囤积，所以古代统治者的财富，与集中了远超于一般民众的大量财富的今日统治者的财富相比，在相对意义上（相对于各自的人民）和绝对意义上，都相差甚远。古代人民的"富"对比当今人民的"穷"，古代君主的"穷"对比当今统治者的"富"，这两对现象，因此并不矛盾。白彤东：《韩非子对古今之变的论说》，《复旦学报（社会科学版）》，2020第5期。

太大的努力就能得到足够的生活资料,于是崇尚道德,民风淳朴。到了后世,随着人口的急剧增长与物质资料的相对缓慢增长,造成人们对利益的激烈争夺。可见,所谓的"轻利易让",所谓的"竞于道德",不过是源于相对充裕的物质生活,而非源于人性之善。韩非子此处的论述经常被用来与马尔萨斯的人口论进行对比。① 不过,韩非子可能过分夸大了人口增长的速率。在古代的条件下,人口的增长事实上是非常缓慢的。物质资料的缺乏与人们之间的争夺,② 毋宁说是不合理的分配制度造成的。韩非子对此也是有所认识的。他曾多次愤慨地说,努力为国征战的战士,得到的却是"无宅容身,身死田夺"的悲惨下场;而那些"女妹私义之门"反而能"不待次而宦",获得丰厚的赏赐(《诡使》)。

韩非子进行古今对比,其意图更在于强调古今之异,来为其变法改革之思想张本铺路。既然古代的经济条件和人情的表现都与当今截然不同,那么再用古代的方法来治理当今之世,自然扞格不通了。韩非子将那些坚持传统、不肯变法之人,比作守株待兔的愚人,认为他们"不知治乱之情,讇谀多诵先古之书,以乱当世之治"(《奸劫弑臣》)。如此看来,古与今之间存在着紧张关系,对古的否定与改革才能在当今出现治世。然而,韩非子的古今观还有另一方面的内容。与儒家相同,韩非子也把古代设想为盛世,以理想的应然来反观和批判实然,打着复古的旗号以求革新。不过,与儒家将上古三代美化为道德盛世不同,韩非子将古代塑造成法治盛世:"古者世治之民,奉公法,废私术,专意一行,具以待任"(《有度》),"古者先王尽力

---

① 例如,李善明、周成启:《韩非的人口思想与马尔萨斯的"人口论"》,《贵州社会科学》,1981年第1期;韩更生:《韩非与马尔萨斯"两个级数说"的积极意义》,《人口战线》,1994年第2期等。
② 休谟认为,人性是正义的主观条件,而物质资源的缺乏是正义的客观条件。[英]休谟著,关文运译:《人性论》(下册),第536页。

于亲民，加事于明法"（《饰邪》）。如此，当今之世自然成了批判与改造的对象，因为"当今之世，大臣贪重，细民安乱"（《和氏》）。与古代之盛世相比，现实令人遗憾，所以应该以理想为模型，努力在当今再创盛世。

在古今粗略分期的基础上，韩非子又进一步对历史进行了细致划分。在《五蠹》开篇，他将历史分成了四期：上古、中古、近古和当今。上古之世大概相当于原始社会，生产力水平极端低下。人们构木为巢，钻燧取火，所面临的主要是如何在大自然中生存下来的问题。中古之世已经进入文明时代，从文中所提及的历史人物鲧、禹来看，大概相当于夏代。人们面临的主要问题仍然是以洪水为代表的自然灾害。近古之世大概始于夏代末年，终于西周时期。此时主要的问题已经从人与自然的斗争转变为政治问题。当今之世，大致相当于春秋战国时期，即韩非子所生活的时代。他并没有明确指出当今之世的主要问题，但从他的整体思想来看，不外是政治失序、正义缺失。可见，韩非子对历史阶段的划分比较重视每个时代所面临的主要问题，认为问题标志了时代，而不是我们现在惯常采用的生产力、生产关系等标准。同是《五蠹》篇，韩非子又提出了另外一种历史分期方法，"上古竞于道德，中世逐于智谋，当今争于气力"。历史被分为三期：上古、中世与当今，没有了近古这一历史阶段。这种历史三期法在《八说》篇中得到了强调，"古人亟于德，中世逐于智，当今争于力"。[①] 与《五蠹》开篇的历史四期法相比，划分的标准从时代问题变成了每个阶段人们行为的不同表现。不过韩非子是根据什么来确定每个阶段的主要问题与特征的呢？换言之，他对历史进行分期的根据是什么呢？

---

① 值得注意的是，韩非子重点论述了上古之世与当今，而对中古不见具体的讨论。张纯、王晓波：《韩非思想的历史研究》，第93页。

由于史料阙如,我们已经很难确知战国时期的人们对前代历史的了解主要通过什么途径,又达到了什么样的程度。阅读史书与传世经典大概是一条重要的途径。从《尚书·多士》可知,至迟到殷代已经出现了历史类的典籍:"惟殷先人,有册有典,殷革夏命"。殷人的典籍明白无误地记录着商民族战胜夏王朝的历史。但以常情推断,这样的典籍一定相当珍贵神圣,不是任何人都可以看到的。到西周时期,周王朝中央保存着大量典籍,孔子曾赴周问礼。分封出去的诸侯国一般都有自己的史官,负责记录历史,流传至今的《春秋》就是鲁国的编年史。鲁国因周公的缘故,保存了不少图书。晋国的韩宣子出使鲁国,"观书于太史氏,见《易》《象》与《鲁春秋》"(《左传·昭公二年》)。墨子说自己曾见"百国春秋",① 《墨子·明鬼下》曾提到的周之《春秋》、燕之《春秋》、宋之《春秋》、齐之《春秋》等,这些基本上都是各国的史书。孟子周游列国,亦曾见过多国的历史典籍。他说,"晋之《乘》,楚之《梼杌》,鲁之《春秋》,一也"(《孟子·离娄下》)。各国的史书名称或许不同,内容则是大体一致的。目前能够见到的除鲁国《春秋》外,还有西晋时出土的魏国史书《竹书纪年》。② 韩非子身为韩国宗室成员,受过相当良好的教育,能够广泛地阅读国家的藏书以及社会上流传的篇章。典籍篇章之外,代代流传的传说故事中也包含着一定的历史合理内核,尤其是对于尚无文字记录的原始时代与文明初现的时代,人们对它的了解基本上依靠口耳相传的传说故事。在这些故事中,上古时代的原始平等和共产主义精神保存了下来,部落首领的非世袭制也被人们不断地美化,由此形成了三代圣王与黄金盛世的共识。孔子曰:"大哉尧之为君也!

---

① (唐)刘知几撰,(清)浦起龙通释,王煦华整理:《史通通释》,上海:上海古籍出版社,2009年,卷一《六家》。
② 《竹书纪年》不仅仅记录魏国的历史,还包括之前晋国的历史,以及三代、夏商、西周的历史等。

巍巍乎,唯天为大,唯尧则之"(《论语·泰伯》);孟子"言必称尧舜"(《孟子·滕文公上》);《礼记·礼运》称三代为"大同之世";墨子亦推尊三代,"尚欲祖述尧舜禹汤之道"(《墨子·尚贤上》);荀子言"得贤师而事之,则所闻者尧舜禹汤之道也"(《荀子·性恶》);等等。韩非子所说的"上古竞于道德"应该就是基于这种普遍共识。不过韩非子一方面受到社会上流行的三代盛世的影响,承认"古人亟于德";另一方面对之仍有一定的怀疑。他曾在《说疑》中提到舜、禹并非由于禅让而为天子,乃是通过培植党羽,加强实力,进而逼迫前任的方式得到权势。这在《竹书纪年》中有类似的记载,"昔尧德衰,为舜所囚也"。[1] 至于其所说的中古之世以智谋为竞,则并没有交代明显的依据。"当今争于气力"反映的恰恰是战国时期诸侯力征的社会现实,此不需详论。

在韩非子看来,历史具有阶段性,每个阶段具有相对稳定的特点,由此与其他的历史阶段区分开来。这些具有不同特征的历史阶段,使得历史貌似呈断裂式发展。其实,历史在具有阶段性的同时,还具有无可置疑的连续性,因此韩非子的历史观具有横向和纵向两个维度。纵向而言,历史是不断向前发展的,且历史中没有一成不变的东西贯穿始终。"上古之世"的道德、"中世"的智谋和"当今之世"的气力,很难说有什么不变的东西将这三者贯穿起来。如果一定要说历史中有什么不变之常,那就是变。历史永远处于流变之中,虽然人们很难感受到历史缓慢的变化,但正是这些微小变化的不断积累产生了质变,从而造成历史阶段的转化。横向地说,在某一具体的历史阶段,其特征相对稳定,可以看作是这一阶段的"常"。质言之,韩非子秉持变常统一的历史观。历史的发展(变)是绝对(常)

---

[1] 《史记·五帝本纪》"尧崩"正义,(汉)司马迁:《史记》,第31页。

的，但历史有阶段性，在某个具体的历史阶段，发展（变）是缓慢的、不易为人所察知的、潜伏的，因此表现出一种稳定性，也是"常"。当发展（变）积累到一定程度，达到质变的点，于是实现量变到质变的突破（变），进入下一个阶段，再次稳定下来（常）。

针对历史的阶段性，韩非子提出"论世之事，因为之备"（《五蠹》）的主张。他认为，法所代表的国家制度必须适应时代的特点和需要才能真正发挥作用，即"法与时转则治，治与世宜则有功"（《心度》）。不仅制度要随时代而变迁，人们的思想观念也必须随之做出适当的调整。在"争于气力"的"当今之世"，必须"去偃王之仁，息子贡之智，循徐、鲁之力"，这是因为"仁义用于古而不用于今也"（《五蠹》）。这事实上就是韩非子正义思想的适时性。此外，由于每一历史阶段具有相对的稳定性，一旦与之相适宜的制度与意识形态、思想、风俗等确定下来，就势必要保持稳定性而不可轻易改变。韩非子借用《老子》"治大国者若烹小鲜"的说法来说明这一问题。法规定了人们的利害关系，如果"治大国而数变法，则民苦之"（《解老》），人们将无所措其手足。这样，与历史之变常统一的特点相对应，变法与定法之间也形成了张力关系。

韩非子对历史的这种认知与儒家的观念形成了鲜明的对比，而与商鞅派法家的思想颇为接近。孔、孟、荀三子均认为历史中有不变的东西存在，而这不变的东西就是上古三代的圣王之道。孔子虽然说"殷因于夏礼，所损益，可知也；周因于殷礼，所损益，可知也"（《论语·为政》），但他所谓的损益更偏重于具体的礼仪节文而非圣王之道。也正是因为历史中有不变的道，所以"虽百世，可知也"（《论语·为政》）。孟子更为推崇三代圣王，"言必称尧舜"，认为尧舜之道乃是历史发展中的不变之常。任何背离了尧舜之道的时代都必然陷于不仁不义的境地，而唯一的救世之方乃是向着尧舜之道的回归。同时，孟子也认为人性是不变的，人性永远是善的。不变的人性支持了不变的尧舜之道，使之能够成为历史之常。荀子反复强调历史中有亘古不变的常存在，①诸如"百王之无变，足以为道贯"（《荀子·天论》），"先王之道也，一人之本也，善善恶恶之应也，治必由之，古今一也"（《荀子·强国》），"以德兼人者王，以力兼人者弱，以富兼人者贫，古今一也"（《荀子·议兵》）等。正是因为历史中有不变的圣王之道，荀子才大力提倡"法后王"，仿效后王"粲然"明确的典章制度（《非相》）。与孟子相似，荀子亦坚持人性不变论，与其历史观相为表里。汉代的董仲舒将这种观念表达得最为典型，他说"道之大原出于天，天不变，道亦不变"（《汉书·董仲舒传》）。正是基于历史中有不变之常道的观念，儒家的历史观可称之为三段论的循环史观，即上古三代的黄金盛世—乱世—盛世再现。

商鞅派法家将历史划分为上世、中世和下世三个各具特点的时期："上世亲亲而爱私，中世上贤而说仁，下世贵贵而尊官。"（《商君书·开塞》）商鞅是在对人类原始状态以及国家形成过程的想象性追述中表明其对历史的认识的。他认为，历史阶段各具特点，历史中没有什么一成不变的东西，"三代不同礼而王，五霸不同法而霸"（《商君书·更法》）。既然如此，政治制度也不能因循守旧，应该与时俱进，"当时而立法，因事而制礼"（《商君书·更法》）。这些认识都被韩非子所接受。与韩非子不同的是，商鞅明确指出了这三个历史阶段虽然特点不同，但具有延续发展的关系。正是"亲亲而爱私"

---

① 童书业指出，荀子的"古今一度"论中有矛盾。荀子之所以提出"古今一度"，是因为当时有人说古今时势不同，不能拿古代的治法来应用于当今。荀子在实质上是承认"今"的（如他提倡"法后王"），但他是个儒者，不能不称道"古"。他想牵古就今，"托古改制"，所以就提出"古今一度"的学说，硬说古今是一样的，"古"之道可以行于"今"，为儒家的传统见解张目。童书业著，童教英增订：《先秦七子思想研究》（增订本），第213页。

的发展导致了"上贤而说仁"的出现；同理，"上贤而说仁"的演变致使国家及君主制度产生，从而"贵贵而尊官"。韩非子对"道德""智谋"与"气力"的发展演变关系则缺乏阐述，给人以历史断裂之感。商鞅派法家之外，韩非子的历史三期论亦受到老子思想的重大影响。刘家和认为，老子将历史划分为道与德、仁与义以及礼的三个阶段，这事实上是韩非子历史三期说的原本。①

那么，韩非子及商鞅派法家的历史观是不是一种进化史观呢？进化史观是从生物学上借来的概念。关于历史是否进化的问题，首先需要确定一个标准。如果以生产力和物质生活水平来考察，那么在韩非子看来，历史确实是进步的。上古之时，即使贵为天子的尧，也只能"饭于土簋，饮于土铏"；舜的食器已经是"削锯修之迹，流漆墨其上"；禹的祭器更为美观，"墨染其外，而朱画其内，缦帛为茵，蒋席颇缘，觞酌有采，而樽俎有饰"（《十过》）。愈到后世，人们的物质生活愈加丰富，这反映了生产力与文明的进步。如果以道德作为标准，那么从"竞于道德"的上古盛世到"争于气力"的大争之世恐怕是在不断地退化。对于韩非子和当时的思想家而言，他们似乎更关注政治秩序与道德状况，而对生产力的进步有所忽视。所以，他们对当今之世的感受更强调其政治混乱与道德沦丧的一面。受其影响，公羊家从据乱世经升平世而到太平世的三世说，常常被人们目为"非常异议可怪之论"。这是因为人们习惯于从政治与道德的角度来看春秋战国时期，而忽视了生产力的进步与文化的进一步扩展。② 由此可见，标准的设立至关重要。但是，历史的复杂性决定了合理标准的设立是很困难的。

---

① 刘家和：《试说〈老子〉之"道"及其中含蕴的历史观》，《南京大学学报（哲学·人文科学·社会科学）》，2014年第4期。
② 刘家和：《史学的悖论与历史的悖论》，见刘家和：《史学、经学与思想：在世界史背景下对于中国古代历史文化的思考》。

从某种意义上说，进化史观认为历史沿着一条直线，经过若干发展阶段，最终到达某种既定的目标，因而具有历史决定论的浓重意味。不过，进化史观也充分表现出了思想家对人的能动性的信心。如果以这种意义的进化史观来考察韩非子的历史观，可以发现，韩非子的历史观，甚至包括儒家诸子的历史观，都是进化史观。在春秋战国这个空前的乱世，人们尤其是士人在对现实极度失望的同时，亦不可思议地对未来充满无限的憧憬与希望。无论是孔、孟、荀还是管、商、韩，都为自己设立了一个伟大的治世目标以及实现目标的具体策略，并宣称只要当时的君主切实严格地实施这一套策略，就必然能够在短时间内拨乱反正，天下太平。孔子曰："苟有用我者，期月而已可也，三年有成"（《论语·子路》），若有人肯践行孔子之道，则最多三年即可见分晓。孟子的信心更为充足，他说"民之憔悴于虐政，未有甚于此时者也。饥者易为食，渴者易为饮"（《孟子·公孙丑上》），如果此时施行仁政，必然事半功倍，收效迅速。荀子认为只要"仁眇天下，义眇天下，威眇天下"的王者在位，就能够"不战而胜，不攻而得，甲兵不劳而天下服"（《荀子·王制》）。韩非子认为只要实行法治，则"朝至暮变，暮至朝变，十日而海内毕矣，奚待期年"（《难一》），理想的法治社会在一年之内就能实现。这自然是夸张的说法，不过却也生动地揭示出他们对理想实现的渴求与强烈的信心。他们对于历史的认识，基本的三段论结构都是相同的，即上古盛世—黑暗现实—光明未来。他们所争论的不过是从黑暗现实通往光明未来应该走哪条路：韩非子认为要从黑暗转变到光明，法治是最明智的选择，而儒家则认为德治、礼治是最佳选择。这也正是司马谈所说的"一致而百虑，同归而殊涂"，不过"有省不省耳"（《史记·太史公自序》）。

既然历史是不断进步的，那么推动历史发展的根本动力是什么呢？从韩非子在《五蠹》开篇对历史的回顾来看，历史发展的主要动力应该是每个时代所面临的重大问题。问题对人类的生存与生活提出了严峻挑战，人们不得不竭尽全力以图应对之策，于是推动历史向前进步。这与汤因比的"挑战-应战"之说颇有相合之处。① 不过，对挑战进行有效回应的不是芸芸众生，而是极少数的英雄人物。上古的有巢氏、燧人氏，中古的鲧、禹，近世的汤、武，无不是时代造就的英雄人物或曰圣贤。他们的成就不仅有效地保障了人类的生存，而且大大地推动了历史的发展。由此，似乎可以认为韩非子持英雄史观的看法。不过，韩非子虽然重视英雄、圣贤这些社会精英在历史中的作用，但同时也没有忽略普罗大众的作用。② 韩非子多次强调，圣贤英雄必须得到广大人民的支持才能建功立业，"虽有尧之智而无众人之助，大功不立"（《观行》），"古之能致功名者，众人助之以力"（《功名》）等。从国家以及君主制度的产生来看，有巢氏、燧人氏之"王天下"，都是因"民人悦之"而拥戴之的结果。③ 即使在国家与君主制度已经比较完善的历史时期，普通民众仍然起着举足轻重的作用，韩非子对此有清醒的认识。国家是由民众组成的，没有民众，何来国家？何来君主？"无地无民，尧、舜不能以王，三代不能以强。"（《饰邪》）而且在战国时代，国家的富强既需要统治者的适时政策，更仰赖于民众的努力耕战："仓廪之所以实者，耕农之本务也……名

---

① 参见汤因比《历史研究》之"挑战和应战"部分。[英]阿诺德·汤因比著，刘北成、郭小凌译：《历史研究》，上海：上海人民出版社，2005年。
② 关于韩非子的民众观，施觉怀指出，韩非子认为民众是愚蠢的、狡猾的，不知好歹又无能为力。韩非子把民众当作国君的耕战工具，他还把民众分为两类，一类是应当反对的，一类是应该表彰的。见施觉怀：《韩非评传》，南京：南京大学出版社，2001年，第九章韩非论民众。
③ 上古之世，人们面临各种自然灾害，圣人乘势解决人们所急迫的现实需求，从而赢得民众信任，最终"使王天下"。宋洪兵：《法家的富强理论及其思想遗产》，《社会科学战线》，2018年第10期。

之所以成，城池之所以广者，战士也。"（《诡使》）因此，民心之向背对统治者是至关重要的："民安而国治"（《有度》），"民怨则国危"（《难一》）。职是之故，圣贤君子必须以"利民"为主要目标，"期于利民而已"（《心度》）。利民不仅是肯定民众对自己正当利益的合法追求，不仅是对其正当利益的有效保障，从根本上说，是要建立政治有序、正义流行的良好社会环境，让人们安居乐业。无论是对时代问题的有效解决，还是上述具体的利民措施，都说明韩非子对圣人的重视主要是对手段的重视，其真正的目的乃在于"利民萌、便众庶"（《问田》）。利民正是韩非子正义思想的宗旨与最高目标。宋洪兵亦认为，韩非子及法家对其政治正当性的论证，强调政治正当性之获得在于洞察人们最为关切的时代主题，并且通过有效的途径与手段来回应人们的关切，最终得到人们发自内心的拥戴，强调"以利服人"。[1] 可以说，韩非子对历史发展动力问题的认识是比较复杂的，一方面，时代问题逼迫人们谋求解决之道，从而推动历史的前进，与"挑战－应战"模式有相似之处；另一方面，英雄或圣人虽然于推动历史、创造历史极为有力，但人民群众也不是被动地跟着走。毋宁说，圣人不过是利民之工具与实现目的之手段。从这种意义上说，韩非子的英雄史观并不是纯粹的英雄史观。

二 历史理性与正义

韩非子历史观中另外值得注意的内容是显著的历史理性。据刘家和的研究，现在常说的历史理性（historical reason），实际包括历史（作为客观过程）的理性（the reason of history）和史学（作为研究过程）的理性（the reason of historiography），简而言之，就是探究历史

---

[1] 宋洪兵：《先秦法家政治正当性的理论建构》，《北京师范大学学报（社会科学版）》，2017年第6期。

过程的所以然或道理和探究历史研究过程的所以然或道理。① 刘勰称《韩非子》"著博喻之富",主要着眼于其中大量的历史内容。正是从历史中,韩非子总结了"得国失国何常以"(《十过》)的经验教训,在对历史人物与事件的评价中寄托了自己的正义思想。虽然诸子皆重视历史,但没有人像韩非子这样有意识地收集、整理与利用历史资料来为自己的理论建设服务。可以毫不夸张地说,韩非子的主要观点均来自历史,有历史经验的强力支撑。法治虽然相对于德治来说是新事物,但在战国时期风起云涌的变法运动中已经显示出了强大的生命力。韩非子对法治的服膺与提倡,是基于"明法者强,慢法者弱"(《饰邪》)的历史经验。术治虽然饱受诟病,但君主之术实实在在是从历史上君臣斗争的惨祸中总结出来的经验教训,主要目的不在于让君主借以压迫臣民,而在于稳定政治局势,减少甚至避免动乱的发生。《内储说上》主要谈"七术",任何一条都有丰富的历史事实作为支撑。势治的提出,君主地位与赏罚之二柄的强调,更是从历史上的多次政变中得出的教训,"昔者纣之亡,周之卑,皆从诸侯之博大也;晋之分也,齐之夺也,皆以群臣之太富也"(《爱臣》),"田常徒用德而简公弑,子罕徒用刑而宋君劫"(《二柄》)。

《韩非子》书中还涉及对诸多历史人物与事件的评价,从这些评价中我们可以很清楚地看到韩非子的思想倾向。如前所述,韩非子虽然出于论证的需要在不同的语境中会对同一事件、人物做出不同的评价,但其根本的评价标准则是统一的,那就是是否利国利民,有时甚至滑入庸俗功利主义的泥淖。韩非子在《说疑》篇集中评价了历史上的一些著名人物,并将他们分为亡国之臣、不令之民、霸王之佐、谄谀之臣等六类。值得注意的是,一些历来受到好评的人物却遭到了

---

① 刘家和:《论历史理性在古代中国的发生》,《史学理论研究》,2003 年第 2 期。

韩非子的非议。如务光、伯夷、叔齐等人，在韩非子看来并不是什么值得称颂的贤人君子。他认为这样的人"见利不喜，上虽厚赏，无以劝之；临难不恐，上虽严刑，无以威之"（《说疑》），先古的圣王都不能任之为臣，后世的君主更没有可能任用他们了。不为君主所用，即使有再大的才能、再高尚的道德，于国于民又有何利？如此一来，士人参政不仅是权利更是无所逃于天地间的义务了。萧公权在论荀子与孔子、孟子思想之差别时曾言，"孔子和孟子在政治生活之外，还有个人独立之道德生活。荀子则在政治生活之外，不复有私人道德生活之余地"。[①] 韩非子将荀子的此种思想进一步申明，强调个人所负之绝对的政治义务。这种思想发展到极端，不仅否定独立的道德生活，亦否定独立的学术研究活动，加之功利主义的影响，使得韩非子居然以耕战为唯一标准来衡量一切人："博习辩智如孔、墨，孔、墨不耕耨，则国何得焉？修孝寡欲如曾、史，曾、史不战攻，则国何利焉？"（《八说》）耕战固然能够直接迅速地给国家带来利益，但从长远来看，学术活动与人们的道德修习对社会进步产生的影响亦不可轻视。再如关龙逄、王子比干等人，历来被认为是极言直谏的忠臣楷模。然而，在韩非子看来，这些人实际上深深地冒犯了君主的尊严，"言听事行，则如师徒之势；一言而不听，一事而不行，则陵其主以语，待之以其身"（《说疑》）。这样的大臣，先古的圣王都无法忍受，何况当今之主？韩非子的此种言论，容易被认为是对君主权力的绝对维护。加之韩非子在《忠孝》篇中又对儒家宣扬的圣王大加挞伐，说"汤、武自以为义而弑其君长"。这不啻是对"汤武革命"的根本否定。[②] 在坚持秩序优先的韩非子看来，君主代表着社会秩

---

① 萧公权：《中国政治思想史》，第70—71页。
② 先秦儒家虽有"言必尧舜"，但其实际是主张"文武之道"。尧、舜是"公天下"的古代明主，文、武是"私天下"的宗法封建。尧、舜与文、武之间不是没有矛盾的，儒家的学说也不是没有破绽的。张纯、王晓波：《韩非思想的历史研究》，第28页。

序，任何冒犯君主权威的行为均不可取。即使真的是君为暴而臣为圣，权力的更迭（弑君）能够造成实质正义的结果，仍然不足取。从历史事实来看，不少图谋篡权的逆臣贼子正是打着极言直谏的旗号而行弑杀之实。前例一开，后世自然仿效，其负面影响难以估量。《韩非子·难一》篇有言，当晋平公感叹"莫乐为人君，惟其言而莫之违"的时候，乐师师旷毫不客气地用手中的琴去攻击晋平公。当晋平公的左右建议惩罚师旷时，晋平公却说"释之，以为寡人戒"。韩非子对晋平公和师旷的行为都不满，认为"平公失君道，师旷失臣礼"，尤其是师旷的行为绝对不可提倡，否则会导致"奸臣袭极谏而饰弑君之道"的灾难性后果。韩非子对秩序的重视，与战国时期天下大乱的时代问题直接相关。由此，韩非子及当时的人们对秩序和安定有着异乎寻常的需求与渴望，"福莫久于安"（《大体》）。从此出发，或许就能够理解他对代表秩序之君主的维护。这种维护并不是单纯的愚忠，并不是置民众于暴君之魔掌下而不顾，而是希望借助那些"不惮乱主暗上之患祸，而必思以齐民萌之资利"（《问田》）的仁智之士来最大限度地减少暴君所带来的痛苦，甚至能在暴君在位的情况下实现变法图强以救世的目的。①

总之，韩非子秉持变常统一的历史观。历史阶段不同，所表现出的时代特征具有明显的差异，但在某个具体的历史阶段，时代特征又具有一定的稳定性。历史就在变与常的辩证统一中螺旋式地演进。从某种意义来看，韩非子的历史观属于进化史观。在历史发展动力问题上，韩非子的认识比较复杂，他一方面强调时代问题的推动作用，一方面强调圣贤英雄的推动作用，同时亦重视民众的巨大作用。韩非子对历史的重视与大量运用，显示出鲜明的历史理性精神。他的主要观

---

① 宋洪兵：《孟子与韩非的"伊尹悖论"》，《诸子学刊》第十二辑。

点几乎都来自历史,都有历史经验教训的强力支撑。他对诸多历史事件与人物从"利国利民"的角度进行了评价,结论深刻有力,发人深思,透露出其基本的思想倾向。

韩非子的历史观与其正义思想存在着密切的关系。历史发展是有阶段性的,每个阶段有各自的主题,不能错乱。无论是正义制度抑或社会流行的正义观念,都必须随着历史阶段的不同而适时转换。战国的时代主题是"争于气力",因此只能实施法治,法治就是战国时代实现正义的手段。在某个特定的历史阶段,如果已经确立了与之相适应的制度与意识形态,就必须维护其稳定性。这样,在变法与定法的张力之间求得的动态平衡,才能最大限度地保障政治秩序的稳定与正义的实现。他对历史事件与人物进行评价时坚持的"利国利民"标准,更是其正义思想的宗旨所在。

第二节 人情论①

政治关乎人的治理,因此必须探讨人的本质,即人性问题。战国时期的思想家们对人性问题展开了热烈的讨论,提出了几乎所有的可能性。孟子倡言人性善,告子则认为人性无善无恶,② 世硕以为人性有善有恶(《论衡·本性》),荀子力主人性恶。韩非子作为荀子的高

---

① 关于韩非子对人的论述,近年的一些研究者使用了"人情"这一概念,如王晓波:《"凡治天下必因人情"——先秦人性论与韩非的政治思想》,《国学学刊》,2019 年第 1 期;王威威:《"理"、"势"、"人情"与"自然"——韩非子的"自然"观念考察》,《晋阳学刊》,2019 年第 2 期;王宏强:《韩非"人情论"新探》,《史学月刊》,2017 年第 11 期;周四丁:《论韩非"因人情而治"的管理方略》,《学术论坛》,2015 年第 1 期;宋洪兵:《韩非"法通人情"论探析——解读韩非的治乱思想》,《社会科学战线》,2003 年第 6 期等。事实上,人情论比人性论更符合韩非子的思想,与《韩非子》的文本亦更加贴合。
② 据《孟子·告子上》记载,告子曰:"人性之无分于善不善也。"

足，先秦诸子的殿军，面对前贤对人性问题的论争，他会提出什么样的主张呢？有人认为韩非子和他的老师荀子一样，是性恶论者。如冯友兰认为，"法家多以为人之性恶。韩非为荀子弟子，对于此点，尤有明显之主张"。① 韩非子持性恶说的观点在学界曾一度流行，目前的拥护者也不在少数。如果细读相关论述，不难发现儒家思想的背景与影响。问题在于，若要对人性之善恶做出判断，首先必须明确标准。标准不同，结论自然不同。标准的选择难免受主观成见的影响，无法做到完全的合理公正。然而，如果以儒家之仁义道德为标准来判断韩非子的思想，那么性恶说似乎是必然的结论。标准问题之外，性恶说还面临一个棘手的问题，即从《韩非子》的文本中无法找到直接的证据，所谓的性恶不过是有意识地推论所得的结果。

针对以上问题，有一些学者指出韩非子对人性只有事实描述，并未做出善恶判断。张申认为韩非子和荀子的人性论有原则区别，韩非子的人性论既不是性恶论，也不是性善论，而是无善无恶的自然人性论。② 张申的观点影响很大，与性恶说几乎形成二选一的局面。即使有一些看似新颖的观点，如"自为"人性论（自利人性论）、二元结构论以及人性三类型说等，③ 事实上都是在张申观点基础上的进一步

---

① 冯友兰：《中国哲学史》（上），第187页。童书业的观点与冯友兰相同。童书业说，韩非子的人性论正是继承并发展了荀子的性恶论，使性恶论为自己的法治主义服务。童书业著，童教英增订：《先秦七子思想研究》（增订本），第229页。
② 张申：《韩非是性恶论者吗？》，《吉林师大学报》，1979年第3期。
③ 赵如河认为韩非子不是性恶论者，而是持"自为"人性论，且追求新的伦理价值。赵如河：《韩非不是性恶论者》，《湖南师范大学社会科学学报》，1993年第4期。韩孟英明确提出韩非子的人性论是自利人性论。韩孟英：《论韩非所处的时代及自利人性论》，《河北大学学报（哲学社会科学版）》，1994年4期。宋洪兵认为韩非子的人性论是由"圣人"之聪明睿智之性、虚静无为之心与"众人"之好利之性、欲利之心共同构成的二元结构。宋洪兵：《善如何可能？圣人如何可能？——韩非子的人性论及内圣外王思想》，《哲学研究》，2019年第4期。詹康指出，韩非子所论的人类行为可以分为三个类型，即自己至上的放肆利己观、在礼法规范下求利的审慎利己观、追求美善与利他的高贵利己观。詹康：《韩非论人新说》，《政治与社会哲学评论》，2008年9月第26期。

发挥。上述观点避免了以儒家为标准进行研究所带来的弊端，相比性恶说具有明显的解释优势，更贴近韩非子思想的实质。尤其是后两种观点，大致将韩非子所论及的各种人性表现都囊括在内了。但是，韩非子为什么拒绝对人性之善恶做出判断呢？韩东育认为，"好利恶害"的人情是客观自然的而非想定自然的，是后天的反应而非先天的预设，所以很少见到法家往人情身上贴"善"或"恶"一类的价值标签。① 刘亮亦注意到了这一问题，他认为韩非子主要以人行为的效果作为考察角度，加之评价标准不一，因此无法为人性善恶提供一致的答案，只能停留在具体问题具体分析的层面。② 或许韩非子强烈的政治实用主义使得他认为，人性善恶并不影响政治家对政策的制定，只要了解人性的普遍表现并善加利用、诱导即可。

目前看来，对韩非子人性论的研究基本不出这两种观点的范围。这两种观点实际上都在试图回答同一个问题，即沿着孟子、荀子的思路，对韩非子的人性论做出性善性恶的道德判断，并在此基础上研究其政治思想的基本倾向。然而，人的问题并非如此简单。首先，人性与人情应该明确地划分开来，分别考察。从性恶说观点的论证来看，不少论者实际上是将人情当作了人性。而詹康的三分法将人性与人情混合在了一起，宋洪兵的观点实质上是分离了人所具有的精神性与生物性，将这两者分别给予了圣人与普通人。此外，人性与人情之间的关系还有待进一步地澄清。

一　人情论的内容与特点

韩非子对人的探讨，如果称之为人情论似乎比人性论更符合其理

---

① 韩东育：《徂徕学与日本早期近代化的思想启蒙》，《历史研究》，2002 年第 5 期。
② 刘亮：《〈韩非子〉为何不评价人性善恶?》，《中国社会科学院研究生院学报》，2015 年第 5 期。

论构想。从词源来看,"性"是"生"的孳乳字,"生"字在甲骨文中已经出现,象草木生出地上之形。①《说文解字》云:"生,进也。象草木生出土上,凡生之属皆从生。"②"姓""性"等都是从生之字,是"生"字的各种义项分离分化的结果。性,《说文解字》曰:"性,人之阳气,性善者也。从心,生声。"③许慎对"性"字的释义明显受到阴阳五行思想与孟子性善论的影响,并非"性"之原义。事实上,据徐复观的研究,"性"之原义是指人生而即有的欲望与能力等。欲望与能力乃生而即有,且具备于人的生命之中;在生命之中,人自觉有此种作用,非由后起,于是即称此生而即有的作用为性。到春秋时代才开始出现作"本质、本性"解的新义。④"性"字的原义与春秋时期的新义,分别对应了人性论研究中的两方面。人们由于在讨论人性时择取了其中的某一方面,致使结论有明显的差异。关于人之本质方面,人们虽然有不同的看法,但在价值判断上大概都不会反对人相比于其他动物的绝对优越性。关于人的本能方面,人们虽然承认欲望是人生而既有的,是生存所必不可少的,但在价值判断上则对垒分明。

情,《说文解字》曰:"人之阴气有欲者。从心,青声。"这很明显不是"情"字的原义。段玉裁引董仲舒、《礼记》、《左传》和《孝经》的话来解释"情"字。"情"是人的各种情绪或情感,是人的欲望,性属阳而情属阴。⑤在先秦时期"情"字除上述含义外,常

---

① 徐中舒主编:《甲骨文字典》,第687页。
② (汉)许慎撰;(清)段玉裁注:《说文解字注》,第274页。
③ (汉)许慎撰;(清)段玉裁注:《说文解字注》,第502页。
④ 徐复观:《中国人性论史·先秦篇》,北京:九州出版社,2013年,第6—7页、53—54页。
⑤ (汉)许慎撰,(清)段玉裁注:《说文解字注》,第502页。

用的还有"实际情况"的意义。① 如"小大之狱，虽不能察，必以情"(《左传·庄公十年》)，"声闻过情，君子耻之"(《孟子·离娄下》)，"上之为政，得下之情则治，不得下之情则乱"(《墨子·尚同下》)等。《韩非子》中多有此种用法，如"虚则知实之情，静则知动者正"(《主道》)，"群臣之情不效"(《二柄》)等。因此，人情即指人之实际情况，② 也就是人在社会生活中实际表现出来的行为与基本倾向性。

韩非子对人情的观察可谓入木三分，陈深在《韩子迂评序》中曾感叹道："今读其书，上下数千年，古今事变，奸臣世主，隐微伏匿，下至委巷穷闾，妇女婴儿，人情曲折，不啻隔垣而洞五脏。"③上自帝王将相，下至贩夫走卒，无论历史还是现实，都在韩非子的观察范围以内。韩非子作为关注现实，功利性较强的政治思想家，对人性问题的注目之点不是人的本质。他虽然看到了人性的本能方面，并做了深入的观察分析，但无意在价值上对此做出善恶判断。韩非子研究人的目的，在于能够借此确知最大多数的人在社会生活中的实际情况，找到普遍性，试图以之作为政治的出发点。正是在这种意义上我们称韩非子的人性论为人情论。

韩非子认为人情是好利恶害，好逸恶劳的："夫安利者就之，危害者去之，此人之情也"(《奸劫弑臣》)，"好利恶害，夫人之所有

---

① "情"为"实际情况"之意，这一点也得到了出土先秦文献的佐证，而且学者们还细致地研究了"情"的各种义项如情感、欲望和实情等的发展演变及相互关系。见李天虹：《〈性自命出〉与传世先秦文献"情"字解诂》，《中国哲学史》，2001年第3期；丁四新：《论郭店楚简"情"的内涵》，国际儒学联合会、中国孔子基金会、联合国教科文组织：《儒学与当代文明：纪念孔子诞生2555周年国际学术研讨会论文集（卷三）》，2004年等。
② 白彤东亦指出，韩非子强调人是趋利避害的，但他讲的是"人情"，即人之情实。白彤东：《韩非子对儒家批评之重构》，《中国哲学史》，2020年第6期。
③ 张觉：《韩非子校疏》，附录之《韩非子版本考述及其序跋题识辑录》，第1378页。

也"(《难二》),"夫民之性,恶劳而乐佚"(《心度》)。① 好利必然恶害,这实质上是一个问题。人们喜欢并追逐利益,这是由人生而既有的生理欲望决定的,"人无毛羽,不衣则不犯寒。上不属天,而下不著地,以肠胃为根本,不食则不能活。是以不免于欲利之心"(《解老》)。人们基本的生理欲望必须得到满足,否则个人与种族的延续就是不可能的。为了满足生理欲望以及其他欲望,人们不得不追逐利益。人们所追逐的利益,大致有三种:货财金钱、名誉和权力。人们对财货的追求是狭义的逐利之心,对此诸子的认识并不相同。孟子以为统治者既然已经占据了较高的地位与荣誉及其带来的物质利益,就不能再与民争利。"王何必曰利?亦有仁义而已矣"(《孟子·梁惠王上》),统治者应该时时以仁义为念,实施仁政让庶民得利。但仁政的实施既然完全依赖于统治者个人之仁心的推扩,而无制度上的保障,就具有极大的任意性和不确定性。从某种意义上说,仁政是高高在上的统治者对庶民百姓的恩赐,其隐含的内容是仁政所带来的利益并不是百姓应得的,乃是恩赐的结果,故而庶民应对统治者感恩戴德。韩非子对此不以为然,他认为人们对利益的追求是正当的、合理的,因此必须得到制度的保障。人们可以靠主动积极地为国出力(耕战)获得应得的利益,而不必消极地等待统治者的恩赐,"民以力得富,以事致贵,以过受罪,以功致赏,而不念慈惠之赐"(《六反》)。韩非子对个人私利正当性的肯定,具有重大的意义。长久以来,由于受到儒家对逐利的敌视和价值低估,个人私利的正当性无法成立,人们即使在追求自己的正当合法利益时也有一种心理上的不安感。

---

① 魏义霞甚至认为韩非子对人性的根本观点就是"夫民之性,恶劳而乐佚"。见魏义霞:《"夫民之性,恶劳而乐佚"——韩非人性论辨正》,《西南民族大学学报(人文社会科学版)》,2012年第7期。

由人们的逐利之心，遂使得人人自为自利，而人与人的关系必然成为利害关系。人们所做的大多数事情，即使是那些看起来颇具道德感的事情，从动机上来说都是为了一己私利："故王良爱马，越王勾践爱人，为战与驰。医善吮人之伤，含人之血，非骨肉之亲也，利所加也。故舆人成舆，则欲人之富贵；匠人成棺，则欲人之夭死也。非舆人仁而匠人贼也，人不贵，则舆不售；人不死，则棺不买。情非憎人也，利在人之死也。"（《备内》）匠人为了卖棺材而希望人们夭死（仅是希望而没有去杀人），自然不是什么光彩的心理，但韩非子并不认为这样的人情在道德上就是恶的，因为并不是所有的行为都可以做出非善即恶的道德评价。比如商业行为，就以利润为目的，只要不违背基本的规则，谈不上什么道德不道德。如果说上述关系涉及的是陌生人，还可以径直地揭露其间利害关系的实质，那么韩非子将至亲骨肉之间也描写成赤裸裸的利害关系则遭到了千夫所指，更有人因为韩非子揭露了社会上的丑恶而认为韩非子人品恶劣。韩非子说，"人为婴儿也，父母养之简，子长而怨。子盛壮成人，其供养薄，父母怒而诮之。子父至亲也，而或谯或怨者，皆挟相为而不周于为己也"（《外储说左上》）。父母与子女之间因为都怀有一颗自利之心，都希望对方多为自己付出而导致关系的紧张。不仅如此，人们还出于利害的计算而杀害女婴，[1] 统治阶级的夫妻父子兄弟之间为争夺权力而无所不用其极。[2] 这些材料常被用来论证韩非子持性恶论的观点。但仔细研究即可发现，父母子女之间因物质利益而引发的冲突以及父母杀害女婴的行为，所表明的不是人性之恶而是社会之恶，社会对女性的歧视以及底层人民生活的困苦才是真正的原因。这也提醒我们，人类

---

[1] 《韩非子·六反》篇："且父母之于子也，产男则相贺，产女则杀之。"
[2] 《韩非子·备内》篇："万乘之主，千乘之君，后妃夫人、適子为太子者，或有欲其君之蚤死者。"

生活中的罪恶并不仅仅有人性这一个来源,还有制度、思想文化、风俗习惯等多种原因。因此,不能基于韩非子揭露了社会上的罪恶而认定其为性恶论者。值得深思的是,荀子认为人之性恶,且有针对性地提出了礼法等措施来"化性起伪",矫人之恶。如果韩非子亦认为是人性之恶造成了这些罪恶,他为什么没有提出针对人性的改造措施却汲汲于改造社会制度呢?这是否说明,在他看来,罪恶的根源并非仅仅在于人性,而更应该归咎于外在的社会经济与政治环境呢?统治阶级尤其是王室成员之间因争权夺利而自相残杀的惨案在历史上虽不绝于书,但相对于人类普遍的家庭情况而言,这仍然是一种特例。常态的家庭关系应该是以亲情为主,父母子女互相关爱。韩非子也反复强调这一点,他说"人之情莫不爱其子"(《十过》),"子母之性,爱也"(《八说》),"人之情性莫先于父母"(《五蠹》)等。亲人之间的关系,不仅有温情脉脉的一面,也有刀光剑影的一面,只看到其中的任何一面都是不够的。毋宁说,亲人之间的关系如同一根由利益与亲情绞缠而成的绳索,决定哪一面会占主导地位的因素是复杂多变的。

人"皆挟自为心也"(《外储说左上》),那么会不会因此而导致人们之间的争夺呢?这要一分为二地来看。一方面,人的自私自利确实导致了诸多罪恶行径。当权的重臣为了一己私利,会阻止法术之士得到君主的任用;没落的贵族为了维护自己的利益,不惜残酷迫害改革家;普通官员为了在官场中生存下去,进而得到实际的利益,宁愿依附权贵重臣,贪赃枉法;等等。韩非子引黄帝之言,曰"上下一日百战"(《扬权》)。因为臣主之利不同,所以官员结党营私,以图谋更大的权力;君主则极力提防,甚至压迫官员。如此,君臣之间的关系必然极度紧张。另一方面,人不仅与禽兽一样有欲望,有自利、争夺之心,还有理智计算之心。理智让人们清醒地认识到,要想最大限度地满足自己的欲望必须首先或同时满足别人的欲望与利益关切,这就使人们之间的合作互利成为可能，成为常态化的行为方式。换句话说，人要切实满足自己的欲望，实现自己的利益，离不开别人的合作与协助，因而人们有可能在自利的基础上通过互利合作的方式达成双赢。那些认为人对自己利益的追求一定会导致互相争夺之恶果的人们，实际上是将人完全降到了与主要靠本能生活的禽兽相同的水平。韩非子十分重视人们的合作，他说"以利之为心，则越人易和；以害之为心，则父子离且怨"（《外储说左上》），庸客与主人的协作就是一个最好的例子。自利之心能否导致争夺与邪恶，在很大程度上取决于社会环境。如果需要能够通过善意的合作得到满足，人并不反对像天使一般行善，而一切使人向善的文明之物，才能充分发挥其效用；如果需要只能通过侵略和掠夺得到满足，人也绝不介意像魔鬼一般作恶，而那些教人及逼人向善的文明之物，在此情形下能发挥多少效用是很难保证的。① 韩非子正是深刻地认识到了社会环境对人类行为的影响，才要努力创设一个正义的社会以避免出现此类的恶："救群生之乱，去天下之祸，使强不陵弱，众不暴寡，耆老得遂，幼孤得长，边境不侵，君臣相亲，父子相保，而无死亡系虏之患。"（《奸劫弑臣》）

人在追逐物质利益的同时，亦追求名誉。韩非子说，"民之重名与其重赏也均"（《八经》）。对于某些人来说，名声甚至比物质利益更重要，"民之急名也，甚其求利也"（《诡使》）。为了名誉，甚至不惜牺牲生命，"名之所彰士死之"（《外储说左上》）。人们对名誉的追求是一种更高尚的追求，是一种更高层次的欲望。从马斯洛的需要层次理论来看，低层次的需要满足之后人们才会去追求更高层次的满足。对金钱的追逐属于较低层次的需要，而对名誉的追求则属于较高层次的需要。但是，从根本上说，人们之所以追求名誉，很大程度

---

① 谢红星：《法家"刻薄寡恩"笃论——从"刻薄寡恩"看法家的治理理论》，《法律史评论》，2016年（总第9卷）。

上是因为它能够带来更为丰厚的物质利益。尤其是在中国古代，政治是分配社会资源的决定性力量，名誉可以带来权力，权力可以带来物质利益。历史上不乏名声卓著之人被君主贵臣延请而享有高官厚禄之事。中牟的中章、胥己两人以名声被举荐为中大夫，致使"中牟之人弃其田耘、卖宅圃而随文学者，邑之半"（《外储说左上》）。这些卖宅圃的人所真正追求的不是中章和胥己的文学修养，而是由名声所带来的官职爵禄。宋国崇门之巷人为父母服丧而甚为衰弱，由此得到国君的任用，"明年，人之所以毁死者岁十余人"（《内储说上》）。韩非子似乎想要表明，人们并不是真心孝敬父母，而是想借此赢得名声以及名声带来的实实在在的物质利益。如果说人对名誉的重视是希望借此迂回曲折地获取权力，那么人对权力还有赤裸裸的追求。在韩非子看来，那些言谈者和纵横之党无非就是希望凭借一次成功的游说活动获取高官厚禄；重臣和奸邪之人结成党羽，他们唯一的目的就是攫取更大的权力，以至于君权而后止；贵族尤其是王室成员为争夺最高权力拼得你死我活；君主为维护自己的地位也是绞尽脑汁，不敢信任自己的家人和亲属。

可以看出，韩非子对人情的认识集中在利益问题上，而政治与利益有着密不可分的关系，古今中外皆然。如果将政治看作利益（包括安全、尊重、收入等可望获取的价值①）的分配机制，大概不会错。那么作为政治思想家的韩非子必然从利益的角度来讨论人的问题。这可以看作韩非子人情论的第一个特点：政治性。韩非子的人情论可以说是在历史经验与社会观察的基础上经过归纳总结出来的。从理论上讲，归纳所得的结论很可能不是纯粹的真理，不能范围住所有的事例，如"黑天鹅"事件所揭示的那样。但是，对政治治理来讲，

---

① 参见 ［美］哈罗德·D. 拉斯韦尔著，杨昌裕译：《政治学：谁得到什么？何时和如何得到？》，第3页。

只要能适应大多数情况即可,并不绝对需要百分之百的真理。对于人与生俱来的欲望,以及由此导致的趋利避害的行为取向,任何人都不能否认,也不可能取消。儒家对欲望和人的求利动机采取了道德上怀疑和政治上防范的态度,因此极力要人们尤其是统治阶级节欲,见利思义。韩非子则认为可以充分利用人的欲望来达到富国强兵、国民皆富的目的。

韩非子的人情论还具有历史阶段性的特点。韩非子以为,人情不是固定不变的,而是会随着历史阶段的不同而有所变化。他说,"古者丈夫不耕,草木之实足食也;妇人不织,禽兽之皮足衣也。不事力而养足,人民少而财有余,故民不争。是以厚赏不行,重罚不用,而民自治。今人有五子不为多,子又有五子,大父未死而有二十五孙。是以人民众而货财寡,事力劳而供养薄,故民争,虽倍赏累罚而不免于乱"(《五蠹》)。古代的人们因为货财有余而不争不夺、轻利易让,甚至连天子之位都可以让给别人;当代的人们因为生齿日繁,货财相对不足,而导致残酷的生存斗争。"古者黔首悗密蠢愚,故可以虚名取也。今民儇訬智慧,欲自用,不听上"(《忠孝》),古代的人们朴实到了愚蠢的程度,因此可以用道德的虚名来哄骗;当代的人则狡猾聪慧,不再愿意听从在上者的摆布。这与商鞅的有关论述几乎如出一辙,显示出韩非子对商鞅思想的借鉴吸收。《商君书·开塞》言,"古之民朴以厚,今之民巧以伪",对古代的朴实厚重之民,德治能收到较好的效果;对当今的虚伪巧诈之民,则必须运用严刑峻法才可收效。可见,人情是会变的,而且似乎呈现了智力上的进步和道德上的退化。如果比较不同历史阶段的人情,能够发现比较明显的变化,表现出非连续性或曰断裂性。事实上,韩非子的人情论具有横向和纵向两种维度。横向地说,人情表现为当代社会中多数人的较为稳定的行为趋势,这是对前一阶段之人情继承与发展的结果,并构成下一阶段人情状况的前提。纵向地说，人情与历史一样有一个连续发展（量变）直到产生质变的过程。量变表现为某个特定阶段的大致稳定的人情；质变则意味着阶段的转换与人情的改变，并由此开启新的量变过程。横向与纵向两个维度的结合构成了韩非子人情论的基本结构，是变常统一的。当然，韩非子对当代的人情给予了更多的注意。由此，历史观与人情论有机地结合成了一个整体。换言之，韩非子没有对人性做抽象论证，而是转入历史领域，试图在社会发展的客观环境中认识人的本质。他的人性论虽貌似环境论，但他既不承认先天道德，也不承认后天道德，只强调环境不同，人性的表现不同，如此而已。①

韩非子的人情论大致如此。他从人在历史和现实的诸多表现中总结归纳出了人情是好利自为、趋利避害的。这种人情虽然也有少数例外，如不为赏劝的太上士、不为刑禁的太下士，②但对于政治治理来讲已经具有了足够的普遍性，可以成为其出发点。韩非子没有对人情做出善恶的抽象道德判断，大概是因为他关注的是政治而非道德，这也充分说明了他对人的探讨为何以利益为主要视角。他的人情论具有鲜明的政治性和历史阶段性，是变常统一的。这种人情论并非空穴来风，而是有着深厚的理论渊源。

二 人情论的理论渊源

韩非子的人情论远绍墨子，直接源于荀子，并受到商鞅等早期法家思想的深刻影响。③墨子在对人类原始状态的描述中表达了自己对

---

① 蒋重跃：《韩非子的政治思想》，第 129、134 页。
② 《韩非子·忠孝》篇："天下太上之士，不可以赏劝也；天下太之士，不可以刑禁也。"
③ 刘家和：《战国时期的性恶说》，见刘家和：《史学、经学与思想：在世界史背景下对于中国古代历史文化的思考》。

人情人性的看法。他说,"古者民始生,未有刑政之时,盖其语人异义。是以一人则一义,二人则二义,十人则十义。其人兹众,其所谓义者亦兹众。是以人是其义,以非人之义,故交相非也。是以内者父子兄弟作怨恶,离散不能相和合;天下之百姓皆以水火毒药相亏害,至有余力不能以相劳,腐朽余财不以相分,隐匿良道不以相教。天下之乱,至若禽兽然"(《墨子·尚同上》)。墨子认为,在初民社会没有国家之时,人们分别从自己的利益出发,相互争夺攻击,甚至于亲人骨肉之间也互相损害,与禽兽几乎没有区别。人们之间的争夺似乎是因为没有领导者将他们结为一个共同体而引起的,到后世虽然产生了国家制度,人情的表现却依然让人失望。尤其是在墨子生活的春秋战国之际,政治失序,正义缺失。普通人从"入人园圃,窃其桃李""攘人犬豕鸡豚"的小恶,到"杀不辜人也,扡其衣裘,取戈剑"的大恶,再到统治者为争城夺地而发动的死伤惨重的大规模不义战争(《墨子·非攻上》),都让墨子痛心疾首。从某种道德的角度来看,这样的人情表现自然不是善的,但墨子并未明言人之性恶。对人的恶行,当时的政治制度和传统思想无能为力,因此必须运用新思想、新制度。为此墨子提出了"兼爱""非攻"的口号,并求助于"天志"的震慑作用,希图建立起"尚同"的制度,其目的都是为了统一天下之义,让人们之间不再有纷争和冲突。为了达到"尚同"的目的,墨子要求人们对身边之人的善恶之举都要秘密报告给上级,这到了商鞅手中就成为什伍连坐的告奸制。墨子的上述应对之策基本上是以外在的制度规范来约束人可能会有的不良表现。与墨子相同,韩非子对人情的认识也主要是基于其自为之心以及由此引起的对利益、名誉和权力的追逐,且没有对之做出善恶的评价。此外,他们都重视外在制度对人情的规范作用。韩非子与墨子的不同之处在于,他并没有否定这种人情,而是承认并且强调政治治理必须充分考虑到人们对私利的需求，保障人们的合理利益，进而在赏罚的引导下通过规训逐步提高社会的整体道德水平。在墨子的叙述中，无论是"未有刑政"的初民社会还是国家机器业已发展的晚周时期，人情的表现都是一致的，都是为了一己私利而不惜为恶。然而在韩非子看来，人情有历史阶段性，不同的历史阶段人情的表现不尽相同。这就与墨子的人性不变论拉开了相当的距离，而与商鞅派法家的观点有了一致之处。

商鞅派法家的代表作是《商君书》。由于《商君书》本身并非一人一时所作，故其内容存在一些前后不一致之处。《商君书·开塞》篇也描述了人类的原始状态："天地设而民生之。当此之时也，民知其母而不知其父，其道亲亲而爱私。亲亲则别，爱私则险。民众，而以别险为务，则民乱。当此时也，民务胜而力征，务胜则争，力征则讼，讼而无正，则莫得其性也。故贤者立中正，设无私，而民说仁。当此时也，亲亲废，上贤立矣。凡仁者以爱为务，而贤者以相出为道。民众而无制，久而相出为道，则有乱。故圣人承之，作为土地、货财、男女之分。分定而无制，不可，故立禁；禁立而莫之司，不可，故立官；官设而莫之一，不可，故立君。既立君，则上贤废而贵贵立矣。然则上世亲亲而爱私，中世上贤而说仁，下世贵贵而尊官。"初民社会，人们只知道爱自己的亲属，追逐私利，因而导致混乱纷争。后贤者出来整顿一番，人们知道了"说仁""上贤"。但贤者本身就是竞争的产物，时间长了又导致混乱。上贤既然不可，于是立君立长来禁民为非。人性的表现在不同的历史阶段表面上看是不同的，但其实都是由人性之自私自利而引发的争夺行为。如果说《开塞》篇对人性的认识并不明确，那么《算地》篇所说的"民之生：度而取长，称而取重，权而索利"，"民之性：饥而求食，劳而求佚，苦则索乐，辱则求荣，此民之情也"，则明白无误地告诉我们，人性倾向于最大限度地追求自己的利益满足，而且从其表述中没有时间限定来看，无论古今皆是如此。同是《开塞》篇，还有这样的言论："古之民朴以厚，今之民巧以伪"，这就明确地说明了人性是有变化的，而非一成不变的。人性逐利以及随历史阶段而变化的观点为韩非子所继承。针对这样的人情状况，刘家和认为商君提出的对治方法是"以恶制恶"和"以愚治恶"，即用重刑和愚民来限制人性之恶。韩非子在这一点上与商鞅相同，且有具体的成套措施（法、术、势）来落实，不仅将性恶论而且将对治性恶的措施也发展到了极端程度。① 从现代的角度来看，愚民政策自然是不可取的，但商鞅、韩非子并非要人民完全无知无识，而是要求他们最起码对国家的基本法令有比较清楚的了解，以规范自己的行为，维护合法权利。② 当然，事实上能否做到很可以打一个问号，不过其理论动机确实如此。而且愚民政策或许与古代不发达的生产力和教育状况是相适应的，即使从理论层面赞同大众教育，恐怕也不过流于空谈。儒家历来被认为重视教化，但其对民众的教化恐怕也不是什么智识教育，而更侧重于伦理道德的灌输。此外，从正义的公平原则来看，对犯罪分子进行惩罚乃是天经地义的。不如此不足以平民愤，不如此不足以彰显社会正义。刑也好，重刑也好，所针对的仅是犯罪分子而非普通民众，不宜将重刑的对象偷换为民众，并在此意义上说重刑是恶，"重刑伤民"。如果对罪犯，尤其是那些严重危害社会的罪犯心慈手软，那么受到伤害的恰恰是无辜的良民，正如韩非子所言，"夫惜草茅者耗禾穗，惠盗贼者伤良民。今缓刑罚，行宽惠，是利奸邪而害善人也"（《难二》）。

荀子是中国思想史上第一个明确提出人性恶的思想家。《荀子·性

---

① 刘家和：《战国时期的性恶说》，见刘家和：《史学、经学与思想：在世界史背景下对于中国古代历史文化的思考》。
② 《商君书·定分》篇所设计的"法官"制度，主要在于向民众也包括官吏宣传国家的法令政策，以达到人人知法人人守法的效果。韩非子受商鞅的影响，亦强调法的公开性，反复提到"法者，编著之图籍，设之于官府，而布之于百姓者也"（《韩非子·难三》）。

恶》云："人之性恶，其善者伪也。人之性，生而有好利焉，顺是，故争夺生而辞让亡焉；生而有疾恶焉，顺是，故残贼生而忠信亡焉；生而有耳目之欲，有好声色焉，顺是，故淫乱生而礼义文理亡焉。"荀子认为，人生而既有的欲望与求利之心并不是恶的，但若不加以节制，任其发展，则会造成严重的后果，这才是恶的。因此，圣人必须"起礼义，制法度"（《荀子·性恶》）来矫正人性之恶，使人们在礼义的范围内求得欲望的适当满足。荀子对人们合理欲望的肯定被韩非子所继承。但圣人也是人，他如何能够克服自己本性中的"恶"呢？为此，荀子提出了心的概念，认为心能够做出选择，决定是否让欲望得到满足，以及得到多大程度的满足，"性之好、恶、喜、怒、哀、乐谓之情。情然而心为之择，谓之虑"（《荀子·正名》）。圣人与常人的不同之处在于能够在任何情况下都做出合乎道义的理性抉择，因此能够制礼作乐，化性起伪。荀子对人之性恶所提出的应对之策是"隆礼重法"，礼法结合来共同规范人的行为，最终实现"涂之人可以为禹"（《荀子·性恶》）的道德盛世。荀子提出的心具有认知、计算与选择能力的观点被韩非子所承袭。韩非子认为正是人所具有的理智计算之心使得人们可以在自利动机的支配下选择与他人互利合作的方式来达到自己的目的。而荀子的礼法并举之策略亦被韩非子接受，不过发生了一些具体的变化。首先，韩非子更重视法的作用，认为法是社会政治生活中唯一的规则，"令者，言最贵者也；法者，事最适者也。言无二贵，法不两适"（《问辩》），不能容忍礼对政治领域的不适当干涉。其次，礼在韩非子的思想体系中仍然有一席之地。他和荀子一样，强调等级差别，人们应该按照礼制的规定，根据自己的实际政治地位享受相应的待遇而不可僭越，亦不可过于俭约。[①] 君臣之间尤其界限分

[①] 《韩非子·外储说左下》："臣以卑俭为行，则爵不足以观赏；宠光无节，则臣下侵逼。"

明。从维护政治秩序稳定的角度来看，即使桀纣为君，汤武为臣，也不可推翻暴君，否则就是违反了"孝悌忠顺之道"（《忠孝》）。这在推崇汤武革命之正义性的孟荀看来，绝对是异端。可以说，韩非子身为荀子的高足，对荀子的性恶论思想既有吸收继承的一面，亦有批判改造的一面。

三　人情论与正义

韩非子虽然没有对人性之善恶做出明确的道德判断，但他对人情的认识多注重其阴暗面，显示出明显的"幽暗意识"：对各种事情都在提防，随时准备发觉那无所不在的罪恶。根据张灏的研究，幽暗意识是发自对人性中与生俱来的阴暗面和人类社会中根深蒂固的黑暗势力的正视和警惕。他认为儒家具有明显的幽暗意识，而法家诸子如韩非子属于现实主义。现实主义与幽暗意识的不同之处在于前者于价值上接受人性的阴暗面，并以此为前提去思考政治与社会问题。① 相比于一意复古、空谈仁义的儒家，韩非子确实可以称为现实主义者，但他对人性的阴暗面在价值上并未予以肯定。他之所以将阴暗面赤裸裸地揭露出来，不是为了肯定这些东西，而是为了让人们认清现实，并力求切实的改善之道。此外，张灏所强调的幽暗意识有两个方面：一方面要求正视人性与人世的阴暗面；另一方面本着人的理想性与道德意识，对这阴暗面加以疏导、围堵与制衡，去逐渐改善人类社会。② 韩非子的正义思想基本上符合这两点（当然，不符合也无损于韩非子思想的光芒）。前一方面不用多说；就后一方面而言，韩非子正义思想的理想性和道德兼容性已如前所述，而正义思想的规训本质正是

---

① 张灏著，任锋编校：《转型时代与幽暗意识：张灏自选集》，上海：上海人民出版社，2018年，第43、51、75、63页。"对各种事情都在提防，随时准备发觉那无所不在的罪恶！"出自［英］阿克顿爵士，转引自上书。
② 张灏著，任锋编校：《转型时代与幽暗意识：张灏自选集》，第63页。

基于人情的现实而试图对之进行引导，来达到改善社会的目的。

一般而言，对人性持悲观态度的思想家会更多地借助于外在的制度来规范与约束人的行为，而对人性持乐观态度的思想家则更愿意相信人内在的自我约束。韩非子对人情人性所持的悲观态度，使得韩非子重视以国家强制力为依托的规训，将之作为实现正义的基本途径。韩非子对人的观察集中于人的外显行为，而人情所具有的历史阶段性，使得外部环境对人的行为表现具有重要的决定意义。这就表明，运用外部规则来调节人与人的关系，尤其是利害关系，具有比道德更为强大持久的作用。韩非子正义思想的重要内容就是由法、术、势构成的制度，他希望借由这些制度达成正义的实现。而这些制度无一例外，都是外部规则。外部规则的调节之所以更为有效，是因为韩非子所面对的是一个广土众民的陌生人社会而非前代那种高度同质的血缘小共同体。立法的原则之一就是因人情，"凡治天下，必因人情"（《八经》）。人情好利自为，趋利避害，因此可以用赏罚来规范和引导民众的逐利行为，使之积极参与耕战，在维护国家利益的同时满足自己的私利。人情虽自为自利，却不一定导致争夺，人们完全可以在正义规则的指引下通过互利合作的方式来达到自利的目的。

制度决定了权力的分配，而如果将制度和权力看作中性的事物，那么它们既能够保障正义亦能够摧毁正义。正如《韩非子·难势》篇中的"应慎子"者所言，"夫势者，便治而利乱者也"。如果权势被不肖之人掌握，无异于为虎傅翼，助纣为虐。于是如何保障掌握权力的人们不会以权谋私，将人性中的恶毫无掩饰地透露出来，就成为韩非子及政治思想家们必须考虑的重大理论问题。为解决这个难题，韩非子提出了由圣人来立法定制并执掌权力的理论构想，这实质上与以孔孟荀为代表的儒家学派对圣王的渴望殊途同归。但是圣人也是人，为什么却能够净化权力，使之不为恶呢？这涉及人性二元论。一般而言，先秦时期的人性论大致包括两个方面的内容。一方面是对人之为人的本质的探讨，或者称之为"人禽之辨"。孟子就是在这个意义上认为人之性善。① 他说，"人之所以异于禽兽者几希"（《孟子·离娄下》），而这"几希"之处就是人所具有的仁义礼智四端，并且人能够将之发扬光大。另一方面的内容是人与动物共有的生理欲望，如耳目口鼻之欲、食色之欲以及趋利避害的倾向等，这些乃是生而即有、不学而能的，即本能。对这种意义之人性的讨论亦多见，如告子以为，"生之谓性"（《孟子·告子上》）；荀子认为，"饥而欲食，寒而欲暖，劳而欲息，好利而恶害，是人之所生而有也"（《荀子·非相》）；等等。这种欲望是不能也无法否定的，是人的生存所必需的。事实上，这两个方面同时共存于人性之中，人与人的差别只是这二者所占比例略有不同。正是人性中固有的这两方面，构成了二元人性论的基本根据。人性中所包含的理性、神性等是人之为人的本质，是人特有的精神性；人性中所包含的欲望、本能等是人与动物相同的一面，是人的生物性。中国古人认为人可以通过修德或体道等主观的努力而让精神性彻底控制生物性，成为君子、圣人。这一过程自然是充满艰辛的，成功概率很低，仅少数人能够做到。由生物性的一面，人极有可能受到欲望的控制而让生物性占了上风，做出不道德的甚至罪恶的行为，而这一面恰恰是大多数人的人性在现实中的真实表现。仅认识到人性中的任何一方面都是不够的，无论是针对人格的养成还是政治的治理而言。孟子虽倡言性善，但从他的有关论述中还是可以看到他实际上对人的生物性之现实表现有着清醒的认识。人与禽兽赖以区别的"几希"之处，微乎其微，如果不能善加养护这一点善的种子，就极易被湮没。在孟子看来，人性的"大体"代表天命所赐的

---

① "孟子不是从人身的一切本能而言性善，而只是从异于禽兽的几希处言性善"，见徐复观：《中国人性论史·先秦篇》，第 148 页。

神圣与高贵的一面，"小体"代表兽性的一面。① 孟子强调"养吾浩然之气"（《孟子·公孙丑上》）的修养功夫，正是对人之生物性的警惕和对精神性的悉心养护。荀子肯定人性恶，如前所述，他所说的性恶指的是人无节制的欲望。性恶之外，荀子提出了"心"的概念，实质上对应的即是人性中精神性的一面。他希望借由圣人之强大的精神性来对治普通人的欲望泛滥。这一点正好被韩非子所接受，成为他圣人之治的基本结构。

韩非子所说的趋利避害、自为自利的人情更多指涉的是人性中本能的一面，但这只是一般人的人性，而不是所有人都是如此。在一般人之外，还有极少数的所谓"太上士"与"太下士"，或可称为"上智"与"下愚"。对于体道的圣人来说，他生命中神性的一面已经完全处于支配地位，因此能够保障对权力的合理、正义的运用。② 权力也同时确保了少数圣人能够控制并进而有效转化普通人的外显行为，如果不能彻底改变人性中固有的生物性的话。圣人之立法定制必须以"因顺人情"为主要原则的原因还在于寡不胜众。圣人手中固然握有权力，但要想真正实现自己的意图，必须首先满足大多数人的基本需要与欲望，在"衣食足"的基础上再引导人们知荣辱，在"仓廪实"的前提下再引导人们"知礼节"。这种通过圣人运用合理正义的制度来引导与规范普通人之行为思想的设计恰好对应了韩非子正义思想的规训本质。

关于韩非子的人情论是否为性恶论的争论相信还会继续下去，但无论如何，韩非子的人情论是其正义思想的重要支柱乃是无可置疑的。刘家和认为，正是韩非子的性恶论将内部存在深刻矛盾的法、

---

① 张灏著，任锋编校：《转型时代与幽暗意识：张灏自选集》，第52页。
② 宋洪兵：《善如何可能？圣人如何可能？——韩非子的人性论及内圣外王思想》，《哲学研究》，2019年第4期。

术、势三者整合为一个有机的整体。① 韩非子正义思想的规训本质与人情论有着密不可分的关系；因顺人情是立法的主要原则之一；而圣人之所以能够实现正义，也有赖于圣人之人性内部的精神性对生物性的有效控制。

第三节 道理论②

道理论是韩非子的形而上学思想，是他对万物生成、演化之终极根源、动力与规律的思考，是他所有思想理论的最深层次的根据。可以说，只有理解了韩非子的道理论，才真正掌握了理解韩非子思想的钥匙。道理论主要是韩非子对老子之道德论进行改造所得到的理论成果，③ 同时也批判地吸收了其他思想家的相关理论。司马迁在为韩非子立传时曾精辟地指出，韩非子的思想"原于道德之意"而"归本于黄老"（《史记·老子韩非列传》）。道理论在中国古代道论本体化发展中起到了极其重要的作用。④ 也正是因为道理论，韩非子为法家思想奠定了坚实的哲学基础，当之无愧地成为法家的集大成者。

一 道理论的内容

道与理原本单独使用。作为哲学概念，道在春秋时期已经得到运用，而理被思想家所重视是在战国中后期。《管子》《庄子》《韩非子》等书就用不少篇幅来讨论"理"以及"道"与"理"之间的关

---

① 刘家和：《战国时期的性恶说》，见刘家和：《史学、经学与思想：在世界史背景下对于中国古代历史文化的思考》。
② 蒋重跃最先提出了道理论的说法，见蒋重跃：《韩非子的政治思想》，第157页。
③ 蒋重跃：《韩非子的政治思想》，第157页。
④ 蒋重跃：《战国法家在道论本体化发展中的理论贡献》，《南京大学学报（哲学·人文科学·社会科学）》，2016年第5期。

系。"道"和"理"结合起来作为一个词使用，亦在战国时期出现。《庄子·天下》篇在评论慎到时，说他"泠汰于物，以为道理"；《荀子·修身》篇说"君子……其行道理也勇"。但是，对"道理"的认识最为深刻并且使之成为真正的哲学思想，则是韩非子的理论贡献。《韩非子》中"道理"连言共出现11次，除《难势》和《喻老》篇中各出现1次外，其余9次集中在《解老》篇中。

道，《说文解字》云："所行道也。从辵首。一达谓之道。古文道从首寸。"① 道的本义为人所行走的道路，是泛指。"一达谓之道路"是专指，根据《尔雅·释宫》的说法："一达谓之道路，二达谓之歧旁，三达谓之剧旁，四达谓之衢。"由人所行走之道路，引申出途径、来源、方法等意义。② 道作为哲学概念，大概由老子最先提出，后来被诸子所继承，成为中国思想中最崇高的概念、最基本的原动力，同时亦是最高境界。③

理，《说文解字》云："治玉也，从王里声。"④ "理"字从王，因最初与治玉有关。段玉裁的注对"理"字的解释更为具体详尽。理既然是治玉，那么就有"剖析"之意。郑注《礼记》言"理者，分也"。治玉必须按照玉石的纹理来进行，引申出分辨、分析之意。段玉裁所引戴震在《孟子字义疏证》中的说法对理解韩非子的道理论很有意义："理者，察之而几微，必区以别之名也。是故谓之分理，在物之质曰肌理、曰腠理、曰文理；得其分则有条而不紊，谓之条理。"⑤ 理，作为动词，就是将某物分析到无可分析为止，亦即认

---

① （汉）许慎撰，（清）段玉裁注：《说文解字注》，第75页。
② 蒋重跃：《韩非子的政治思想》，第158页。"道"从道路成为一种抽象原则的具体过程虽然难以追述，但的确是发生了。李申：《老庄哲学中的"道"》，《文史哲》，1981年第2期。
③ 金岳霖：《论道》，第16—17页。
④ （汉）许慎撰，（清）段玉裁注：《说文解字注》，第15页。
⑤ （汉）许慎撰，（清）段玉裁注：《说文解字注》，第15—16页。

识到该事物的特征与本质；作为名词，是某种事物或现象的特征、本质和规律。理在古代还有法的意义，所谓的理官，即是主管法律刑罚的狱官："辩察于辞，清洁于货，习人情，夷吾不如弦商，请立以为大理"（《外储说左下》），"法家者流，盖出于理官。信赏必罚，以辅礼制"（《汉书·艺文志》）。理与法能够勾连起来，是基于自然界之规律与人世间之法则的共通性。

韩非子的道理论比较集中地体现在下面的材料中（下文若再引这些材料，不再注明出处）：

> 道者，万物之所然也，万理之所稽也。理者，成物之文也。道者，万物之所以成也。故曰：道，理之者也。物有理不可以相薄；物有理不可以相薄，故理之为物之制。万物各异理。万物各异理而道尽稽万物之理，故不得不化；不得不化，故无常操；无常操，是以死生气禀焉，万智斟酌焉，万事废兴焉。天得之以高，地得之以藏，维斗得之以成其威，日月得之以恒其光，五常得之以常其位，列星得之以端其行，四时得之以御其变气，轩辕得之以擅四方，赤松得之与天地统，圣人得之以成文章。道，与尧、舜俱智，与接舆俱狂，与桀、纣俱灭，与汤、武俱昌。以为近乎，游于四极；以为远乎，常在吾侧；以为暗乎，其光昭昭；以为明乎，其物冥冥；而功成天地，和化雷霆，宇内之物，恃之以成。凡道之情，不制不形，柔弱随时，与理相应。万物得之以死，得之以生；万事得之以败，得之以成。道譬诸若水，溺者多饮之即死，渴者适饮之即生；譬之若剑戟，愚人以行忿则祸生，圣人以诛暴则福成。故得之以死，得之以生，得之以败，得之以成。（《解老》）
>
> 凡理者，方圆、短长、粗靡、坚脆之分也。故理定而后可得

道也。故定理有存亡，有死生，有盛衰。夫物之一存一亡，乍死乍生，初盛而后衰者，不可谓常。唯夫与天地之剖判也俱生，至天地之消散也不死不衰者谓"常"。而常者，无攸易，无定理。无定理，非在于常所，是以不可道也。（《解老》）

凡物之有形者易裁也，易割也。何以论之？有形，则有短长；有短长，则有小大；有小大，则有方圆；有方圆，则有坚脆；有坚脆，则有轻重；有轻重，则有白黑。短长、大小、方圆、坚脆、轻重、白黑之谓理。理定而物易割也。（《解老》）

道者，万物之始，是非之纪也。（《主道》）

在韩非子看来，道无疑是最高的概念。其一，道是宇宙万物生成的本原，"道者，万物之始"，"道者，万物之所以成也"；其二，道是宇宙万物的最高规律，是决定万物之所以然的那个东西，"道者，万物之所然也"。换言之，道既是终极本原又是最高规律。万物皆依据道而生成演化，道却不依据任何东西，用庄子的话说，道"自本自根"（《庄子·大宗师》）。那么本原与规律是如何统一在一个概念之中的呢？这又何以可能呢？事实上，先秦时期的道论，从老子提出之时，就有"上下两截"：德以下的半截是和物质关联着的，德以上的半截（道）是脱离了物质实体的，因此具有二元论的特点。[①] 下半截的相关论述，如"道生一，一生二，二生三，三生万物"（《老子》第四十二章），说明道生成万物，是终极本原。上半截，如"视之不见名曰夷，听之不闻名曰希，搏之不得名曰微，此三者不可致诘，故混而为一"（《老子》第十四章），道是理性认识，是脱离了物质实体的规律，所以不可得闻见。韩非子的道理论既然来自老子的道论，也

---

① 侯外庐、赵纪彬、杜国庠：《中国思想通史》，第一卷，北京：人民出版社，2011年，第237页。

就继承了这种特点。蒋重跃因此发现,道论内部似乎出现了一道深刻的"裂痕"。要弥补这道"裂痕",必须关照整体,上下两截都要照顾到。生成论恰好能够满足这一需要。生成论认为,道是事物自然而然的发展过程。① 道既然是事物自然的发展过程,那么就不仅包括创生,还包括成长与衰亡等整个过程以及这一过程中的必然规律。这样,生成论不仅弥补了裂痕,而且能够让我们更深入地理解老子及先秦时期的道论,以至整个中国古代的思想。也正因为道是最高概念,所以不可言说,不可定义。因为凡是可以明确言说的词,皆须是一个明确的概念,而明确的概念须有一个本质定义。而本质定义的形成需要由属(genus)概念加种(species)差来确立,可是道本身已经居于最高的属,因此它也就不可能再有种差,就无法定义了、无法言说了。②

道是万物之本原。中国古代的本原观念与古希腊哲学的本体观念有着显著的区别。古希腊人认为,本体与现象对立,现象是虚幻的,而本体是真实的;现象可感可见,而本体是抽象的关于事物本质的理性认识。与此不同,中国古人认为本原与事物并非对立关系,不存在虚幻与真实的差异,而是二者皆真。本原与事物,是本末、源流的关系,犹如大树之根与枝干树叶的关系。在这种意义上,张岱年称道为本根。③ 不过,本原既然是永恒的,就不可能是万物之中的任何一种事物,因为万物皆有限,皆有其生灭。本原只能是某种抽象的、无形无象的东西,这也是老子在说到道的时候,总是用一些恍惚之言来表述的原因。

---

① 蒋重跃:《道的生成属性及其本体化发展——先秦道论初探》,《南京大学学报(哲学·人文科学·社会科学)》,2012年第4期。
② 刘家和:《试说〈老子〉之"道"及其中含蕴的历史观》,《南京大学学报(哲学·人文科学·社会科学)》,2014年第4期。
③ 张岱年:《中国哲学大纲》,第69页。

道是变常统一的。道是永恒存在的，是"常"："与天地之剖判也俱生，至天地之消散也不死不衰者谓'常'。"道虽然与天地共生，但与天地不同，道是不会消散灭亡的，它永恒存在。不过，按照古希腊人的看法，某种事物如果是被生成的，则必然也会"消亡"。[①] 所以，若要永恒存在，只能无生才能无灭。[②] 如此一来，如果天地是被生成的，有其消散衰亡的一天，那么为什么道这种被生成之物却能"不死不衰"呢？换言之，道是如何获得其永恒性的呢？对于这种疑问，或许可以从物质实体与抽象概念的区分来解释。天地是物质性的存在，自然有生成与衰亡；而道却仅是人们在思想中构造出的一种形而上概念，所谓的"道之生"，不过是一种隐喻，或者说是人们不自觉地将概念认作了物质性的存在。直白地说，永恒性的获得显然是一种理论预设而并非有什么一定的共同标准。如果古希腊人和中国古人对永恒性的预设不同，只能说明两种思想的不同，而不能说明任何一种思想的缺陷与错误。当然，这并非古人所考虑的问题，不过是今人所给出的诠释。事实上，不仅韩非子认为被生成的道是永恒的，老子亦作如是观。韩非子的道理论来自老子的道德论，但韩非子所认识的"道"与老子之道仍然有重大的区别。在老子看来，道在天地万物之前已经存在，"有物混成，先天地生，寂兮寥兮，独立不改，周行而不殆，可以为天下母。吾不知其名，强字之曰道，强为之名曰大"（《老子》第二十五章）。道不仅生于天地之前，并且天地万物都是由道所创生的。此外，老子之道更注重对立面的相互依存与转化，强调"反"："有无相生，难易相成，长短相形，高下相倾，音声相和，前后相随"（《老子》第二章），"反者，道之动"（《老子》第四十章）。

[①] "一切有产生的事物必有灭亡"。见［古希腊］柏拉图著，郭斌和、张竹明译：《理想国》，546A-B。
[②] 《老子》第七章："天地所以能长且久者，以其不自生，故能长生"，似乎也有些"无生亦无灭"的意味。

而韩非子的道更强调对立和矛盾，认为对立的双方是"不两立"的："冰炭不同器而久，寒暑不兼时而至，杂反之学不两立而治。"（《显学》）韩非子虽然也看到了祸福之间的相互转化，并且比老子更进一步地指出了转化的条件，但或许是秦统一前夕的历史氛围让他更感受到对立双方的斗争而忽略了其相互依存、转化的一面。

道的永恒性还有另外一面。道永远处于流变之中，变即是常："道尽稽万物之理，故不得不化；不得不化，故无常操"，"常者，无攸易，无定理"。道肩负着生成万物的责任，而万物各不相同，具有不同的特点和规律（理），因此道也必须随物变化，柔软灵活，不能囿于某种固定的形式。正如赵汀阳所言，道不是固定的，是在事物的"万变"中能够与万变同步的"不变"，因此这种不变是动态的同步性。① 这就与古希腊思想中的"永恒"观念拉开了距离。古希腊形而上学思想认为，永恒是不变的，是静态的。

道不仅生成万物，且与万物共存，具有普遍性的特点或曰彻底本体化的特征，即"只真不善"。② 真，是指道代表着真理，意味着宇宙万物的真实本质与规律，属于事实判断。善，是道德判断，意味着道是可欲的，是符合某种道德标准的。当然"不善"并不意味着道就是恶的，而是说道既包含善亦包含恶，还包含非善与非恶，这样道才是一个全体，是大一（The One）。③ 正如韩非子所言，"道无双，故曰一"（《扬权》）。如果道仅是善，那就不再成其为道或一。《韩非子》中最能体现道的此种特点的是下列文字："道，与尧、舜俱智，与接舆俱狂，与桀、纣俱灭，与汤、武俱昌"，"万物得之以死，得之以生；万事得之以败，得之以成"。道既能让尧舜成为圣王，也

---

① 见韩东育与赵汀阳的对谈，见韩东育：《道学的病理》，第301页。
② 蒋重跃：《韩非子的政治思想》，第196页。
③ 刘家和：《试说〈老子〉之"道"及其中含蕴的历史观》，《南京大学学报（哲学·人文科学·社会科学）》，2014年第4期。

能让桀纣成为暴君；万物之生死成败无不体现了道的作用。那么，这样的并非全善的道对于人们还有可欲性吗？有学者指出，如果认为韩非子主张一切坏事或灾祸背后均有道这样彻底的本体论观念，尽管可以保全道的绝对权威性，却无法让人产生"体道"的冲动与动力。所以韩非子的道论蕴含着明显的价值内容，道为纯善，这与老庄的思路是高度吻合的。① 然而，从逻辑学的角度来看，只有兼摄正负两个方面的统一者才是一个全体，是"一"。② 如果道仅包含"善"的一面（且不论什么是善，如何判断善），那就不能称作"一"。这显然与老子、韩非子等人的思想观念是冲突的。老子也好，韩非子也好，都认为道即是"一"。就《庄子》而言，当东郭子问庄子道之所在时，庄子的回答是无所不在，在蝼蚁、在稊稗、在瓦甓、在屎溺（《庄子·知北游》），也看不出道乃纯善的意味。道的全体性或曰彻底本体化特征实质上反映的是道所具有的超道德特质。道的超道德属性，在政治领域的体现就是完全客观中立而显得无情的法。法与礼最大的不同就在于对人之情感的排斥。礼治没有一定之规，需要根据人的不同身份和关系来灵活处置；而法讲究平等，人的感情、身份等级等一概不允许发挥作用。

　　道的彻底本体化特征在老子的思想中还不太显著，但已露端倪。道能够带给人们各种可欲的价值："昔之得一者：天得一以清，地得一以宁，神得一以灵，谷得一以盈，万物得一以生，侯王得一以为天下贞。"（《老子》第三十九章）然而老子贵柔谦下，经常用水来比喻道，认为水处于"众人之所恶"（《老子》第八章），显示出道并不总是那么高贵，这似乎是庄子认为道"在蝼蚁"的先声。最能说明

---

① 宋洪兵：《韩非子道论及其政治构想》，《政法论坛》，2018 年第 3 期。
② 刘家和：《试说〈老子〉之"道"及其中含蕴的历史观》，《南京大学学报（哲学·人文科学·社会科学）》，2014 年第 4 期。

道之普遍性特点的是"道生之,畜之,长之,育之,亭之,毒之,养之,覆之",①道不仅生成万物,而且贯穿于万物发展演变直至衰亡的全过程。而"天地不仁,以万物为刍狗;圣人不仁,以百姓为刍狗"(《老子》第五章),说明道已经摆脱了道德的束缚,向着彻底本体化之"只真不善"的方向发展了。到庄子,则将道的本体化进程大大推进了。庄子一方面继承了老子对道之神奇作用的无限推崇,"狶韦氏得之,以挈天地;伏戏氏得之,以袭气母;维斗得之,终古不忒;日月得之,终古不息;勘坏得之,以袭昆仑;冯夷得之,以游大川;肩吾得之,以处大山;黄帝得之,以登云天;颛顼得之,以处玄宫;禺强得之,立乎北极;西王母得之,坐乎少广,莫知其始,莫知其终;彭祖得之,上及有虞,下及五伯;傅说得之,以相武丁,奄有天下,乘东维、骑箕尾而比于列星"(《庄子·大宗师》),这些话似乎就是对《老子》中"昔之得一者"的极好注脚;另一方面他又揭示出道是无处不在的,与万物共存,在蝼蚁、在稊稗、在瓦甓、在屎溺。不过,庄子只是指出了道之无所不在的普遍性,并没有进一步阐述道的"只真不善"的特点。质言之,没有将"天地不仁"的道之无情的中立客观性或曰超道德特质充分发挥出来。韩非子则在这一方面作了出色的贡献。他反复强调,道本身是没有道德属性的,其作用及结果端赖于人们对它的运用是否合理,"道譬诸若水,溺者多饮之即死,渴者适饮之即生;譬之若剑戟,愚人以行忿则祸生,圣人以诛暴则福成"。这实际上已经涉及主体与客体的区分与相互作用问题。如果将道看作是某种外在于人这个主体的客体,那么,只有主体对道所代表的事物本质与规律的正确认识与合理运用,才能带给人们以可欲的结果。反之,主体如果违反规律或昧于本质而妄动、盲动,

---

① 《老子》的这一句经文有不同的版本,此处采用高明的说法。高明:《帛书老子校注》,第72—73页。

则必然得到糟糕的结果。换言之，道永远是那个道，关键在于人如何认识与运用。① 从这个角度来看，具有中立客观性的道，对人们的吸引力仍然是强烈的。毕竟，只要掌握了作为真理的道，人们就能更好地达到自己的目的。

庄子与韩非子对老子的道论既有继承的一面，亦有发展的一面。继承的一面，是强调道的至高无上性，强调道对于万物自然尤其是人之成功所能发挥的巨大作用。发展的一面，是他们分别指出了道的无所不在之普遍性与"只真不善"的彻底本体化特征：庄子故意用一些污秽低贱之物来说明道的普遍性特点，而韩非子则不仅指出道的普遍性，还进一步揭示出道的真理性和超道德性。庄子与韩非子的侧重点不同，与他们的思想倾向不同有关。庄子崇尚自然，追求一种精神的"逍遥"境界，不尚实用与功利；韩非子关注政治，重视功利，凡事皆从政治实用的角度来衡量。

韩非子对道的认识大致如此。道是最高概念，兼涵本原与规律之义；道不可被定义，不可被言说；道具有变常统一的特点；道具有普遍性与"只真不善"的彻底本体化特征。但是，韩非子在重视道的同时，亦重视理，唯其如此，他的哲学理论才能被称为道理论。

理包含外在特征（形式）与规律两个方面。从韩非子的相关论述来看，理不是某类具体事物的抽象本质，而是具体事物的外在特征："凡理者，方圆、短长、粗靡、坚脆之分也"，"短长、大小、方圆、坚脆、轻重、白黑之谓理"。这与理所具有的"纹理"之意颇为符合。各种具体事物因为有了不同的外部特征和界限，从而得以确立并分别开来，② 不容许相互混淆，"物有理不可以相薄；物有理不可

---

① "道"变化莫测，但其功能作用的显现与完成有赖于当事者——人——对它的掌握与运用。金春峰：《先秦思想史论》，第217页。
② "理"是物之为"此物"而非"彼物"的规定性及造成此规定性的所以然，可称为"定理"。定理随物之生灭而生灭。金春峰：《先秦思想史论》，第216页。

以相薄，故理之为物之制"。如此，人们对理的认识在很大程度上依赖于感官，因此得到的也多为感性认识。从认识规律来说，人们的感性认识在不断积累与发展的过程中会产生质变，从而形成对事物本质的理性认识。这种理性认识可以归结为表达事物本质的抽象概念"名"。名是某一类事物的共名，一般是对此类事物共性与本质的把握。最高的名几乎与道等同。① 名实关系是先秦时期受到普遍关注的重要问题，韩非子所好的"刑名法术之学"亦与此问题直接相关。韩非子对人们试图超越感性认识的束缚进而去把握事物的抽象本质抱着怀疑的态度。他对持"白马非马"论的名家学者所发出的冷嘲热讽就是极好的例子：

> 兒说，宋人善辩者也，持"白马非马也"，服齐稷下之辩者。乘白马而过关，则顾白马之赋。故籍之虚辞则能胜一国，考实按形不能谩于一人。(《外储说左上》)②

名家学派与现代的逻辑学有相通之处，是一种抽象的纯理论的研究。在重视功利和政治实用的韩非子看来，兒说可以用"虚言"欺惑人们，但只要用功用来考核，其妄诞立即原形毕露。这种学说无益于耕战与富国强兵，理应遭到唾弃。韩非子对感性认识的片面甚至无条件推崇，以及他对抽象思维的敌视，一定程度上窒息了古代科学理论思想的发展。韩非子的这种态度，不仅与其"崇尚情实"的道理

---

① 高明在解释《老子》第一章时，认为"道"与"名"是同一事物的两个方面。高明：《帛书老子校注》，第222页。
② 韩非子不同意"白马非马"之类的名学，主要因为那是不能"考实按形"的"虚辞"。"考实按形"就是要求概念必须与具体事物有一定的对应关系。事物有现象，有本质。"考实按形"的"实"或可理解为本质，"形"或可理解为现象。张纯、王晓波：《韩非思想的历史研究》，第60—61页。

论有关，还与中国古代的"平衡论"假设有关。韩东育的研究表明，在"天人合一"的前提下，自然行为崇尚在中国传统中是有相当的文化市场和道德威慑力的。无论是《论语·微子》中从事农业体力劳动之"丈人"对孔夫子"四体不勤，五谷不分"的诘责与子路的"拱而立"，还是《庄子·天地》中拒绝改进农业设施的"为圃者"（"吾非不知，羞不为也"），都表明了简单劳动对复杂劳动在心理上的优越感，使得智力行为被罩上了极明显的人为贬抑色彩。①

不过，如果抱着"同情之理解"的态度来看，可以发现，韩非子之所以轻视抽象的纯理论研究，认为凡事都应该"以功用为之的彀"（《问辩》），甚至滑入庸俗实用主义的泥淖，最重要的原因恐怕是他身处的时代并非一个适宜做纯理论研究的太平盛世。韩非子的首要关切是如何重建政治秩序和正义，在此种关切面前，"白马非马"的抽象思辨，"画策""木鸢"（《外储说左上》）的精巧技艺，显而易见都没有任何功效。不过，韩非子对技艺并非一律排斥，而是要看该种技艺是否有利于富国强兵。"慈于器械则城坚固"（《解老》），只有器械良好先进才能有效地保卫城池；"审于地形、舟车、机械之利，用力少，致功大"（《难二》），只有先进的机械才能收到事半功倍的作用，大大增加国民财富。而且，我们之所以会批判韩非子对抽象之纯理论与科技进步的消极态度，不外乎是基于今天"科学技术是第一生产力"的视角，基于近代中国因科技落后而挨打的惨痛教训，试图找到"李约瑟之问"的答案。这种研究自然有其价值，但不免有些脱离历史语境的求全责备。

理的另一层含义是规律或某种正确的认识，有狭义与广义之分。广义的理与道几乎是同义语，如"尔将可与语大理矣"（《庄子·秋

---

① 韩东育：《中国传统"平衡论"的前提假设与反假设》，《社会科学战线》，2004年第1期。

水》),大理即道;荀子曾言,"凡人之患,蔽于一曲,而暗于大理"(《荀子·解蔽》),"大理"即是普遍规律,实质上就是道。"不逆天理,不伤情性"(《大体》),天理即是天道;"思虑熟,则得事理"(《解老》),事理即事物的普遍规律,也就是道。道与理在规律、法则的意义上是相通的,因此可以互训。这种用法在《韩非子》中比较常见。狭义的理是相对于一般规律的特殊规律,如"务于畜养之理,察于土地之宜"(《难二》),是指家畜生长的自然规律;"臣主之理"(《外储说左下》)是指君臣之间相处的正确方式;"治乱之理"(《制分》)是指国家、民族治乱兴衰的规律。相对于道来讲,理更为具体,容易把握。人们可以通过长期的观察来归纳总结自然界的规律,从而指导农业生产活动。人们也可以通过研究历史而得到宝贵的经验教训,以此指导政治实践。不过,发现规律、掌握规律是一回事,人们能否真正地做到按规律办事则是另一回事。主体的能动性和选择性在此就凸显了出来。如果人们能够遵循、利用规律,那么成功的概率就增大;反之则必然失败。老子所说的"祸兮福之所倚,福兮祸之所伏"(《老子》第五十八章),仅指出了一种规律性的现象,而没有具体说明祸福转换的条件。韩非子则指明了祸福转化的具体条件,而且侧重于人的主体性。是人对规律的认识和把握程度,是人的选择,决定了成功与失败。在韩非子的论述中,看不到任何神秘性因素的作用,所谓的鬼神、天命都被排斥在外。韩非子对战国时期某些君主妄信鬼神卜筮颇有微词,并将之列为亡征之一。[①] 所谓的"天有大命,人有大命"(《扬权》),指的是具有普遍意义的客观规律而非具有人格色彩并能够惩恶扬善的"天命"。[②] 韩非子的此种认识无疑受到了荀子"天人相分"论的重大影响。荀子否定了之前的神性之

[①] 《亡征》篇:"用时日,事鬼神,信卜筮而好祭祀者,可亡也。"
[②] 张觉:《韩非子校疏》,第123页。

天、道德之天，变之为自然之天。这无疑具有朴素唯物主义的色彩。

韩非子对理的认识大致如此。理兼涵规律与外在特征（形式）两个方面。规律与事物的外在形式或特征存在着密切的联系。规律不能离开事物而存在，事物的生成演化也必然要遵循一定的规律。理既然是指具体事物的外在特征，因此韩非子偏重于人的感性认识，且由此拒绝人们进行更深入更抽象的理性思维以把握事物的内在本质。理又是规律或某种正确的认识，有狭义与广义之分。广义的理与道几乎是同义语，狭义的理是相对于一般规律的特殊规律。因此，道是理的上位概念，理是道的下位概念。① 理可以用道来定义，而道则不可被定义、不可被言说。那么，道与理之间或者说一般与特殊之间是如何关联起来的呢？

据蒋重跃的研究，道和理之间被韩非子用"稽"这个字巧妙地连接起来，从而打通了一般与特殊、抽象与具体："道者，万物之所然也，万理之所稽也"，"万物各异理，而道尽稽万物之理"。"稽"有到达、停留、积滞、原则和考核等含义。在《解老》篇中，韩非子提出了"定理"的观点，认为"理"乃事物的"形象"或"规矩"，只有"理定"，才可"计会"（考量）。"道"指事物的总体存在，若没有"理"的规定，没有留止的特征，就是不可知的。"道"只有和"理"统一起来，才会成为具体事物的本质。"稽"字所有的含义与韩非子的这些观点相吻合，所以才被他用来指代"道""理"关系。② 道如果是一般或普遍规律，那么理就是特殊或曰具体规律，即道和理是一般与特殊的关系。道如果是终极本原，那么理就是事物的具体特征。正是因为韩非子将抽象的、普遍的道与具体的、特殊的

---

① 蒋重跃：《道的生成属性及其本体化发展——先秦道论初探》，《南京大学学报（哲学·人文科学·社会科学）》，2012年第4期。
② 蒋重跃：《古代中国人关于事物本体的发现——"稽"字的哲学之旅》，《南京大学学报（哲学·人文科学·社会科学）》，2013年第4期。

理用"稽"勾连了起来，所以人们才能够通过理来认识道，即通过特殊来认识一般，通过具体来把握抽象。这也符合人们一般的认识规律。事实上，所谓的"体道"，大概就是在掌握了大量具体规律的基础上所产生的质变。反过来，人们对一般和普遍的认识又有助于高屋建瓴地把握与运用具体规律。一般而言，人们对世界的认识有宏观与微观之分，整体与部分之别，抽象与具体之殊，一般与特殊之异。如果说天命和道是对世界的整体把握，那么卜筮算命、理等就是试图掌握世界某个具体部分或事物的特殊规律。这两条路径看似分离对立，实质上相辅相成。就道与理而言，两者是相等的，只是着眼点不同：道注重从总体上把握对象，理则强调个别事物的特点。①

先秦诸子对世界的理解，从宏观之道进至具体之理，再到探讨道与理之间的关系，已经发展到柏拉图所说的"从一个理念到另一个理念"即用概念来把握世界，② 讨论概念之间关系的程度了。虽然老子的抽象思维没有贯穿到底，而是从数转到了象，③ 虽然韩非子的理仍然侧重于感性而非理性认识，但无可置疑的是，中国古人在本体论方面、在抽象思维方面取得了巨大的成就，而韩非子的道理论无疑代表着最高几乎也是最后的理论高度。④

二 道理论与正义

韩非子的道理论具有一些明显的特点，这些特点事实上决定了韩

---

① 蒋重跃：《韩非子的政治思想》，第160页。
② ［古希腊］柏拉图著，郭斌和、张竹明译：《理想国》，511C-D。
③ 刘家和：《试说〈老子〉之"道"及其中含蕴的历史观》，《南京大学学报（哲学·人文科学·社会科学）》，2014年第4期。
④ 在《解老》篇中，韩非子对道理论做了古代中国最富理论性的说明。蒋重跃：《战国法家在道论本体化发展中的理论贡献》，《南京大学学报（哲学·人文科学·社会科学）》，2016年第5期。

非子正义思想的倾向与路径。

首先，道理论是变常统一的，这决定了韩非子的历史观亦是变常统一的。由此，法也必须随着历史阶段的变化而变化，但在某个阶段则必须保持稳定。这样，法在变与常之间具有一种张力关系。

其次，韩非子的道理论具有鲜明的自然理性和历史理性精神，其对天命鬼神的置而不论态度颇有"去魅"的意味。① 在韩非子看来，道理是圣人在对自然和人世历史的深切体察中悟出来的。《大体》篇的"望天地，观江海，因山谷，日月所照，四时所行，云布风动"，"守成理，因自然"，"因天命，持大体"，《功名》篇的"守自然之道"等，无不说明道理与自然的密切关系。这实际上与老子"道法自然"（《老子》第二十五章）的思想是一脉相承的。如果司马迁和班固所言可信，那么身为史官的老子，其所著之书没有记载具体的历史而是总结了历史的经验教训与某些规律性的认识。这体现在《韩非子》中，就是对历史的高度重视。可以说，韩非子的每一个观点，都有丰厚的历史事实作为支撑。无论是自然理性还是历史理性，都排除了鬼神迷信对人类活动的影响，而注重从客观的自然环境和人类自身的行为来探究历史与现实中成败祸福的原因与规律。于是，与相信天命的儒家将政治正当性和正义归之于天或天命不同，韩非子的正义思想不再以天命或天为依归，而纯粹是世俗的，以国家人民的实实在在的利益为旨归。人类社会与自然理性比附的结果是，自然界中既然有规律，万事万物都必须遵循规律，那么人类社会也必然有法则来规范人们的行为。这样就将道与法、道与术、道与势紧密地联系起来。道与法之间的联系，必须借助于理的

---

① 对鬼神迷信的批判是韩非思想中极富特色的内容。蒋重跃：《韩非子的政治思想》，第177页。

中介。① 虚无恍惚、柔软灵活的道与讲究确定性和稳定性的法无法直接沟通，而理正好是确定的、稳定的，又来源于、依据于道，可以作为道与法之间的桥梁。与此相比，道与术之间的沟通则要直接一些，因为运用之妙存乎一心的术亦具有灵活、变化的特点，而君主用术时必须要有的"虚静"事实上也是体道的必要条件。至于道与势之间的联系，韩非子的论述较为简洁，即"道不同于万物，德不同于阴阳，……君不同于群臣"（《扬权》）。由道与万物之间的关系来类比君臣关系，为君主的独尊之势寻找理论根据。在此，需要强调的是，在韩非子的观念中，"君"并非处于"道"的地位，君只是相对群臣而言，具有道相对于万物那样的权威性。② 如果说儒家更倚重于天命或天来论证君主的地位，那么韩非子则抬出道来为君主之势辩护。对此，郭沫若曾不无挖苦地说："在前天子是上帝的儿子，……现在叛逆的'道'既把上帝的虚影掩盖了，事情很单纯，从新认一个父亲就是。"③ 不过，以道为"父亲"和以天命上帝为"父亲"仍然存在着差别。道毕竟代表着客观规律，这意味着君主的行为必须遵循自然规律与政治准则。相形之下，天命、上帝则可以任意解释，这实际上给了君主更大的自由。

第三，道理论注重情实。理是具体事物的外在特征和规律，因此韩非子重视人们的感性认识与实际经验，反对大而无当的玄谈哲理。这一点不仅体现在韩非子以"功用"为衡量标准，更体现在他的人情论上。所谓人情即人的真实情况，人的真实情况就是"好利自为"

---

① 宋洪兵认为道与法之间有理、形、名三个中介，而乔健、王宏强认为道与法之间有两个中介：理与名。宋洪兵：《韩非子道论及其政治构想》，《政法论坛》，2018年第3期；乔健、王宏强：《论韩非"君道论"的内在矛盾》，《暨南学报（哲学社会科学版）》，2019年第6期。
② 宋洪兵：《韩学源流》，北京：法律出版社，2017年，第10页。
③ 郭沫若：《十批判书》，第379页。

"趋利避害"。这种人情无所谓善恶,是人的自然。这就与孟子、荀子的先天人性论划开了界限。质实的道理论与人情论,进一步为韩非子的法治学说铺平了道路。

第四,道理论是主客二分的。① 道理是客观存在的规律,不以人的意志为转移。人们可以认识规律,运用规律,而不能违反规律。人们行为的后果取决于对道理的把握和遵循程度。由此,就凸显出了圣人的巨大作用。圣人是"体道者",对道理认识深刻,运用起来得心应手。但圣人对道也止于体悟与运用,而不会与道合一,更不会高于道。由此决定了韩非子之圣人立法而法高于君的理论设计,且不论能否在政治实践中得到贯彻。这与孟子的观念形成了鲜明的对比。孟子认为"尽其心者,知其性也。知其性,则知天矣"(《孟子·尽心上》),心即是性,性即是天,质言之,人与天是合一的。孟子又言"万物皆备于我矣"(《孟子·尽心上》),因此不需要费力去认识自然与社会,只要反省自身即可。以这种观念来修身自无不可,但若以这种观念来进行政治和社会实践,其流弊极大。物我不分、人我不分,任何界限(包括公私之分)都被任意消除,会导致十分糟糕的后果。

总之,韩非子的道理论是先秦本体论思想发展的最高峰,是他的历史观、人情论以及正义思想的理论基础。道理论是对老子的道德论进行创造性转化的理论成果,并吸收了其他思想家的某些合理内容。道理论具有"只真不善"的彻底本体化特点,这解释了韩非子何以将道德和私人感情、关系等排除在政治之外。道理论强调变常统一,重视情实,这决定了韩非子历史观变常统一的基本观点和从物质生产

---

① 韩非子主客二分的观念应该与荀子的"天人相分"有关。与诸子相比,韩非子对主体客体的区别是比较明显的;但与西方的思想家相比,则并不突出,韩非子思想的主流还是天人合一的。不过,这毕竟是韩非子道理论思想的一个比较明显的特点。

活动、人类的行为来考察历史、评价历史的方法与倾向；决定了韩非子正义思想的功利主义与实用主义色彩，决定了韩非子对感性认识的看重、对脱离实际的纯理论研究的放逐；决定了韩非子对自然人情的重视与对玄想之人性的揖别。主客二分使得韩非子重视人的主体作用，强调人对规律的认识、把握与遵守。总之，道理论是韩非子正义思想的坚实基石。

第四章　韩非子与柏拉图正义思想之异同

目前关于韩非子与柏拉图思想的异同研究比较少见。① 韩非子与马基雅维利的比较更为常见，而且侧重于性恶论、阴谋权术、非道德主义和功利主义等方面。柏拉图则多与孔子、孟子等比较，侧重于德治、政治理想、伦理道德、教育等方面。② 这或许与韩非子和柏拉图在中西思想史上的名声不同有关，人们一般难以将他们联系起来看。事实上，韩非子与柏拉图是古代中国和古代希腊颇具代表性的思想家，他们的思想具有相当强的可比性。从二人生活的时代来看，他们虽相差一百多年，但都属于雅斯贝斯所谓的"轴心时代"。从二人在思想史上的地位来看，韩非子是先秦诸子的殿军，集法家乃至诸子思想之大成；柏拉图前有智者运动和苏格拉底，后有亚里士多德，他提出的诸多问题成为后世西方哲学研究的基本问题，地位之重要不言而喻。从二人的思想体系来看，他们都有深邃的哲学思考，都有基于哲学思考而提出的、回应时代挑战的政治理论，而且他们都关注正义问题。刘家和在论述比较研究的可行性时曾指出："比较研究的基本功

---

① 蒋重跃的《韩非子的政治思想》将柏拉图与韩非子进行了比较，此外还有吴春雷、司马守卫：《韩非子和柏拉图"法治"思想中"君"与"法"关系之辩》，《大连海事大学学报（社会科学版）》，2014年第5期等。
② 以"柏拉图、孔子"为篇名关键词搜索中国知网，出现179条结果，以"柏拉图、孟子"搜索，出现43条结果。其余先秦诸子与柏拉图比较的文章更少。搜索日期为2020年5月。

能不外乎明同异。横向的共时性（Synchronic）的比较说明不同的国家、民族、社会集团等等之间在同一历史时期中的同异，纵向的历时性（Diachronic）的比较说明同一个国家、民族、社会集团等等在不同历史时期中的同异。前者说明历史的时代特点，后者说明历史的发展趋势……不同时期的不同国家之间，一般来说虽然不具有可比性，但是，只要从一个相同的角度去看，其间仍然是可以比较的……其可比性在于其间可能有在历史发展阶段上的相同。"① 因此，韩非子与柏拉图不仅具有横向共时性比较的可能性，亦具有从"正义思想"这一角度出发的可比性。

第一节　柏拉图的时代、生平与著述

柏拉图是西方思想史上最重要的哲学家之一，其思想历来受到人们的关注。他生活的时代，是他的父祖之邦雅典盛极而衰的时代，是古希腊②城邦危机初现的时代。雅典在伯罗奔尼撒战争中的失败，苏格拉底被民主政府判处死刑，都对柏拉图的思想产生了深刻的影响。雅典、斯巴达以及希腊各邦的多样化政体给柏拉图提供了丰富的资源，使他能够在考察各种政体的前提下设计出一种理想的城邦政体。思想方面，柏拉图之前，众多的自然哲学家曾热烈地探讨世界的本原问题和万物的生成演化问题；智者运动将人们关注的焦点从自然转移到人本身，开创了一个新的哲学时代，但其消极方面也加速了社会风气的败坏。柏拉图正是呼吸着这样的空气，感受着时代的脉搏，创立

---

① 刘家和：《历史的比较研究和世界历史》，《北京师范大学学报（社会科学版）》，1996年第5期。
② 1822年希腊宣布独立之前不存在一个被称为"希腊"的国家，仅有作为文化、族群和地理意义上的"希腊"。徐松岩：《古代"希腊"的起源与流变——一项概念史考察》，《北京师范大学学报（社会科学版）》，2019年第4期。

了影响深远的思想理论。

一 时代：战败、智者与诗人

1. 伯罗奔尼撒战争

如果说希波战争带来了希腊城邦的繁荣，那么伯罗奔尼撒战争则是希腊城邦衰落的开始。希波战争爆发于前492年，结束于前449年。希波战争中，古希腊地区的多数城邦联合起来共同抵御波斯的入侵，其中以陆上军事力量最强大的斯巴达城邦为盟军的首领，雅典城邦则在海军中占有优势。战争中，斯巴达与雅典既联合又斗争，关系复杂微妙。战争进行到前478年之时，斯巴达认为战火已经远离家园，于是退出，将希腊盟军的领导权拱手让于雅典。当年冬天，由雅典控制的提洛同盟成立，继续与波斯进行战争。前454年，原设在提洛岛上的同盟金库被雅典人转移到本国的卫城之内，这一事件标志着雅典将盟邦变成了自己的属国，提洛同盟正式变成了雅典帝国。① 雅典帝国在某种意义上可以说是古希腊从小国寡民的城邦向地域性大国迈进的一次尝试。前449年战争结束，雅典与波斯签订条约，史称"卡利阿斯和平"。这场战争以希腊尤其是雅典的最终胜利而告终。雅典人的势力，特别是海军力量在希波战争中得到了很大发展。

希波战争结束后，古希腊城邦进入繁荣时期。雅典一跃成为与斯巴达相抗衡的地区霸主，其附属国遍布爱琴海和希腊本土，最多时达到200多个。雅典势力的急剧扩张，以及由此引起的拉西代梦人的恐

---

① ［英］伯里著，陈思伟译：《希腊史》第二卷，长春：吉林出版集团有限公司，2015年，第408页。

惧，使两强之间的战争成为不可避免的了。① 伯罗奔尼撒战争共持续27年之久，希腊世界的多数城邦都卷入了这场战争。前431年—前421年为战争的第一阶段，史称"十年战争"，双方互有胜负，处于相持状态。前415年—前413年为第二阶段，雅典远征西西里岛。在斯巴达和叙拉古联军的打击以及雅典主帅尼西阿斯的错误指挥之下，雅典遭到惨败，几乎全军覆没。西西里的失败，斯巴达在阿提卡的长期驻扎，导致雅典国内局势动荡，寡头派趁机发动政变，建立"四百人"政府。这个政府内部分为极端寡头派和温和改革派两个部分。极端寡头派试图勾结斯巴达，但他们没能与斯巴达签订和约。当斯巴达的海军出现在萨洛尼克湾时，雅典的反寡头运动开始。因此，"四百人"政府只存在了三个月便瓦解。人们将军国大事交给所谓"五千人"去处理，"五千人"政府执政约八个月。在雅典海军胜利的鼓舞下，国内的民主派不久夺回政权，恢复了民主制。②

前413年—前404年是战争的最后阶段，斯巴达在波斯的援助下实力大增，雅典则一败涂地，战争结束。战后，雅典被迫解散提洛同盟，拆毁长城，允许被放逐者回国，建立亲斯巴达的"三十僭主"政府，实际上已经沦为斯巴达的属国。任命这三十人的目的本来是设计一种新的政治制度，但他们却趁机攫取权力，试图建立纯粹的寡头政体。这一政府倒行逆施，实施恐怖统治。他们曾命令苏格拉底和另外四个人去逮捕一位安分守己的公民，但遭到苏格拉底的严词拒绝。如果是别人，就会被处决。或许是因为寡头政体的头领克里尼亚斯是

---

① ［古希腊］修昔底德著，徐松岩译注：《伯罗奔尼撒战争史》，上海：上海人民出版社，2017年，Ⅰ.23.6。这句话被艾利森建构为"修昔底德陷阱"理论，陈村富和何元国等人已经指出了这一所谓理论的虚假荒谬。见陈村富：《古希腊有过"修昔底德陷阱"吗？——艾利森教授造假背后之"圈套"》，《南国学术》，2020年第3期；何元国：《"修昔底德陷阱"：一个站不住脚的概念》，《安徽史学》，2020年第2期。
② ［英］伯里著，陈思伟译：《希腊史》第二卷，第599—604页。

苏格拉底的学生,对老师还存有一丝敬畏,所以没有严厉地处罚苏格拉底。① "三十僭主"政府仅存在八个月即被民众推翻,雅典的民主制度得以恢复。但正是这个民主政府以"亵渎神明"和"败坏青年"为由判处苏格拉底死刑,这一事件给柏拉图造成了极为深刻的影响。苏格拉底受审时,柏拉图就在现场。柏拉图后来以苏格拉底的受审、关押和临刑为主要内容创作了《申辩篇》《克里托篇》和《斐多篇》,《欧绪弗洛篇》亦提到苏格拉底受审之前被指控为"不敬神"的情况。前378年,雅典成功拉拢了一些城邦组建了"第二次海上同盟",② 不过,与第一次海上同盟相比,雅典只是其中一个平等的伙伴而不再能够控制其他盟邦。同盟维持了23年,前358年—前355年雅典和盟邦之间爆发战争,结果两败俱伤,同盟解体。

伯罗奔尼撒战争结束以后,希腊各邦均陷入经久不息的危机之中:在此起彼伏的战争中,霸权旋起旋灭,城邦的实力损耗极大;小农经济破产,贫富两极分化严重;僭主制流行;城邦内部党派倾轧,社会风气败坏。这些难以克服的危机说明城邦体制已经山穷水尽,马其顿的崛起和建立帝国成为历史的趋势。但无论是柏拉图还是身为亚历山大大帝老师的亚里士多德似乎都没有或不愿意承认这一点,他们仍然醉心于城邦,醉心于探讨理想的城邦政体。战争期间以及结束之后社会上的诸多事件也让人们对传统的正义观产生了怀疑,人们迫切需要重新认识和评估正义。

2. 雅典和斯巴达的政治制度

古希腊世界由众多小城邦组成,每个城邦都是一个独立自主的小国家,都有权决定自己的政治制度。职此之故,古希腊世界成为各种政体的大试验场,据信亚里士多德及其弟子曾搜集了158种城邦政制

---

① [英]伯里著,陈思伟译:《希腊史》第二卷,第616—617页。
② 第一次海上同盟即提洛同盟。

的资料,① 其中最具代表性的就是雅典和斯巴达的政治制度。

雅典位于阿提卡半岛。约前9世纪末或前8世纪初,传说一个叫提秀斯的王统一了雅典。雅典经历了自己的王政时代,至前682年建立了贵族共和国。到古风时代,贵族与平民的斗争日益尖锐,于是梭伦改革应运而生。梭伦改革是雅典向民主政体发展迈出的第一步。梭伦建立了四百人议事会和民众法庭,鼓励人们从事工商业。庇希特拉图家族的僭政基本保留了梭伦改革的成果。克里斯提尼的改革正式确立了雅典的民主政体,他将居民按照地域来划分部落;四百人议事会改为五百人议事会;用抽签方法选举执政官;还制定了著名的陶片放逐法,以对付民主的敌人。从此,内部和谐的雅典迅速强盛起来。在希波战争中,雅典成为提洛同盟的盟主,它的民主政制开始和帝国经济联系起来。阿里斯泰德提议,利用由提洛同盟积累的大量钱财,使雅典平民抛弃田园,入居城市参加政治活动。② 伯利克里时代,雅典的民主制进入全盛时期。前443年伯利克里开始担任首席执政官,并连任15年,虽曾一度下台,但很快又当选,领导雅典直到自己染上瘟疫去世。伯利克里完善了民主制度,采取有效措施(即发放津贴)让广大平民参与政治活动;扩充陪审法庭的人数;削弱战神山议事会权力的同时,加强公民大会的权力;提高公民的素质,重视文化教育事业等。伯利克里作为民众领袖,是颇有远见和能力的政治家,能够领导公民大会的正常运转。但后来的民众领袖多是一些蛊惑家,他们煽动公民大会无视法律,剥夺行政官员的职权,将所有的权力都抓在手里,大事小事都要过问。在亚里士多德看来,这样的极端民主制实际上将民众变成了暴君,而民众领袖则大权在握。③ 民众也在蜕化,

---

① 汪子嵩等:《希腊哲学史》(修订本),第三卷,北京:人民出版社,2014年,第926页。
② 汪子嵩等:《希腊哲学史》(修订本),第二卷,第14页。
③ [古希腊]亚里士多德著,吴寿彭译:《政治学》,1292a10-25。

他们不再关心国家，只是为了得到津贴才去参与政治，成为靠城邦养活的"糊涂而又任性的老头子"（阿里斯托芬语）。柏拉图生活的时代，正是民主制蜕化的时代，所以在他的理想城邦中没有实行民主制，而是更多地借鉴了斯巴达的政体。

斯巴达位于南希腊的拉哥尼亚地区，内部分为三个等级。最低等级是希洛人奴隶。他们属于国家所有，没有任何权利，以家庭为单位束缚在斯巴达公民的份地上，被认为是古希腊最悲惨的奴隶。第二等级是边民，又称庇里阿西人，是没有公民权的自由民。他们有权占有土地，在自己的居住区实行自治，但必须受斯巴达官员的监督，必须纳贡、服兵役等。第一等级是斯巴达的全权公民，他们专门从事政治和军事活动，经济上基本平等，所以称自己的国家为"平等者公社"。斯巴达的政治制度颇具特色，由双王、元老院、监察官和公民大会组成。双王的权力有限，元老院的权力则十分广泛。公民大会是最高权力机关，监察官是公民大会治权的延伸，代表公民集体监护传说由来库古制定的法律。斯巴达公民终身受到国家的严格控制：出生必须接受体格检查，七岁过集体生活，接受种种艰难困苦的训练；二十岁成为士兵，直到六十岁。斯巴达公民没有真正的家庭生活，婚后仍然生活在军营中。斯巴达女子也要接受身体训练，以便为国家生育强壮的士兵；她们的地位较其他城邦的女子要高一些。斯巴达的陆军十分强盛，称雄希腊，在希波战争中发挥了巨大作用，在伯罗奔尼撒战争中亦取得了胜利。也因为斯巴达政体表现出的某些相对于雅典的优势，柏拉图在设计理想国政体时基本上以斯巴达为主。但是，随着斯巴达的衰落，其政体的缺陷暴露无遗。柏拉图在《法律篇》批评斯巴达人只注重勇敢这一种德性而忽视了其他更重要的德性。亚里士多德指出了希洛人制度、共餐制、对女子的管理、元老院制以及监察官制中存在的多种问题。①

3. 自然哲学家、智者与诗人②

伯利克里曾宣称雅典是"希腊的学校"。事实上,雅典帝国覆灭以后,雅典才真正开始对希腊思想和文明的发展产生决定性的影响。③ 前 7 世纪末到前 6 世纪初,在小亚的城邦米利都出现了第一批自然哲学家,被称为米利都学派,包括泰勒斯、阿那克西曼德、阿那克西美尼等人。泰勒斯认为世界的本原是水,阿那克西曼德认为是无限(或不定),阿那克西美尼认为是气。米利都学派的产生是希腊的心灵与巴比伦和埃及相接触的结果。④ 米利都学派之后兴起了毕达哥拉斯学派,这一学派的创始人是毕达哥拉斯。毕达哥拉斯学派认为抽象的数是万物之本,试图用数来解释一切。这种方法虽然并不成功,却表明人的抽象思维发展到了一个新的高度。毕达哥拉斯学派也非常关注净化和不朽的神秘问题,⑤ 整个学派类似一个宗教组织或政治团体。柏拉图曾追随过毕达哥拉斯学派的哲学家,深受其影响。赫拉克利特认为火是根本的实质,一切皆在流变之中,并提出了朴素的辩证法。爱利亚派的代表人物巴门尼德反对赫拉克利特"一切皆流"的辩证法,认为存在是单一的、静止的实体,是"一",运动和变化只是事物的现象,只是一种幻觉。巴门尼德对柏拉图的思想影响较大,《巴门尼德篇》即借老年巴门尼德之口批判了青年苏格拉底的理念论。巴门尼德是哲学史上具有转折意义的哲学家,他创造了基于逻辑

---

① [古希腊] 亚里士多德著,吴寿鹏译:《政治学》,1269a30-1271b15。
② 古希腊的诗分三大类:史诗、抒情诗与戏剧诗,诗人即指创作这些作品的人。罗念生著译:《罗念生全集》第八卷,上海:上海人民出版社,2004 年,第 5 页。
③ [英] 伯里著,陈思伟译:《希腊史》第三卷,第 705 页。
④ [英] 罗素著,何兆武、李约瑟译:《西方哲学史》(上),第 34 页。
⑤ [美] 撒穆尔·伊诺克·斯通普夫,詹姆斯·菲泽著,匡宏、邓晓芒等译:《西方哲学史》,北京:世界图书出版公司,2009 年,第 8 页。毕达哥拉斯派思想对柏拉图有较大影响。《理想国》谈到了对奢侈城邦的净化,还谈论了灵魂不朽的问题。

的形而上学。① 爱利亚派的另一著名人物是芝诺，他被黑格尔称作是"真的客观的辩证法"的创始人。② 为了回击人们基于常识而对巴门尼德的攻击，芝诺提出了四个悖论，这样就重申了巴门尼德关于"存在"和"一"的观点。留基波和德谟克利特提出了著名的原子论，即所有事物都是由运动在虚空中的原子构成的。③ 恩培多克勒提出了火、气、水、土四元素说，认为爱和恨是导致四种元素混合与分离的根本动力。总之，自然哲学家关注的中心问题是自然：世界的本原是什么，万物是如何从本原演化而成的。他们力图从自然本身来理解自然，而不是用神话和宗教来解释自然，这在当时无疑是一种进步。

前5世纪时，自然哲学逐渐衰落，既因为自然哲学本身的局限性与哲学自身发展的规律，也与时代的变迁、人们观念的变化有关。自然哲学衰落之后，前5世纪后半叶兴起了智者运动。亚里士多德说："那时人们放弃了对自然的探究，哲学家们把注意力转向有益的德性和政治学。"④ 或者说，智者运动将人们关注的焦点从自然转向了人本身。智者运动是一种社会思潮，并不是一个统一的哲学派别。比较著名的智者有普罗泰戈拉、高尔吉亚、普罗迪科、希庇亚等，他们主要的活动中心在雅典，此外还包括一些大型赛会场所。他们是一批收取学费的职业教师，主要讲授辩论、演说、诉讼、修辞等技巧。这在公民政治生活活跃的城邦如雅典，十分受欢迎。克里斯提尼改革扩大了陪审法庭的人数，每个公民都有可能参与审判，也有可能被卷入诉

---

① ［英］罗素著，何兆武、李约瑟译：《西方哲学史》（上），第61页。
② ［德］黑格尔著，贺麟、王太庆等译：《哲学史讲演录》第一卷，上海：上海人民出版社，2013年，第277页。
③ ［美］撒穆尔·伊诺克·斯通普夫、詹姆斯·菲泽著，匡宏、邓晓芒等译：《西方哲学史》，第20页。
④ 苗力田主编：《亚里士多德全集》第五卷，北京：中国人民大学出版社，2016年，《论动物部分》642a28-29。

讼。如果没有一些基本的演说、辩论等技巧,是无法履行公民义务的,也无法为自己辩护。人们若想在政治活动中崭露头角,亦需要出众的演说才能。智者运动正是在这样的条件下兴起的。自然（physis）与习俗（nomos）是智者们讨论的主要问题之一,① 怀疑主义与相对主义是他们的标签。当时一些著名的智者如普罗泰戈拉、高尔吉亚、希庇亚等人都是柏拉图早期对话中的重要人物,苏格拉底与他们展开了机智而不乏讽刺的思想较量。智者们的思想虽然借此得以保存,却存在不同程度的扭曲变形。

普罗泰戈拉最著名的命题是:"人是万物的尺度,是是者如其是的尺度,也是不是者如其不是的尺度。"这意味着每一个人的认识都受到自己知觉的限制,同时也表明每一个人都可以将自身的感觉作为最终的判断标准,而不是像以前那样将神作为终极标准。关于神,他说:"我既不知其所是,也不知其所不是。因为阻碍认识的东西很多,尤其因为问题是艰深的,而人生又是短促的。"② 或许正是因为普罗泰戈拉对神的此种态度,使得他因渎神罪而被逐出了雅典。普罗泰戈拉提升了人的地位,但因他所说的"人"指的是个体的人而非整体的人,③ 故容易滑入相对主义和怀疑主义,否认人们能够获得任何真正的、确定的知识;不仅如此,他还认为人们的道德判断也是相对的,这就为人们的自私自利大开了方便之门。第欧根尼·拉尔修把普罗泰戈拉当作哲学家单独立传,不同于其他智者;黑格尔亦认为普罗泰戈拉是一位深刻的、彻底的思想家。④ 高尔吉亚在修辞学方面最

---

① 参见汪子嵩等:《希腊哲学史》（修订本）,第二卷,"Physis 和 Nomos"一章。
② 普罗泰戈拉的言论均见［古希腊］第欧根尼·拉尔修著,徐开来、溥林译:《名哲言行录》,桂林:广西师范大学出版社,2010年,第9卷第51节。
③ 关于"人是万物的尺度"中的"人"是指个体的人还是整个人类,学者们的看法不同。汪子嵩等在《希腊哲学史》第二卷中指出,柏拉图和亚里士多德理解为个体的人。见汪子嵩等:《希腊哲学史》（修订本）,第二卷,第207页。
④ ［德］黑格尔著,贺麟、王太庆等译:《哲学史讲演录》第二卷,XIV30-31,第27页。

有建树和影响。在柏拉图的《高尔吉亚篇》中，高尔吉亚说自己"是一名优秀的修辞学家"。① 他擅长辩证法，提出了三个令人骇异的命题：无物存在；如果有某物存在，它也无法被认识；即使它可以被认识，也不能被传达。② 由此，高尔吉亚几乎否认了真理的存在。

  智者们在古代相当活跃，有些人的地位还比较高。但因为后来名声很大的苏格拉底、柏拉图与亚里士多德这几位哲学家敌视智者，智者的资料又大部分散失，仅存的主要部分又保存在柏拉图、色诺芬与亚里士多德的著作中，所以长期以来智者的名誉受到了不良的影响，甚至他们的言论被认为与诡辩无异。黑格尔开始对智者进行重新认识与评价，后来学者们的研究更趋公允，认为智者运动是西方思想史上的第一次启蒙运动，开启了人本主义思潮的先河。值得一提的是，虽然苏格拉底极力反对智者，他自己却被当时的雅典人视为智者。③

  在雅典的繁荣时期，不仅智者们十分活跃，诗人们也取得了辉煌的成就。目前所知古希腊最早的文学作品是《荷马史诗》，也是古希腊社会最有影响的作品。前8世纪末至前7世纪初的诗人赫西俄德创作了《神谱》《工作与时日》两部史诗，此外还有众多才华横溢的诗人，如品达、西蒙尼德、提泰乌斯、萨福等。柏拉图的作品中经常援引《荷马史诗》与古代诗人的作品，同时对他们也进行了毫不留情的批判，这被称为"诗与哲学的永恒争吵"。④ 古希腊文学的最高成就是戏剧，尤其是悲剧。在雅典的全盛时代，伯利克里鼓励公民到剧场观看戏剧，为此发放观剧津贴。城邦举行的戏剧竞赛也极大地促进

---

① ［古希腊］柏拉图著，王晓朝译：《柏拉图全集》第一卷，北京：人民出版社，2017年，《高尔吉亚篇》449A。
② ［美］撒穆尔·伊诺克·斯通普夫、詹姆斯·菲泽著，匡宏、邓晓芒等译：《西方哲学史》，第27页。
③ 喜剧作家阿里斯托芬的《云》就将苏格拉底刻画成了一位智者。
④ "诗歌和哲学的争吵是古已有之的"，见［古希腊］柏拉图著，郭斌和、张竹明译：《理想国》，607B。

了戏剧的创作与质量的提升。据第欧根尼·拉尔修,柏拉图本人在年轻时也曾打算用悲剧来争取荣誉。① 最著名的作家中,埃斯库罗斯生活于柏拉图之前,去世时苏格拉底已经十三四岁;索福克勒斯和欧里庇德斯去世时,柏拉图已经是二十多岁的年轻人了;喜剧作家阿里斯托芬与苏格拉底和柏拉图都是同时代的人,他还曾写过讽刺苏格拉底的《云》。苏格拉底之死与《云》有着内在的关联,这一点苏格拉底本人是十分清楚的。他在法庭上为自己辩护时,首先指出他并不是《云》中那个叫作苏格拉底的自然哲学家、无神论者和收费讲学的智者。② 苏格拉底深知受到广泛观看的戏剧会对人们产生什么样的潜移默化的影响,所以试图纠正人们的偏见。伯利克里提倡戏剧,招徕诗人与智者的用意或许在于提高公民的文化水平,但在柏拉图看来,戏剧与史诗中的一些内容明显起到了败坏社会风气的坏作用。有学者认为,柏拉图的《理想国》实际上是为苏格拉底所写的另一篇更有分量的申辩,是对阿里斯托芬的强力回应。③ 柏拉图在《理想国》及其他对话中对诗人的敌视,这或许是一个重要的原因。但是戏剧对柏拉图的影响也是显而易见的,从形式上说,柏拉图的著作基本上是对话体,与戏剧是一致的。

总之,伯罗奔尼撒战争以及雅典的最终战败、雅典民主制度的蜕化是柏拉图从事创作的最具影响力的时代背景;自然哲学家和智者运动的思想成果是柏拉图丰富的思想资源,而柏拉图所竭力反对的是诗人们及其作品的不良影响。

---

① [古希腊]第欧根尼·拉尔修著,徐开来、溥林译:《名哲言行录》,第3卷第5节。
② [古希腊]柏拉图著,严群译:《游叙弗伦 苏格拉底的申辩 克力同》,北京:商务印书馆,2003年,《苏格拉底的申辩》19B—E。
③ [美]尼柯尔斯著,王双洪译:《苏格拉底与政治共同体——〈王制〉义疏:一场古老的论争》,北京:华夏出版社,2007年。该书第一部分是"阿里斯托芬的笑声(《云》)",第二部分是"政治哲学:柏拉图的回应(《王制》)"。另,《王制》即《理想国》。

二 坎坷政途与不朽对话

据第欧根尼·拉尔修,柏拉图(前427—前347)原名阿里斯托克勒(Aristocles),用的是他祖父的名字,后因身体强壮(或因体形宽厚或因额头宽阔)而改名为柏拉图。柏拉图生于第88届奥林匹克赛会,① 出生地是雅典附近的伊齐那岛。父亲阿里斯通,在柏拉图年幼时已经去世,其谱系可以上溯到雅典历史上最后一位君王科德鲁斯(大概前11世纪时人);母亲珀里克提俄涅,后改嫁于她的堂叔皮里兰佩,系出自著名的立法者梭伦的家族,可以上溯到德洛庇达一世(前644年雅典执政官)和梭伦的兄弟德洛庇达二世(前593年雅典执政官)。柏拉图是梭伦的第六代后裔。柏拉图的家族尤其是母系方面,与雅典政治的核心联系紧密。珀里克提俄涅的兄弟卡尔米德和堂兄弟克里底亚,都是雅典"三十僭主"时期的重要人物;皮里兰佩与雅典著名的民主派领袖伯利克里关系密切。这样的家族背景,使得柏拉图不仅能近距离地观察政治中心的状况,而且有机会亲身参与政治。从具有自传性质的《第七封信》来看,② 柏拉图年轻时是颇有意于从政的,"我希望一旦成年便可以立即参加政治生活"。③

柏拉图出生时,伯罗奔尼撒战争已经进行到第四年,伯利克里已经去世一年左右,雅典的黄金时代到了尾声,逐渐显露出衰败的迹象。柏拉图是在继父家中长大的,青少年时期受到了良好的教育。年轻时柏拉图曾热衷于文艺,写过诗歌,显示了出众的文学才华。柏拉图所写的大部分哲学对话都富有文采,人物形象生动鲜活,可以当作

---

① [古希腊]第欧根尼·拉尔修著,徐开来、溥林译:《名哲言行录》,第3卷第1节、第4节。
② 《第七封信》的真伪是有争议的,但目前多数柏拉图学者认可它的真实性。见汪子嵩等:《希腊哲学史》(修订本),第二卷,第502页。
③ [古希腊]柏拉图著,王晓朝译:《柏拉图全集》第四卷,《第七封信》324C。

戏剧来看。实际上也有一部分学者是这样做的，他们细细分析对话的场景、对话的演进、人物的设计等等，以此来研究柏拉图的思想。①

对柏拉图的人生与思想产生至关重要之影响的人无疑是苏格拉底。据说柏拉图是在狄俄尼索斯剧院前听了苏格拉底的谈话后，就做了苏格拉底的学生。② 苏格拉底（前 469 年—前 399 年）与孔子一样"述而不作"，没有留下什么著作。关于苏格拉底的主要资料保存在他的两个学生柏拉图与色诺芬的著作中。众所周知，在柏拉图的对话中苏格拉底是最主要的人物，于是就发生了柏拉图著作中的"苏格拉底问题"，即经由苏格拉底所说出的话究竟是他本人的思想还是柏拉图的思想？与色诺芬相比，柏拉图的想象力与文学才能无疑更胜一筹，但或许正是由于作为小说家的柏拉图的优异性，才使人要怀疑作为历史学家的柏拉图。③ 亚里士多德曾在柏拉图的学园中生活学习了二十年，他本人又是一位伟大的哲学家，他的说法似乎可以作为区别苏格拉底与柏拉图思想的一种标准。根据亚里士多德的说法，柏拉图对话中凡是主要讨论伦理问题，不涉及或很少涉及本体论和宇宙论等思想的可以归为苏格拉底的思想，反之，以讨论本体论或宇宙论等思想为主的则归于柏拉图；凡是只寻求普遍的伦理定义而没有将它作为另一类存在的"理念"的可以归于苏格拉底，反之，凡是将之明确为另一类存在的"理念"并提出一套理念论哲学体系的则归于柏拉图。④ 如此一来，柏拉图的早期与一部分中期对话（即"苏格拉底式的对话"）可以作为苏格拉底思想研究的主要资料。⑤ 据此来看，苏格拉底的学说是一种道德哲学，主要关注人的伦理问题。他反对智者

---

① 例如，刘小枫、陈少明主编：《柏拉图的哲学戏剧》，上海：上海三联书店，2003 年。
② ［古希腊］第欧根尼·拉尔修著，徐开来、溥林译：《名哲言行录》，第 3 卷第 5、6 节。
③ ［英］罗素著，何兆武、李约瑟译：《西方哲学史》（上），第 105 页。
④ 汪子嵩等：《希腊哲学史》（修订本），第二卷，第 293 页。"理念"，原文为"相"。
⑤ 学者对柏拉图对话的时期划分有不同的意见。

的感觉论、怀疑论和相对主义,大力提倡理性。他相信灵魂不朽,认为"美德即知识",研究怎样才能使有才能的人当权的问题。① 苏格拉底自称是知识与真理的"助产士",他的方法被称为苏格拉底方法,其实质在黑格尔看来主要是引导人们从具体到一般,将潜在的概念明确呈现出来;使那些人们习以为常的观念规定瓦解,发生混乱。② 这种混乱反映了哲学与常识的冲突,以及哲学家与城邦的冲突,或许正是因为这种冲突才导致了雅典当局对他的指控。③ 苏格拉底在受审时称自己是一只神派来的"牛虻",希望能促使雅典这匹日趋懒惰的马重新奋发有为。④

苏格拉底去世后,柏拉图曾遵照苏格拉底的遗命外出游历十二年(前399—前387年),先后到过麦加拉、埃及、居勒尼、南意大利和西西里等地。在游历的过程中他结识了不同学派的诸多著名哲学家,受到了他们或多或少的影响。各个地方不同的政治制度及其治理情况和风土人情又为柏拉图提供了构建理想政体的异域资源。前387年,柏拉图在南意大利访问时,受到他的学生和朋友狄昂的邀请,第一次到叙拉古。他与僭主狄奥尼修斯一世的谈话不欢而散,狄奥尼修斯一世的愤怒使得柏拉图被卖作奴隶,幸亏被人及时赎出,送回雅典。在返回雅典之后,柏拉图建立了学园,招收生徒,讲论学问,长达四十年。他的大部分对话应该写成于这一时期。柏拉图的学园名叫阿卡德米(Academy),位于雅典城外西北角,原来是一位阿提卡英雄的墓地。这是欧洲历史上第一所综合性的"大学",后世西方的学术研究机构也叫作 Academy。在这里柏拉图教授知识,师生们共同进行学术

---

① [英]罗素著,何兆武,李约瑟译:《西方哲学史》(上),第104页。
② [德]黑格尔著,贺麟、王太庆等译:《哲学史讲演录》第二卷,XIV59,第52—53页。
③ 参见程志敏:《宫墙之门:柏拉图政治哲学发凡》,北京:华夏出版社,2005年。
④ [古希腊]柏拉图著,严群译:《游叙弗伦 苏格拉底的申辩 克力同》,《苏格拉底的申辩》30D-31A。

研究，并为多个城邦提供政治咨询。从柏拉图创立学园到他去世，雅典的政治比较安定，经济得到一定发展，这些都为柏拉图师生的学术活动提供了良好的社会环境。从目前的资料来看，学园重视科学研究，如数学，但最重要的还是研究哲学问题。学园内部的学术气氛是比较宽松民主的，师生们可以展开自由的学术讨论，学生可以提出与老师不同的观点。根据在学园生活了二十年的亚里士多德的著作，学园内部后来形成了一种所谓的"不成文学说"，主要讨论"理念的数"或"数的理念"问题。亚里士多德在柏拉图去世后离开学园与对该问题的争论有关。学园一直顽强地存续到公元529年，在那一年被笃信基督教的罗马皇帝查士丁尼下令封闭。

叙拉古僭主狄奥尼修斯一世去世后，他年轻的儿子狄奥尼修斯二世继承了僭主之位，狄昂在新政府中占据着重要的地位。狄昂认为这是实现柏拉图"哲学家王"之政治理想的大好机会，于是再次邀请柏拉图赶赴叙拉古。第二次西西里之行的初期还比较顺利，但随着狄奥尼修斯二世与狄昂矛盾的尖锐化，柏拉图的处境变得十分危险。他被软禁在城堡中，失去了自由，后来在阿尔基塔的帮助下才回到雅典。前362年，柏拉图已经年逾花甲，但为了调节狄昂与狄奥尼修斯二世的关系，他开始了第三次西西里之行。这次柏拉图的努力又因为狄奥尼修斯二世的猜忌而归于失败，最终还是在阿尔基塔的帮助下才于前360年返国。西西里之行与狄昂之死对柏拉图的思想产生了深刻的影响，有学者认为这使得柏拉图的思想从《理想国》的"人治"转向了《法律篇》的"法治"。① 实质上，《法律篇》虽花了大量笔墨讨论法治问题，但在柏拉图看来法治不过是"第二好"的政体，不过是对现实的无奈妥协，最好的政体还是哲学家王式的人治。

---

① 汪子嵩等：《希腊哲学史》（修订本），第二卷，第512页。

柏拉图在晚年享有崇高的声誉，他在前347年参加一场婚宴时去世，死后埋葬在学园里。学园的继承人是柏拉图的外甥斯彪西波。柏拉图一生著述颇多，第欧根尼·拉尔修用了不少篇幅（3.48-3.62，共15节）来介绍柏拉图的对话，引用了一些古代学者如阿里斯托芬（约前257—前180）、塞拉绪罗（死于公元36年）的分类方法。塞拉绪罗说柏拉图的作品共有三十六种，他给柏拉图的著作加上了两个标题，一般是对话者的名字与讨论的主题，《理想国》的副标题是"论正义，政治的"。第欧根尼·拉尔修已经指出某些作品是伪作，问题是被塞拉绪罗认可的三十六种著作目前都完整地保留下来了，这些是不是真正的原著呢？亚里士多德的论述可以作为判断真伪的一种标准，据策勒统计，亚里士多德的著作中共涉及柏拉图的二十二种对话。[1] 19世纪疑古成风，但20世纪以来学者们认为流传下来的柏拉图大部分作品尤其是那些重要的对话都是真的，当然对某些作品的真伪还存在争议。

真伪问题之外还有对话的分期问题，这也曾引起学者们的长期争论。根据发生学方法，任何一个哲学家的思想必然会经历一个逐步发展、成熟和修正的过程。这样根据其思想的演化对柏拉图的对话进行分期就是可能的。大体而言，分期主要有五种标准：文体风格和语言；古代著作中的直接证据；对话中涉及的人物和事件；对话中相互涉及的内容；苏格拉底在对话中的地位与对话中戏剧性的多少等。[2] 由于学者们对上述五种标准的运用有不同的侧重，故分期的结果也不尽一致。本书采用汪子嵩《希腊哲学史》的分期。

早期对话共十一篇：《申辩篇》《克里托篇》《拉凯斯篇》《吕西斯篇》《卡尔米德篇》《欧绪弗洛篇》《大希庇亚篇》《小希庇亚篇》

---

[1]　汪子嵩等：《希腊哲学史》（修订本），第二卷，第524页。
[2]　汪子嵩等：《希腊哲学史》（修订本），第二卷，第530—534页。

《普罗泰戈拉篇》《高尔吉亚篇》《伊翁篇》。这一时期的对话可以称之为"苏格拉底对话",主要讨论伦理问题,最终多没有得出积极的、确定的结论。这些作品中虽然有柏拉图自己的思想在内,但主体部分恐怕还是应该归属于苏格拉底。

中期对话共八篇:《欧绪德谟篇》《美涅克塞努篇》《克拉底鲁篇》《美诺篇》《斐多篇》《会饮篇》《理想国》《菲德罗篇》。这一时期柏拉图的思想已经成熟,创立了自己的哲学体系,对话讨论的问题一般也能够得出明确的结论。最具代表性的作品就是《理想国》,几乎囊括了柏拉图的伦理学、政治哲学、美学、形而上学等方面最具原创力的理论,历来与他最后的对话《法律篇》并列为柏拉图的代表作。关于《理想国》的写作时间,西方学者曾有过不少争议,目前比较公认的意见是第一卷属于早期苏格拉底式的对话,后来柏拉图对于正义已经有了明确的看法,才选这篇早年写的对话作为引言。① 本书对柏拉图正义思想的研究即主要依据《理想国》,并参考另外两篇重点讨论政治的对话《政治家篇》和《法律篇》。

晚期对话共八篇:《巴门尼德篇》《泰阿泰德篇》《智者篇》《政治家篇》《菲莱布篇》《蒂迈欧篇》《克里底亚篇》《法律篇》。与中期相比,这一时期柏拉图的思想发生了一些变化,如《巴门尼德篇》借老年巴门尼德之口批判了自己的理念论;《法律篇》更重视法律在治理国家中的作用;苏格拉底在对话中的地位逐渐下降,到最后的对话《法律篇》中已经不再出现。可以说,到了晚期,苏格拉底对柏拉图的影响在减弱,而爱利亚学派与毕达哥拉斯学派对他的影响在加强。

上述对话以外,还有十三封归于柏拉图名下的信件流传下来。目

---

① 汪子嵩等:《希腊哲学史》(修订本),第二卷,第649页。

前大多数学者认为其中最重要也是篇幅最长的第七、第八两封信是真的，而第一、第二、第十二这三封信则被认为是伪作。[①] 具有自传性质的第七封信对我们了解柏拉图的生平、思想和三次西西里之行有重要的意义。

柏拉图经历了伯罗奔尼撒战争的洗礼，见证了雅典政体在战争期间以及战争结束后的演变。雅典的战败与斯巴达的胜利，似乎表明了斯巴达政治制度的优越性，柏拉图的理想国即以斯巴达政体为蓝本。柏拉图之前，古希腊的哲学思想已经得到了一定的发展，自然哲学家热烈地探讨世界的本原和演化问题；智者们将人们关注的焦点从自然转移到社会和人本身，是西方人本主义的开端，但其相对主义和怀疑主义也对社会风气的败坏起到了推波助澜的作用。诗人们在繁荣强盛的雅典十分活跃，他们创作的诗歌和戏剧丰富了人们的文化生活，提高了人们的素质，同时也产生了一些不良的影响。为此，柏拉图在自己的对话中不遗余力地对智者与诗人进行了严厉的批判。柏拉图生于雅典的名门望族，他的家族历来与政治有着密切的联系，他本人也曾积极参与政治生活。但现实政治让他颇感失望，加之苏格拉底被民主政体判处死刑，使得他对政治的热情不再高涨，对极端民主政体深感不满，从而更加向往苏格拉底提倡的专家治国式精英政治或贤人政治。《理想国》中的政体和哲学家王就是这种思想的直接体现。三次西西里之行的遭遇与狄昂之死让柏拉图对自己理想的实现产生了怀疑，于是在最后的作品《法律篇》中无可奈何地设计了"第二好"的法治政体。

柏拉图在多年的学园生活中创作了众多文字优美、情节生动的对话，这些对话可以根据其思想的发展分为三期。一般认为《理想国》

---

① ［古希腊］柏拉图著，王晓朝译：《柏拉图全集》第一卷，"译者导言"第24页。

是他思想成熟时期最具代表性的作品,《理想国》讨论的主题是"正义",是人应该怎样生活的问题。那么,柏拉图的正义思想究竟如何呢?

第二节 柏拉图的正义思想

柏拉图具有丰富的正义思想,集中体现在《理想国》① 这篇对话中。之前的"苏格拉底式对话"主要讨论伦理问题,且大多数没有得出确定的结论。《理想国》的第一卷对正义概念的讨论也是无果而终,于是有学者认为这一卷是柏拉图早年的作品,后来在柏拉图对正义有了更加成熟的认识后,就将这篇早年的对话拿来作为《理想国》的开篇。在这篇对话中,柏拉图借苏格拉底之口用言辞创建了四个城邦,即健康的城邦(原始的城邦或猪的城邦)、发高烧的城邦(奢华的城邦)、净化了的城邦和哲人的城邦(理想的城邦)。在对奢华的城邦进行了彻底净化之后,对话者们在其中依次找到了智慧、勇敢、节制和"大字的正义"。城邦的正义以外,柏拉图还谈到了个人灵魂中的正义("小字的正义")和神的正义,加上始终渗透在全篇对话中的世俗正义观念,柏拉图事实上向人们揭示了四种不同层次上的正义思想。

一 柏拉图正义思想的主要内容

《理想国》第一卷由苏格拉底与克法洛斯的对话引出了正义问题。克法洛斯是一位老人,他对正义的认识来源于生活的实际经验,他从否定的角度说正义就是"不要欺骗别人,……不要存心作假,

---

① 《理想国》又译《国家篇》《王制》等。

不要亏欠神的祭品，不要借债不还"。① 这是一种朴素的正义观，是普通民众的认识，因此停留在列举具体事例的层次上，尚未上升到抽象的普遍定义。苏格拉底对此刚刚提出反驳，克法洛斯就退出了谈话去献祭，由他的儿子玻勒马库斯代替自己与苏格拉底争辩。克法洛斯的轻易放弃和离开谈话去献祭，或许说明作为老一代人，他们对苏格拉底的谈话法以及由此造成的年轻人的思想混乱并没有什么好感，他们更愿意坚持自己那种传统的生活方式和与此适应的信念。②

接下来玻勒马库斯引用著名诗人西蒙尼德的诗句来证明，"欠债还债就是正义"。③ 在苏格拉底的诘问下，玻勒马库斯步步后退，逐步修正了自己对正义的看法，最后提出"助友损敌"的观点。但他在与苏格拉底的较量中仍然毫无悬念地以失败告终。当然，在苏格拉底的辩论中明显有诡辩的成分。例如，苏格拉底声称，身体受到了伤害的人，即是德性受到了伤害，因此这样的人就变坏了，就成为不正义的人了。④ 事实上，柏拉图在后边的说法已经推翻了此处的论证。柏拉图在第十卷论证灵魂永恒不朽之时，曾说只有某一事物本身特有的恶才能摧毁这一事物，如此，身体的恶如疾病、死亡等皆不能使得与身体不同的灵魂变得更加不正义。⑤ 玻勒马库斯虽然败下阵来，但智者塞拉西马柯立即冲了上去，迫不及待地想要与苏格拉底进行辩论。到目前为止，克法洛斯父子谈论的正义实际上都属于伦理范围，是个人的一种美德，还未进入政治这样的公领域。塞拉西马柯的加入则将正义的讨论引入到了政治领域。

---

① ［古希腊］柏拉图著，王晓朝译：《柏拉图全集》第二卷，《国家篇》331B。
② 克法洛斯离开会场更重要的原因在于，他必须维护自己正常而虔诚的生活，免遭哲学的怀疑和批判。程志敏：《古典正义论：柏拉图〈王制〉讲疏》，上海：华东师范大学出版社，2015年，第102页。
③ ［古希腊］柏拉图著，郭斌和、张竹明译：《理想国》，331E。
④ ［古希腊］柏拉图著，郭斌和、张竹明译：《理想国》，335B－C。
⑤ ［古希腊］柏拉图著，郭斌和、张竹明译：《理想国》，609A－610B。

塞拉西马柯的观点十分鲜明,"正义不是别的,就是强者的利益"。所谓的强者,就是那些掌握了城邦统治权的人们。① 塞拉西马柯的说法已经摆脱了具体事例列举的局限,进入普遍定义的范畴了。更重要的是,他给出的定义具有了社会和政治的维度,与利益有了直接而密切的关系。接下来塞拉西马柯的论述亦围绕着统治者与被统治者的关系以及利益的分配来展开,由此,对正义的讨论从个人的德性转移到了政治,从私领域挺进到了公领域。智者塞拉西马柯敢于面对社会现实,更敢于赤裸裸地将社会上流行的不义之举认作正当的行为,这当然不能让苏格拉底以及在座的人满意。苏格拉底的反击虽然迫使塞拉西马柯承认自己的观点有问题,但并没有使他信服,也没有使在座的人信服。归根结底,他们所争论的乃是事实问题而非逻辑问题,而事实问题是不能通过辩论来解决的。无论苏格拉底如何成功地证明统治这种技艺的目的是为了被统治者的利益,正义的人又好又聪明而不正义的人又坏又无知,② 他仍然无法改变"不义之人得福而正义之人吃亏"这个基本的、在座的人司空见惯的事实。第一卷到此结束,苏格拉底不得不承认自己对"什么是正义"并没有得出结论。在这一卷苏格拉底的反驳中出现了显而易见而又不堪一击的诡辩,这一点他的对话者却似乎没有意识到。这种现象在《理想国》后面的论证中还会反复出现,例如为什么理想城邦中的德性不多不少恰好是智慧、勇敢、节制与正义这四种呢?要知道虔诚也是古希腊人非常重视的美德,柏拉图的对话《欧绪弗洛篇》的主题即是虔诚,他在《理想国》《蒂迈欧篇》《法律篇》等对话中显露出来的神学思想十分惹人注目。有学者认为,柏拉图之所以没有将虔诚列入理想城邦的

---

① [古希腊] 柏拉图著,郭斌和、张竹明译:《理想国》,338C-339A。
② [古希腊] 柏拉图著,郭斌和、张竹明译:《理想国》,342E-343A;350C。

主要德性，原因就在于共妻共子的制度本身就是乱伦的、不虔诚的。① 当然，撇开这种明显的诡辩不谈，柏拉图对四种美德的排序似乎暗示着它们之间的层次关系。正义在美德序列中之所以排在最后，乃是因为它是一种抽象度和综合性更高的德性，是其他美德产生和赖以维持的主要原因。

第二卷开篇是格劳孔兄弟的长篇"不义颂"。② 事实上，第一卷中塞拉西马柯在陈述自己的观点时已经向人们描绘了一幅当时社会上不义横行的画面，而格劳孔兄弟不过是让这幅画面更加完整逼真，且更深入地揭示出了导致不义横行的人性与社会风气等方面的原因。格劳孔说，正义的起源与本质不过是人们一方面希望享受自己的不正义带来的利益，一方面又不愿意遭受别人的不正义带来的伤害，故而不得不订立契约以约束人们的行为。③ 因此人们在实施正义的时候都犹豫不决，况且不义之人的日子过得确实比正义的人好得多。④ 如果给不义之人和正义之人每人一枚能使人隐身的"巨基斯的戒指"，那么他们都会肆行不义。⑤ 社会上真正正义的人如果没有正义的名声，他的生活会十分悲惨；相反，那个具有正义之名的最不正义的人却生活幸福，万事亨通。⑥ 格劳孔的描画已经让苏格拉底震惊不已，他的兄弟阿德曼图斯又进行了补充。阿德曼图斯说，在希腊各个城邦具有极大影响力的诗人们所赞美的是正义的名声而非正义本身，并告诉我们正义之路艰难而漫长，不义之路却平坦又不远。人们可以行不义得到权势和财富，再用财富来贿赂神灵为自己赎罪。诗人们的这种说教无

---

① ［美］尼柯尔斯著，王双洪译：《苏格拉底与政治共同体——〈王制〉义疏：一场古老的论争》，第132页。
② 参见程志敏：《古典正义论：柏拉图〈王制〉讲疏》，第五章"不义颂"。
③ ［古希腊］柏拉图著，郭斌和、张竹明译：《理想国》，358E-359B。
④ ［古希腊］柏拉图著，郭斌和、张竹明译：《理想国》，358C。
⑤ ［古希腊］柏拉图著，郭斌和、张竹明译：《理想国》，360C。
⑥ ［古希腊］柏拉图著，郭斌和、张竹明译：《理想国》，361E-362C。

疑会诱导青年走上不义之路，他们暗行不义却戴着正义的假面具欺世惑民。① 格劳孔的描述是接着塞拉西马柯的观点继续说，将正义问题与利益紧紧捆绑在一起；还涉及了正义与城邦、法律的起源问题，这为苏格拉底后来用创建城邦的方法探讨正义起到了开路先锋的作用；他还提到了人性问题，试图从人性方面来找到正义问题的根源，这为后面苏格拉底探讨人的灵魂正义做了铺垫。阿德曼图斯的说法强调了名声的重要性，更重要的是他明确提到了正义的一个新领域——神的正义。② 问题至此已经全面展开，从老一代人自生活经验得出的朴素正义观，到智者直面社会现实提出的对政治不义的歌颂，到格劳孔兄弟对正义的起源与本质、人性基础和社会教育与风气对正义的不利影响的细致刻画与分析，世俗正义、城邦正义、个人（灵魂的）正义与神的正义③也已经悉数登场，尽管尚未获得明确的界定。

接下来苏格拉底应在座青年们的强烈要求，为正义辩护。他提出，个人的正义与城邦的正义是类似的，因此可以先研究城邦中"大字的正义"，再以此类推研究个人"小字的正义"。④ 为此他们需要首先用言辞创建一个理想的城邦。因为人们不能做到自给自足，就需要聚集起来组成城邦来满足彼此的需要；又因为每个人的品性、天赋能力不同，故适宜从事不同的职业，且最好终身只从事一种职业。根据上述原则他们创建出了第一个城邦，组成这个城邦的主要是农民、手工业者和商人等这些从事满足人们基本物质需求的人们。苏格

---

① ［古希腊］柏拉图著，郭斌和、张竹明译：《理想国》，364A-366D。
② 第一卷克法洛斯在谈到老年生活时也曾提到作恶之人在阴间受到惩罚的问题，也属于神的正义，但那时正义的问题尚未提出。
③ 此处将四种正义罗列在一起，并不意味着它们都处于同一层次，属于同一范畴。事实上，城邦正义与个人正义都是柏拉图式的正义，世俗正义与神的正义在某种意义上属于同一类正义。总之，从不同的角度可以对这四种正义进行不同的划分。
④ ［古希腊］柏拉图著，郭斌和、张竹明译：《理想国》，368D-369A。

拉底认为这是一个真正的国家，是健康的城邦，但却被格劳孔轻蔑地称之为"猪的城邦"。① 于是他们再进一步构建奢华的城邦或发高烧的城邦。② 事实上，虽然苏格拉底赞同健康的城邦那种朴素的生活方式，但在这种城邦中是无法找到正义的。一般而言，在治理良好的社会中人们对正义问题不太敏感，只有在社会混乱、不义横行之时，人们才深切地呼唤正义。此外，人们对什么是正义有着千百种不同的看法，对什么是不正义却基本上意见一致。这印证了正义观念的产生乃是在不义流行之后，所以穆勒认为正义最好用它的对立面来加以规定。③ 在《理想国》的开篇，富有生活经验的老人克法洛斯就是从否定角度给出的正义观点。柏拉图在论述了城邦的正义和个人灵魂的正义之后，紧接着说正义的国家和正义的人不会做一系列不正义之事，诸如不会侵吞盗用受托保管的金银财宝、不偷盗、不当叛徒、不通奸、不守信、不履行宗教义务等，④ 这实质上与克法洛斯的正义观念相同，基本上是从否定的角度，以列举具体事例的方法来为正义下定义，而这种正义正是世俗正义。⑤ 世俗正义的内容在很大程度上与某

---

① ［古希腊］柏拉图著，郭斌和、张竹明译：《理想国》，372D-373A。
② ［古希腊］柏拉图著，郭斌和、张竹明译：《理想国》，373A。
③ ［英］约翰·穆勒著，徐大建译：《功利主义》，第52页。
④ ［古希腊］柏拉图著，郭斌和、张竹明译：《理想国》，443A。
⑤ 1963年，大卫·萨克斯（David Sachs）发表了《柏拉图〈理想国〉中的一个谬误》一文。他着力论证了柏拉图《理想国》中的正义论证的一个根本的逻辑悖谬，即，在《理想国》中最初被提出来并希望得到论证的是一个世俗的正义概念，但是随着这一论证的发展，取而代之的实际上是对一个柏拉图式的正义概念的论证。对此，聂敏里进行了回应。聂敏里认为，柏拉图不是不假思索地就设定了"大字的正义"和"小字的正义"之间的一致关系，然后又贸然地按此关系来进行正义的研究的。相反，柏拉图对这种一致关系的性质是有着明确的问题意识和清楚的回答的。大字的正义和小字的正义对于柏拉图来说并不是一种在结构上的一致性，相反，它们具有内涵上的一致性，它们是同一个"正义的"秩序在城邦中和在个人灵魂中的体现。David Sachs, "A Fallacy in Plato's Republic," in Nicholas D. Smith ed., *Plato: Critical Assessments* III, London and New York: Routledge, 1997. 聂敏里：《〈理想国〉中柏拉图论大字的正义和小字的正义的一致性》，《云南大学学报（社会科学版）》，2010年第1期。

个特定时代、特定社会的特定人群之传统观念与风俗习惯多有重合，是被该群体普遍认可的一系列行为规范。《理想国》中所提到的世俗正义，除上述内容外，还包括玻勒马科斯提出的"助友损敌"；不损公肥私，不徇私情干坏事；守法践约；对父辈要表示尊敬，关心、照顾、服从他们；不接受贿赂，不贪得无厌；无人可以占有属于他人的东西，而他拥有的东西也不能被剥夺；等等。① 可见，推崇普遍定义的柏拉图并没有为世俗正义提供一个明确的抽象概念，也同普通人一样（不得不）满足于经验层面的具体事例枚举。

奢华的城邦需要满足人们诸多过度膨胀的欲望，因此战争成为不可避免的事情，于是专门从事战争的战士阶层就出现了。此外，还需要在战士阶层中挑选一些出类拔萃之人作为统治者。如此，奢华的城邦就由三个等级组成：治国理政的统治者、从事战争的战士（这两者可以合称为卫士等级）和从事农业、手工业、商业等物质生产活动的第三等级。② 柏拉图甚至还专门编造了一个"高贵的谎言"来为三个等级的划分寻找神学上的依据。苏格拉底花费了大量篇幅论述卫士的品质和教育问题，这实质上已经是在净化"奢华的城邦"了。③ 净化基本完成后，他们终于认为可以在净化的城邦中寻找正义了。柏拉图认为一个全善的城邦必然具有智慧、勇敢、节制和正义四种美德，而城邦的品德不可能来自别处，只能来自公民的品德。④ 所以城邦的智慧在于统治者的智慧，城邦的勇敢在于战士的勇敢，节制是三个等级共有的品德。在依次找到了前三种美德之后，剩下的一种自然

---

① ［古希腊］柏拉图著，郭斌和、张竹明译：《理想国》，344A、359A、463D、390E、433E。
② 柏拉图所著的《理想国》等政治哲学论著，以埃及种姓制度与希腊城邦制度为基本素材。冯天瑜：《中华元典精神》，武汉：武汉大学出版社，2006年，第84页。
③ ［古希腊］柏拉图著，郭斌和、张竹明译：《理想国》，399E。
④ ［古希腊］柏拉图著，郭斌和、张竹明译：《理想国》，435E。

是正义。柏拉图找到的城邦正义是每个人根据自己具有的不同天赋才能与品性，从事一份适合自己的职业，做好自己的分内之事并且不试图干涉他人或兼做多种职业。① 其实正义就蕴含在他们创建城邦之初所确定的原则之中，② 这显然有循环论证之嫌。至于个人的正义，实质上是灵魂的正义。柏拉图将人分为肉体与灵魂两部分，人的本性取决于灵魂。与城邦由三个等级构成相似，每个人的灵魂也由三个部分组成，即理智、激情与欲望。理智相当于统治者等级，激情相当于战士等级，欲望相当于第三等级。个人的正义或灵魂的正义，就是灵魂之中的三个部分各司其职，理智领导，激情辅助，二者共同监督和控制占据灵魂最大部分的欲望；反之，不正义即是灵魂"三种部分之间的争斗不和、相互间管闲事和相互干涉"③。

可以看出，柏拉图式的正义，无论是城邦正义还是个人灵魂的正义，都类似某种"和谐"，其根本之点在于智慧因其本性应该统治，激情应该辅助智慧，而欲望作为卑劣部分理应受统治。就个人灵魂的正义而言，柏拉图指出，一个人如果是正义的（柏拉图式的正义），那么他自然不会做一些不正义（世俗正义）的事。④ 显而易见，柏拉图混淆了两种不同性质的正义，而且模糊了道德意愿与道德行为的界限。虽然如此，柏拉图将世俗正义作为最终目的的意图却明白无误地展示出来。城邦的正义意味着一种专家治国式的精英政治，几乎完全

---

① ［古希腊］柏拉图著，郭斌和、张竹明译：《理想国》，433A－434C。谢文郁认为，柏拉图企图在辩证法中界定正义概念，展示了正义概念中的真理问题，并追求在真理意识中理解正义，给正义困境指出一条出路。这样，正义困境就成了真理困境。谢文郁：《正义与真理——柏拉图〈理想国〉的问题、方法和思路》，《中山大学学报（社会科学版）》，2017年第2期。
② 柏拉图的正义观与他的社会分工理论有关，而分工论正是城邦国家起源、建立和发展的自然基础。黄颂杰：《正义王国的理想——柏拉图政治哲学评析》，《现代哲学》，2005年第3期。
③ ［古希腊］柏拉图著，郭斌和、张竹明译：《理想国》，441E－442B、444B。
④ ［古希腊］柏拉图著，郭斌和、张竹明译：《理想国》，443A－B。

排除了其他成员参与政治的可能性。这种专业化正是苏格拉底的追求，也是柏拉图对雅典民主制弊端的矫枉过正。更重要的是，他们在其中寻找正义等美德的城邦并不是理想的城邦，因为哲学家还没有出现，还没有因其本性而自然地成为城邦的统治者。其实苏格拉底也早已说明，这并不是达到他们讨论目的的最好方式，还有一条更加漫长而艰难的路能够更好地解决问题。① 根据柏拉图的想法，当时没有一个现实中的城邦是正义的。只有哲学家成为王，或者当时的那些统治者能严肃认真地追求智慧，使政治权力与聪明才智合而为一，否则国家永远不会安宁，全人类也不能免于灾难。② 换言之，柏拉图的理想城邦是哲学家王统治的城邦，是真理统治的城邦。基于此种认识，他们开始向那条更加漫长而艰难的路前进，讨论哲学的真正本性，讨论如何培养真正的哲学家，怎样让他们做城邦的统治者。这实质上是在回答什么才配称得上是智慧，什么样的人才能拥有智慧而成为统治者这些重要的问题。对"净化了的城邦"统治者的培养与理想城邦统治者的培养是相当不同的，统治者的不同成长道路或许就是这两种城邦的根本区别。但是柏拉图似乎没有注意到，哲学家王这个概念本身由于它所标明的双重身份，也因此是双重职业，与他的正义原则明显冲突。③ 对此一种可能的解释就是，每人只从事一种职业这种正义规定仅在非理想城邦（即健康的城邦、奢华的城邦和净化了的城邦）中适用，而在真正的理想城邦中，因为哲学家做了统治者，正义（包括城邦正义、个人正义、世俗正义、神的正义）自然会实现。无论如何，柏拉图坚持认为，只有哲学家王才真正理解什么是正义，才能实现正义。

---

① ［古希腊］柏拉图著，郭斌和、张竹明译：《理想国》，435D。
② ［古希腊］柏拉图著，郭斌和、张竹明译：《理想国》，473D-E。
③ 王玉峰：《城邦的正义与灵魂的正义：对柏拉图〈理想国〉的一种批判性分析》，北京：北京大学出版社，2009年，第151页。

韩非子的正义思想
——兼与柏拉图的正义思想比较

神的正义与柏拉图的神学思想密切相关。《理想国》第一卷开篇交代的故事背景是苏格拉底和格劳孔"下行"到庇莱厄斯港去参拜一位女神，① 而《理想国》的结尾亦是关于神在人死后如何惩恶扬善的论述，这样的写法暗示了神的正义在柏拉图思想中的重要地位。柏拉图的神学以及神的正义与当时希腊社会上流行的观点存在很大的差异。像任何民族的原初时代一样，古希腊人亦笃信诸神。希腊神话中的神与人"同形同性"，具有人的一切缺点，只是神更加聪慧、美丽、强壮，永生不死。后来随着自然哲学家的出现，尤其是智者运动的兴起，人们对神的信仰发生了一些改变，有些人开始怀疑神是否存在，对神人关系提出了新的看法。对神之存在的怀疑一方面提高了人的地位，有助于人本主义思想的产生和发展；另一方面也会使人们在做不义之事时不再害怕受到神的惩罚。到柏拉图的时代，社会上流行的神学观点基本上来自诗人们的作品如著名的《荷马史诗》和《神谱》以及智者的说教。柏拉图曾将这些观念概括为三点：其一，诸神不存在；其二，即使诸神存在，他们也不关心人间的事务；其三，即使诸神关心人间事务，人们也可以通过贿赂诸神来达到自己的目的。② 这些观念的产生自然有其社会基础与事实根据。《理想国》和《法律篇》中均提到，无论是在诗歌中还是现实中，人们听到、见到不少恶人得福而好人遭殃的事例，于是对神的信仰发生动摇，认为神根本不关心人事，或恶人可以通过祭祀贿赂诸神为自己免罪求福。③ 在柏拉图看来这些观点对于社会正义具有极大的腐蚀性，因此他对诗人们在作品中不负责任的说法极为不满，认为正是诗人歪曲了神的形

---

① 作为哲学家的苏格拉底"下行"到鱼龙混杂的港口这一世俗之地，意味着哲学家从光明的理念世界下降到黑暗的意见洞穴。程志敏：《古典正义论：柏拉图〈王制〉讲疏》，第28页。
② [古希腊]柏拉图著，王晓朝译：《柏拉图全集》第三卷，《法篇》885B。
③ [古希腊]柏拉图著，王晓朝译：《柏拉图全集》第三卷，《法篇》899D-900B, 906D。

象，导致了社会风气的严重败坏。柏拉图坚持认为，神是存在的，是单一的，尽善尽美的；神并非一切事物的原因，仅仅是好事物的原因；神是正义的，痛恨不正义的人，喜爱正义的人；神对人间事物十分关心，甚至会派厄尔作为使者来向人类传递死后世界的信息，让人们知道神是公正无私的，绝对会根据人们生前的作为来惩恶扬善。① 柏拉图苦心孤诣地强调神的存在与惩恶扬善的功能，不过是想借天上生活的美好幸福、冥世地狱的悲惨苦难来诱惑与恐吓现世的人们多行义事。②

事实上，《理想国》中苏格拉底的对话者先后提出的几种正义观都被柏拉图吸收进自己的正义思想中。哲学家王是由城邦培养出来的，如此，他们必须回报城邦，即使不情愿也应该义不容辞地担任统治者。这正是克法洛斯"欠债还钱"的正义观。柏拉图强调希腊城邦之间的战争是兄弟之间的内战，而希腊人与外族的战争是敌我之争，这体现的恰恰就是玻勒马科斯"助友损敌"的正义观。而遭到最严厉批判的智者塞拉西马柯的观点"正义是强者的利益"，也曲折地表现在柏拉图重视城邦整体利益而忽视个人世俗幸福的论述之中。毕竟，与掌握了有组织之合法暴力的城邦相比，个人是渺小的。

在柏拉图的时代，社会风气败坏，正义缺失，因此如何重建正义是他关注的重要问题。柏拉图的正义思想不是单一的，是由四种不同

---

① [古希腊]柏拉图著，郭斌和、张竹明译：《理想国》，381C-D、380C-D、352A-B、614D、615A-C。
② 古代的神有产生善恶的两重性质，这似乎与当时人们生活于氏族的血缘组织有关。氏族既是族人的保护，又是族外之人的障碍，氏族的神也是这样，对族人是善的，对族外人自然就是恶，因此具有善恶二重性质。柏拉图坚决反对这种观点，认为神的惩罚对受罚者实是一种恩惠，是善举，而非邪恶。这种观点反映了氏族血缘关系破坏后，在以城邦为限度的人类政治共同体中对传统宗教观念的超越，这无疑也是人类精神觉醒的一种表现，对普遍人类观念的形成是有益的。蒋重跃：《韩非子的政治思想》，第190页。

的正义观念叠加、耦合在一起的，即城邦的正义、个人灵魂的正义、神的正义和世俗正义，这使得柏拉图的正义思想具有模糊性、复杂性和复合性。城邦的正义和个人的正义富于新意和创造性，可以称之为柏拉图式的正义。世俗正义虽然没有被明确地定义，仅作为一股暗流涌动在对话之中，但却贯穿始终，事实上是柏拉图论证的最终目的。可以说，城邦的正义为个人良好道德的养成提供必需的外部环境与保障，甚至借助国家的强制力迫使每一个公民成为正义之人（世俗正义）；个人灵魂中的正义使得每个人内心和谐安定，为公民成为正义之人（世俗正义）提供内部的必需条件；神对每一个人死后的褒奖与惩罚无疑是为实现世俗正义多加了一重神秘而恐怖的保险，颇有"神道设教"的意味。柏拉图的正义思想大致如此，那么这种正义思想实现的关键是什么呢？

二 哲学家王：正义实现的关键

柏拉图坚信他的理想城邦完全有可能变为现实，条件就是哲学家成为王，或者现在的那些统治者能够成为哲学家，使政治权力与哲学智慧结合起来。① 这样，问题就在于：什么样的人才是真正的哲学家？如何培养哲学家？如何让哲学家当上统治者？哲学家又如何统治？柏拉图对这些问题一一给予了回答。

在柏拉图的时代，哲学家在城邦中的名声并不太好。人们认为哲学家要么是无用之人，要么就是怪人甚至是坏蛋。② 所以，苏格拉底在提出只有哲学家当统治者才能实现正义时，会那么犹豫不决，称之为"最大的怪论之浪"。③ 哲学家之所以声名狼藉，在柏拉图看来，

---

① ［古希腊］柏拉图著，郭斌和、张竹明译：《理想国》，473D－E。
② ［古希腊］柏拉图著，郭斌和、张竹明译：《理想国》，487D。
③ ［古希腊］柏拉图著，郭斌和、张竹明译：《理想国》，473C－D。

首先是因为哲学家与国家的关系十分紧张,现实的环境不允许哲学家的产生与成长;其次是有一些卑劣的人趁机冒用哲学的名义干坏事。① 真正的哲学家是那些眼睛盯着真理的人,能够把握永恒不变的事物,而现实中被称为哲学家的人大多数只能叫作爱意见者。②

那么如何培养真正的哲学家呢?首先,必须挑选天赋颖异的孩子。他们具有最坚定、最勇敢的品质;热爱学习,记忆力强,并且勤奋努力,百折不回。③ 其次,让这些孩子接受长期的教育,直到五十岁。他们的主要课程有数学、平面几何、立体几何、天文学和辩证法等。这些课程都能引导人的灵魂之眼"向上看",逐步脱离感性事物的羁绊,去观照理念世界。④ 问题是,在完成了培训之后,哲学家们不愿再返回黑暗的意见洞穴,而更愿意徜徉在光明的理念之域。为此,城邦必须说服甚至强制哲学家们治理国家,这是因为哲学家是城邦耗费心血培养出来的。直到培养出接班人,哲学家王才能退到"乐土"过一种纯粹的哲学生活。⑤ 那么哲学家在统治城邦的时候,应该怎样做才能实现正义呢?

柏拉图秉持理念论,以之作为绝对的真理和标准来评价历史和现实中的城邦,这样评价的结果自然是现存的城邦无不存在致命的缺陷。所以,哲学家王首先要做的第一件事就是彻底地净化城邦与个人,用柏拉图的比喻来说就是将画板擦干净。⑥ 这让人联想到洛克的"白板说",但二者的意义不同。具体的做法,是将城邦十岁以上的

---

① [古希腊] 柏拉图著,郭斌和、张竹明译:《理想国》,488A-489D。
② [古希腊] 柏拉图著,郭斌和、张竹明译:《理想国》,475E、484B、480A。
③ [古希腊] 柏拉图著,郭斌和、张竹明译:《理想国》,535A-C。
④ 教育在柏拉图那里不是对知识和信息的获得,不是把知识放进灵魂。教育是让灵魂转向其应该关注的对象和方向上去,让它能使用自身的能力去看。余纪元:《〈理想国〉讲演录》,北京:中国人民大学出版社,2009年,第238页。
⑤ [古希腊] 柏拉图著,郭斌和、张竹明译:《理想国》,540A-C。
⑥ [古希腊] 柏拉图著,郭斌和、张竹明译:《理想国》,501A。

居民全部送到乡下去，只把十岁以下的孩子接收过来，按照哲学家王制定的习惯和法律来培养。① 十岁以上的人已经定型，很难改变了，只能"流放"出去，在乡下充当第三等级。毕竟城邦治理的好坏取决于前两个等级，与第三等级关系不大。接受了正确培养的孩子以后就成为城邦的卫士。哲学家王在培养孩子时应该遵循一定的原则，这些原则就是理想城邦的习俗与法律，或者称之为"宪法"。宪法的内容在《理想国》中是零散出现的，到《法律篇》发展成为一套比较完整的系统。零散并不意味着不重要。不少人认为柏拉图的理想城邦是"人治"的，即主要由哲学家王按照自己对正义理念的理解来管理和塑造城邦，法律的作用微乎其微。直到《法律篇》柏拉图才实现从"人治"向"法治"的转变。事实上，柏拉图反复强调哲学家王的统治是法律之下的统治，只不过柏拉图反对制定琐碎的法律，而满足于提出一系列概括性的原则。他认为哲学家王自然会在原则的指导下根据实际的具体情况作出适宜的决策。这样就能将法治的优点与哲学家王的智慧最完美地结合起来而避免二者各自的缺陷。即使到晚期的《法律篇》，柏拉图仍然认为在宪法指导下的贤人政治是最完善的政体形式，法律统治的城邦不过是"第二好"的城邦，是对现实与人性的妥协。至于理想城邦的原则与宪法，实质上是立法者或哲学家王按照对正义理念、城邦理念等的理解而制定出来的。换言之，哲学家王对城邦治理的最高指导思想不是别的，而是作为绝对真理出现的理念。

柏拉图之理想城邦的实现基本上倚重于哲学家的成功培养与哲学家王按照理念进行的完善治理。那么这样的一种学说具有什么特点，又有哪些局限呢？

---

① [古希腊] 柏拉图著，郭斌和、张竹明译：《理想国》，541A。

三 柏拉图正义思想的特点与局限性

柏拉图的正义思想具有国家利益至上性、道德性、复古性和强制性等特点，同时存在保守性、绝对性、空想性等局限。

1. 特点

国家利益至上性。① 柏拉图反复强调城邦整体的利益，在遴选统治者的过程中，能否始终坚持为国家利益服务是最重要的标准。② 为了城邦的整体利益，可以牺牲一部分人的世俗幸福。他说，"我们建立这个国家的目标并不是为了某一个阶级的单独突出的幸福，而是为了全体公民的最大幸福"。③ 作为统治者的哲学家王是在国家的强迫下实施统治的，他们失去了在理念世界徜徉的幸福；战士们没有家庭，生活清苦，在世俗之人看来也算不上幸福；第三等级虽然有可能拥有财富与家庭，但不能参与城邦的公共生活，与政治权力无缘，主要的作用在于供养卫士等级。这在重视政治参与的古希腊人眼中，无疑是可悲的。亚里士多德在逐条批驳了柏拉图的理想国方案后指出，如果城邦的大多数，或所有人或某些人没有享受到幸福，整个城邦就不可能有幸福可言。④ 柏拉图如此强调城邦的利益，与当时的社会风气有关。雅典是智者运动的中心，智者们宣扬的个人主义、怀疑主义和相对主义，使得人们极为重视自己的私利，甚至不惜为此损害城邦的整体利益；伯罗奔尼撒战争之后，这种情况更加严重。这些都迫使苏格拉底和柏拉图站出来力挽狂澜，高扬道德的大旗，强调城邦整体

---

① 在柏拉图的正义论中，个人和国家统一的基础是国家，至高无上的是国家和国家的正义。袁久红、王海风：《柏拉图的国家主义正义论——〈理想国〉的政治哲学解读》，《东南大学学报（哲学社会科学版）》，2004 年第 2 期。
② ［古希腊］柏拉图著，郭斌和、张竹明译：《理想国》，413C-D。
③ ［古希腊］柏拉图著，郭斌和、张竹明译：《理想国》，420B。
④ ［古希腊］亚里士多德著，吴寿彭译：《政治学》，1264b15-20。

的利益。

道德性。柏拉图将正义认定为一种美德,既是城邦的美德又是个人的美德,① 这决定了他的正义思想具有强烈的道德色彩。苏格拉底的哲学实质上就是一种道德哲学,柏拉图亦对道德问题十分关注。《卡尔米德篇》讨论节制,《拉凯斯篇》讨论勇敢,《吕西斯篇》讨论友爱,《欧绪弗洛篇》讨论虔诚,《普罗泰戈拉篇》讨论美德等。在《理想国》的叙述中,苏格拉底之所以受邀讨论正义问题,是因为在座的青年们看到了社会上大量不道德的现象,他们对人应该如何生活产生了疑问。这说明柏拉图的问题意识之核心在于人的道德生活。正如上文所述,世俗正义基本上涵盖了人们日常生活中的道德内容,而实现世俗正义恰恰是柏拉图正义思想的目的所在。神的正义主要是赏善罚恶,而善恶正是道德上的判断。

复古性。或称为原始性,这主要是指柏拉图的理想城邦中男女地位比较平等,以及在卫士等级中废除私有财产,实行共妻共子的制度而言。众所周知,在原始社会,无论男女,氏族成员的地位是平等的,人们没有私有财产;婚姻制度方面,曾实行了较长时期的群婚制,即互相通婚的两个氏族,一个氏族的男子是另一个氏族的女子的共同丈夫,反之亦然。直到私有制牢固确立起来之后,才出现了针对女子的专偶婚和私人家庭,以便为男子生育合法的继承人。② 在柏拉图的时代,雅典女性地位很低,她们不是公民,最多可以说是"消

---

① 作为伦理道德范畴,正义更高、更普遍。正义是四种美德之一但又是基础,与其他美德一样,正义表现在伦理共同体的生活中,同时正义也表现在其他美德中。金生鈜:《德性教化乃心灵转向——解读柏拉图的德性教化理念》,《湖南师范大学教育科学学报》,2002 年第 2 期。
② 参见《古代社会》和《家庭、私有制和国家的起源》的相关内容。[美] 摩尔根著,杨东莼、张栗原、冯汉骥译:《古代社会》,北京:商务印书馆,1971 年;[德] 恩格斯著,中共中央马克思恩格斯列宁斯大林著作编译局编译:《家庭、私有制和国家的起源》,北京:人民出版社,2018 年。

极公民";没有任何政治权力,没有经济自主权,没有完全的法律行为能力,基本上过着隐居生活。在合法的婚姻里,女性的职责是料理家务和生育合法的子嗣。① 正是考虑到强大的世俗观念,苏格拉底才把他建议的三种制度可能遭遇的强烈抵抗称为"三个浪头"。男女平等是第一个浪头。柏拉图认为,各种天赋才能同样分布于男女两性,女性可以做任何事情,男性也可以做任何事情,只是女性比较弱一些。② 根据城邦的正义原则,人应该从事符合自己天赋才能的工作,为此女性应该接受与男性同样的教育,③ 甚至可以当"哲学女王"。柏拉图的女性观即便放在现代社会也并不落伍,在古代社会堪称激进。他为什么会产生如此激进的女性观呢?原因是多方面的。首先,柏拉图所设计的理想城邦明显以斯巴达的政治制度为蓝本,而在斯巴达,女性有一定的受教育权和经济自主权,甚至有机会参与政治,享有较多的自由。④ 在此基础上,柏拉图将女性的地位进一步提高也是合乎情理的。古希腊社会流传的阿玛宗女战士的故事,也给了柏拉图创作的灵感。因此柏拉图看似背离传统的观念,却有着深厚的传统根底。其次,根据柏拉图的灵魂学说,尤其是厄尔的故事,人的本性取决于灵魂,而灵魂永恒不灭,在每一次轮回中可以选择任何性别。⑤ 最后,也是最重要的,柏拉图强调国家对个人的控制。如果按照古希腊的传统,将女性排除在公共生活之外,任由父亲和丈夫来管理,那么国家已然失去了对一半人口的控制权。对此,特雷弗·J. 桑德斯

---

① 裔昭印等:《西方妇女史》,北京,商务印书馆,2009 年,第一章第一节"古典时代的女性"。
② [古希腊] 柏拉图著,郭斌和、张竹明译:《理想国》,455E。
③ [古希腊] 柏拉图著,郭斌和、张竹明译:《理想国》,456D。
④ 裔昭印等:《西方妇女史》,第一章第一节"古典时代的女性"。
⑤ 尼古拉斯·D. 史密斯认为灵魂是无性别的 (sexless)。Nicholas D. Smith, "Plato and Aristotle on the Nature of Women," in Nicholas D. Smith ed., *Plato: Critical Assessments* Ⅲ, London and New York: Routledge, 1997.

指出，柏拉图的核心关切是控制私生活。① 第二个浪头是共妻共子制度与废除私有制。在卫士等级中，全体女性归全体男性共有，没有一对男女可以独自成家，孩子也是公有的，父母不知道谁是自己的子女，孩子也不知道父母是谁；他们除了自己的身体之外，没有任何私有财产。② 之所以如此，是因为柏拉图认为，人们之间的纠纷都是由财产、子女与亲属的私有造成的。③ 既然如此，为了防止国家被党派纷争搞得四分五裂，为了防止当权者为了私利私情贪污舞弊，在卫士等级中废除家庭与私有制，实行财产、妻子与儿女的公有制就是一个自然的、合乎情理的并且可行的措施。当然，这些制度如果从与原始社会相似的角度来看，属于复古、原始；如果从女性解放的角度来看，可称之为超前、激进。

强制性。这涉及正义与利益的关系。在普通民众眼中，正义是他人的好处，是强者的利益，而不正义是对自己有利。④ 因此没有人会自觉自愿地实行正义，人们实施正义总是由于受到约束。他们确实相信，做不正义之事对个人来说比做正义之事更有利。⑤ 亚里士多德亦认为正义（或译为公正）是关心他人的善，造福于他人。⑥ 普通人之所以形成这种观点，社会上不义之人得福而正义之人生活悲惨的不合理现象要负很大的责任。既然如此，要想在社会上重建正义，势必要约束人们的行为，甚至强制人们实践正义。强制力甚至暴力是国家的基本属性和功能，柏拉图对国家强制力的运用没有丝毫犹豫。他说，

---

① "His central concern is to control private life." Trevor J. Saunders, "Plato's Later Political Thought," in Nicholas D. Smith ed., *Plato: Critical Assessments* Ⅳ, London and New York: Routledge, 1997.
② ［古希腊］柏拉图著，郭斌和、张竹明译：《理想国》，457D、464D－E。
③ ［古希腊］柏拉图著，郭斌和、张竹明译：《理想国》，464E。
④ ［古希腊］柏拉图著，郭斌和、张竹明译：《理想国》，367C－D。
⑤ ［古希腊］柏拉图著，郭斌和、张竹明译：《理想国》，360C－D。
⑥ ［古希腊］亚里士多德著，廖申白译注：《尼各马可伦理学》，1130a1－5。

卫士等级的主要作用就在于对内镇压不法之徒，对外抗击虎狼之敌。① 所谓的不法之徒，就是那些不按照城邦的正义、个人的正义来生活的人，就是那些不遵守城邦法律的人，还包括那些宣扬不符合城邦精神的思想的诗人。柏拉图明白地说，城邦对那些体格不健全的人，比如说身体有缺陷的，那就让他们去死；那些灵魂天赋邪恶而又不可救药的人，城邦就毫不姑息地处之以死。② 身体有缺陷的人不能像正常人一样工作，不符合城邦正义的原则；灵魂邪恶的人没有做到柏拉图式的个人正义，也是不正义的。这样的人不容于理想的正义城邦，必然被无情地处死。此外，柏拉图对思想的管制尤为严格，他反复强调城邦要强迫诗人按照既定的原则来进行创作和表演，否则会受到惩罚甚至被驱逐。③ 哲学家王的统治亦存在强制甚至暴力的色彩。从洞穴比喻可以看出，第一个被释放的囚徒，他的上升之路充满了强制：他被强迫看火光，被硬拉着走崎岖不平的坡道来到阳光之下。他在经受了无数痛苦终于认识了太阳之后，会被迫再次下行到洞穴中试图拯救那些囚徒，④ 亦即哲学家王开始统治世俗的城邦。哲学家王的统治既有说服亦有强制，⑤ 芬利就认为，柏拉图的专家即哲学家，能够做出（并且因而应当被授权强制执行）完全正确的和权威的决策。⑥ 苏格拉底被城邦处死，哲学家在洞穴中被杀害，无不是因强制改变民众的世俗观念与行为而激起的反抗所导致的结果。城邦的强制力之外，相信人死后神会进行公正无情的审判，也是一种无形的强制力量，迫使人们在今生践行正义。

---

① ［古希腊］柏拉图著，郭斌和、张竹明译：《理想国》，415E。
② ［古希腊］柏拉图著，郭斌和、张竹明译：《理想国》，410A。
③ ［古希腊］柏拉图著，郭斌和、张竹明译：《理想国》，401B—C。
④ ［古希腊］柏拉图著，郭斌和、张竹明译：《理想国》，515C—517A。
⑤ ［古希腊］柏拉图著，郭斌和、张竹明译：《理想国》，519E。
⑥ ［英］芬利著，郭小凌、郭子林译：《古代民主与现代民主》，北京：商务印书馆，2018年，第38页。

2. 局限性

保守性，或称为凝固僵化性，意为固守某种成规定例而拒绝改变。柏拉图的理想城邦是敌视变化的保守城邦。柏拉图将卫士等级比作训练有素的猎犬，而猎犬一见到陌生人就狂吠不已，哪怕这个人并没有打它；它一看见熟人就摇头摆尾，哪怕这个人并没有对它表示好意。① 这说明理想城邦敌视新事物，即使无害也不行；而旧事物虽无益也要保留。卫士们必须小心提防富裕和贫穷潜入城邦，因为二者都能带来变化，改变原有的状况。② 音乐也不能有任何变化，孩子们应该从小就通过音乐养成遵守法律和秩序的精神，这样一来，一旦国家发生什么变革，他们就会起来恢复固有的秩序。③ 在《法律篇》中柏拉图仍然坚持这样的看法，认为除了从坏变成好，变化总是高度危险的。④ 既然理想城邦已经达到了完美的状态，那么任何改变都只能是变得更糟而不会变得更好。如此，城邦必然趋于保守。此外，城邦的等级制度是凝固不变的，等级之间的流动是不畅通的。虽然柏拉图也说过会发生"金父生银子"或"银父生金子"这样的例外情况，却并没有为此制定一条制度化的阶层流动之路。只有卫士的孩子才能接受由城邦提供的所谓自由民教育，第三等级是无权享有的。柏拉图在谈到医生和法官时，将一般的民众和手艺人（第三等级）与接受过自由民教育的人（卫士）相对比，⑤ 说明他们在受教育权上有显著的差别。城邦中三个等级所接受的不同教育决定了等级身份的世袭与固化。而卫士对第三等级的极端蔑视，⑥ 固然出于某种贵族偏见，但偏

---

① ［古希腊］柏拉图著，郭斌和、张竹明译：《理想国》，376A。
② ［古希腊］柏拉图著，郭斌和、张竹明译：《理想国》，421E-422A。
③ ［古希腊］柏拉图著，郭斌和、张竹明译：《理想国》，424B-425A。
④ ［古希腊］柏拉图著，王晓朝译：《柏拉图全集》第三卷，《法篇》797E。
⑤ ［古希腊］柏拉图著，郭斌和、张竹明译：《理想国》，405A-B。
⑥ ［古希腊］柏拉图著，郭斌和、张竹明译：《理想国》，396B-C。

见又何尝不是等级固化所产生的结果。等级固化的社会一般而言会趋于保守,这与柏拉图对变化的敌视是一致的。

绝对性,这与柏拉图的理念论有关。理念是真正的知识或者说是真理,是最完善的,因而具有标准性和绝对性。柏拉图认为每一个理念都是一类事物的唯一"范型",这些尘俗之物虽然都或多或少具有理念的特点,但并不完善,都是对理念的不完美模仿。"三张床"的例子生动地说明了这一点。既然理念是标准,那么掌握了城邦与正义理念的哲学家就能够并且必须按照理念的标准来重新塑造城邦,重建正义。正如芬利所分析的那样,如果某人相信绝对事物,无论是柏拉图哲学的绝对,还是任何其他的绝对,那么他便有了一个简单标准,并会用此标准来评价过去、现在和未来所有的政治行为。柏拉图一再说所有现存国家都不可救药地存在缺点;正义国家、理想国家将由哲学家王通过他们对理想国家形态的理解,而非通过对社会历史的研究进行统治。① 柏拉图对城邦起源与形成发展的探讨似乎是一种历史的分析方法,实际上与历史无关,完全是从某种假设前提出发演绎出来的,是逻辑的而非历史的。柏拉图反复强调真理的价值,蔑视常识与意见。他认为脱离知识的意见全都是丑的,哲学家之外的普通人不过是瞎子罢了。② 这样就引发了革命性或曰颠覆性,即柏拉图的正义思想对世俗的行为方式、现实的制度和思想观念具有革命性,意图彻底颠覆人们习以为常的传统。上述的男女平等、在卫士等级中废除私有财产并实行共妻共子之类的制度就具有强烈的反传统的革命色彩。哲学家对城邦的治理是全方位的彻底革命而非在现实基础上的点滴改良。用柏拉图的比喻来说,哲学家如同画家,必须将画板上原有的东西(城邦的传统和人的既有品性)全部清理干净,再在白板上重新

---

① [英]芬利著,郭小凌、郭子林译:《古代民主与现代民主》,第73—74页。
② [古希腊]柏拉图著,郭斌和、张竹明译:《理想国》,506C-D。

涂抹。① 这彰显出哲学与常识、意见，哲学家与城邦之间的紧张冲突：哲学要摧毁意见，意见要保卫自己的存在。②

空想性，③ 这是指在柏拉图正义思想指导下确立的制度难以实现。具体而言，共产制度、男女平等和共妻共子制度都具有理想的色彩，而城邦制度已经到了穷途末路。城邦制度在古希腊地区已经延续数百年，与小国寡民的城邦相伴随的是各种同盟。希波战争期间形成的提洛同盟以及由此发展而成的雅典帝国是希腊地区从小城邦过渡到地域性大国的一次尝试，但希腊人对独立自治的顽强坚守借助伯罗奔尼撒战争使得这种统一的尝试归于失败。战争结束后，各邦均陷入经久不息的危机之中，危机之根源即在于城邦制度本身已经到了末路。雅典的演说家伊索克拉底对此有所洞察，因此他希望由马其顿王来统一希腊，共同对抗波斯。④ 但伊索克拉底这样的人毕竟是少数，更多的人仍然相信城邦制度可以万古长存。柏拉图设计的理想国家就是一个典型的希腊小城邦，《法律篇》依旧。再说共产制度。在柏拉图的时代，私有制已经牢固地确立，不可能被轻易废除。理想城邦在卫士等级中实行公有制而在第三等级继续实行私有制，卫士等级过着一种仅能满足基本生活需要的简朴生活。这种"一国两制"会对苏格拉底强调的整个城邦的团结产生什么样的影响呢？他们或许会各自满足于分别享有的权力与财富，或许会因为互相嫉妒而产生分裂。况且理想城邦并不是处于与世隔绝的真空中，它不可避免地要与其他城邦发生联系和交往。在交往的过程中，外邦统治者对权力与财富的双重占

---

① ［古希腊］柏拉图著，郭斌和、张竹明译：《理想国》，501A。
② 王玉峰：《城邦的正义与灵魂的正义：对柏拉图〈理想国〉的一种批判性分析》，第136页。
③ 在西方思想史中，柏拉图是最典型、最鲜明的理想主义者。他是理想主义政治思想的开创人，他所涉及的问题和采用的方法在历史上的影响非常深远。陈恢钦：《柏拉图理想主义政治思想的基本特征》，《北京大学学报（哲学社会科学版）》，1999年第6期。
④ ［英］伯里著，陈思伟译：《希腊史》第三卷，第877—878页。

有不可能不给城邦的卫士留下深刻的印象。在内外因素的作用下，这种制度的稳定性是值得怀疑的。或许正是因此之故，柏拉图才反复强调教育以及思想审查的重要性，敌视任何外来的影响与可能的改变。众所周知，柏拉图的理想城邦是以斯巴达的制度为基础设计出来的。斯巴达在经过来库古改革后形成了一种在希腊世界看来比较独特的制度。在斯巴达公民之间，财产相差不多，而共餐制度又进一步强化了公民之间财产互享的关系。来库古严厉限制经济的发展，使他们满足于一种简朴的生活方式。与此同时，其他各邦却在努力发展经济，追求繁荣奢侈的生活。为了保障斯巴达式的生活与制度延续下去，必须尽量减少邻邦的不良影响。但在伯罗奔尼撒战争后，大量战利品和异邦的文化如潮水般涌入斯巴达，使得这个城邦发生了迅速激烈的变化。原来的简朴生活在短期内几乎荡然无存，人们竞相追求财富，于是斯巴达急剧衰落下去。柏拉图写作《理想国》的时候斯巴达的衰落尚不明显，而写作《法律篇》时，斯巴达的颓势已经无可挽回，他也逐渐认清了这种制度的不合理之处。亚里士多德对斯巴达政体的批判更加严厉。历史已经证明，在生产力和人的素质没有得到极大提升的前提下，共产制度是很难实现的。① 共妻共子的制度也不可能实现，家庭与私有妻子②本身就是为了产生合法的私有财产继承人。男女平等的理念在现代固然深入人心，制度上亦有一些保障，尚不能完

---

① 柏拉图"共产制"的最终目的是要使统治阶级不因私欲而争权夺利、发生内讧以致最后毁灭自身，其根本出发点是为了维护奴隶主阶级利益、挽救奴隶制社会的。这种违背社会发展规律、超越社会发展阶段的社会政治理论，在当时奴隶制社会江河日下的状况下最终无法得以实现。最后就连柏拉图自己也不得不承认其理论的空想性。在《法律篇》中柏拉图重新肯定了私有制，否定了共产制。王岩：《柏拉图、亚里士多德政治哲学比较研究》，《政治学研究》，2001年第4期。

② "Private Wives" 即私有妻子。Susan Moller Okin, "Philosopher Queens and Private Wives: Plato on Women and the Family," in Nicholas D. Smith ed., *Plato: Critical Assessments* Ⅲ, London and New York: Routledge, 1997.

全实现,在柏拉图的时代更无异于空想。

柏拉图正义思想的特点和局限已如上述。那么柏拉图正义思想的理论基础是什么呢?或者说产生这种正义思想的哲学依据是什么呢?

四 柏拉图正义思想的理论基础

1. 理念论

理念论是柏拉图最具创造力的哲学理论之一。"理念"是对希腊文 idea 和 eidos 的翻译,英译一般是 idea 或 form,目前有一些著作翻译为"型""相"或"范型"。《理想国》之前的对话《斐多篇》已经对理念进行了初步的讨论,指出了理念具有的一些基本性质:永恒不变、单一、不可见。[①] 柏拉图在《理想国》提出了系统的理念论。

柏拉图首先划分了可知世界与可见世界,人们只对可知世界才能有知识,对可见世界只能有意见,所以可知世界是知识世界,而可见世界是意见世界。可见世界可以按照清晰程度进一步划分为两段,第一段是影像,如物体的阴影,水中的倒影等,与这一段对应的人的灵魂状态是想象;第二段是实际的东西,如各种动植物等,对应的灵魂状态是信念。同理,可知世界也可以划分为两段。在第一段,人们将实际的东西当作影像,从假设出发下降到结论,如几何学之类的科学知识,对应的灵魂状态是理智。在第二段,人们完全摆脱了感性事物的束缚,从一个理念到另一个理念,最后归结为理念;从假设上升到第一原理,再从第一原理下降到结论,对应的灵魂状态是理性,理性通过辩证法来把握理念以及理念之间的关系。在柏拉图看来,只有理性所把握的理念才是真正的知识,可见世界中的一切感性事物无非是对理念的不完美模仿。这与通行的希腊人的形而上学观点是一致的,

---

① [古希腊]柏拉图著,王晓朝译:《柏拉图全集》第一卷,《斐多篇》78C-79A。

他们认为能够成为真正知识的对象的任何事物都必须是永恒的、确定不变的。① 这就是线段喻。

为了更清楚地说明理念论，柏拉图又引入了洞穴喻。② 他让我们想象有一群囚徒被困在某个黑暗的洞穴之中，他们的四肢和头部被牢牢捆住，无法动弹，只能看眼前的洞壁。在囚徒身后有一堵矮墙，有一些人举着各种人造的物体在走来走去；在这些人身后是一堆火，火光使得他们所举东西的阴影投射到了洞壁上，可以被囚徒看到。火的后面是一条崎岖上升的路，一直通到洞口。有一天，某个囚徒被释放了，他回头发现了那些举着东西的人，又发现了那堆火。面对火光的刺激，他的眼睛感到十分不适。他开始对自己的解放感到厌恶，希望回到从前的生活。但他被强拉着去看火光，惊讶地认识到之前在洞壁上所见的不过是阴影而非真实的物体。之后他又被迫走上崎岖的小路来到洞外的阳光下，阳光让他感到眩晕，他不得不先看水中的倒影和阴影，再看夜间的星空，最后才能直接观察太阳。此时他才认识到洞穴中的生活是多么愚昧无知！洞穴代表了可见世界，充斥着意见；洞外代表着可知世界，充满了光明的理念。人们如果不接受哲

---

① ［英］柯林伍德著，何兆武、张文杰、陈新译：《历史的观念》，北京：北京大学出版社，2010年，第20—21页。
② 蒋重跃指出，善的理念是一切事物中正确和美好者的原因，是光的创造者，这与犹太教和基督教以及东方许多宗教关于神为光源的提法几乎一致。田海平认为这个寓言的核心是对"永恒在者"的"光源化"，也就是说，它确定的终极视域是以"永恒在者"为照亮一切世界和人类的最终光源。哲学由此推崇以理性思维来把握"在者"的本质（即出场的东西的"本身"），而隐而"不在者"则被忽略掉了。与此不同，中国思想中阴阳图式的"光喻"，是将"光明"（阳）和"黑暗"（阴）看成是互济互渗、相互依存、相互转化。柏拉图的理性"神话"绝对排斥非理性所导致的一系列两极对立对西方思想所造成的重累，一直到二元论在现代文化中以最强烈的形式使人感受到它对存在的分裂，并在本体论和形而上学领域激发当代思想寻找人类最原始的存在经验。蒋重跃：《韩非子的政治思想》，第189—190页；田海平：《柏拉图的"洞穴喻"》，《东南大学学报（哲学社会科学版）》，2000年第2期。

学的训练,实现灵魂的转向,① 就无法观照真理,注定永远生活在黑暗的洞穴中做一个浑浑噩噩的愚昧之人。但是哲学训练的过程是痛苦的,甚至是强迫性的,所以只有少数人才能接受,最终进入可知世界,领略真理;大多数人则只能被意见淹没,对哲学家的拯救嗤之以鼻,甚至因此大为光火。这就是哲学与城邦的冲突,真理与意见的冲突。

理念论的核心实际上是讨论特殊与一般的关系。柏拉图的老师苏格拉底就已经在探讨普遍定义,柏拉图在探讨定义的基础上发展出了系统的理念论。亚里士多德曾指出,苏格拉底追求普遍的定义,但并没有将普遍定义看作是与感性事物分离存在的东西,而柏拉图则将"理念"看作是在感性事物以外的另一类存在。② 柏拉图的理念论存在一些缺陷。如,他认为理念是一种独立于感性事物而存在的实体,于是出现了"第三人"的无限倒退。③ 在《巴门尼德篇》中,柏拉图借老年巴门尼德之口对自己先前的理念论提出了批评。"第三人"的困境以外,还存在那些不那么高尚甚至肮脏之物是否存在理念的问题。④ 即使如此,苏格拉底对普遍定义的追问,柏拉图的与具体事物相分离的理念,仍然展示了人类的抽象思维能力在透过现象看本质方

---

① [古希腊]柏拉图著,郭斌和、张竹明译:《理想国》,518D-E。
② [古希腊]亚里士多德著,吴寿彭译:《形而上学》,北京:商务印书馆,1995年,1078b27-32。
③ 关于"第三人"的困境,柏拉图已经意识到了(《巴门尼德篇》132A-B)。亚里士多德也进行了深入的分析(《形而上学》996b15)。康斯坦斯·C. 迈因瓦尔德认为,"第三人"问题是由柏拉图著作的阐释者们制造出来的。不过,经过分析后,迈因瓦尔德认为柏拉图后期思想的发展成功回应了这一问题。Constance C. Meinwald, "Good-bye to the Third Man," Richard Kraut ed., *The Cambridge Companion to Plato*, New York: Cambridge University Press, 1996. 事实上,"第三人"困境的根源在于柏拉图将理念与事物分离,并将理念看作实在的事物。
④ [古希腊]柏拉图著,陈康译注:《巴曼尼得斯篇》,北京:商务印书馆,1985年,130B-E。

面所取得的巨大进步。

柏拉图的理念论对他的正义思想具有重要的意义。正是因为理念是恒定不变的，静止的，所以柏拉图的理想城邦拒绝变化，具有保守性和绝对性。而且，哲学家王的主要职责就是认识理念，形成知识，以为公民的城邦生活确立永恒不变的原则。

2. 灵魂学说①

灵魂学说是柏拉图的重要思想。《理想国》以外，《斐多篇》《斐德罗篇》《蒂迈欧篇》等亦对灵魂学说进行了阐发。

柏拉图将人分为肉体与灵魂两部分，认为人的灵魂而非肉体决定了人的本性。灵魂可以分为三个部分：占最大部分的是欲望，其次是激情，占最小部分的是理智。欲望又可以分为必需的欲望如对维持生存所必需的食物的欲望，与非必需的欲望如追求五花八门的食品的欲望。柏拉图创建的健康的城邦，人们只追求必需的欲望，而奢华的城邦则将注意力放在了那些难以满足的非必需欲望上。在柏拉图看来，非必需的欲望最好从小就开始戒除，因为这对人没有任何益处。② 另外，看似矛盾的地方是，不仅灵魂的欲望部分充满了欲望，而且激情与理智部分也有自己特殊的欲望。理智欲望学习与智慧；激情欲望荣誉；欲望部分拥有多种欲望，而且这些欲望基本上都需要用钱来满足，可以称之为对金钱的欲望。由此可以将人分为三种类型，即爱智者、爱胜者与爱利者。③

---

① 西方哲学无论是本体论、知识论还是政治伦理学说，无论是思辨哲学还是实践哲学，都离不开灵魂学说。灵魂说是西方哲学的诞生地和秘密，是人性和神性、人论和神论的交汇地。柏拉图把灵魂看作与肉体相分离的超越时空的永恒不朽的实体，通过灵魂论证理念的存在，而且使人获得对理念的认识；柏拉图将感觉排除于灵魂之外，提出"灵魂三部分"之说，强调理性居支配地位。黄颂杰：《灵魂说：西方哲学的诞生地和秘密——柏拉图和亚里士多德灵魂说研究》，《学术月刊》，2006年第8期。
② [古希腊] 柏拉图著，郭斌和、张竹明译：《理想国》，558D—559C。
③ [古希腊] 柏拉图著，郭斌和、张竹明译：《理想国》，580D—581D。

《斐多篇》认为灵魂是永恒不朽的,因此灵魂能够观照其他不朽的事物,但只有在与肉体分离之后才能够做到这一点。① 灵魂在进入肉体之前已经具备了各种知识,只不过被世俗生活埋没了。一旦受到某种作用,如学习,灵魂就可以回忆起沉睡的知识。② 这就是回忆说。在《理想国》中柏拉图又进一步证明灵魂是永恒不朽的,并借厄尔神话说明灵魂是无生无灭、数量不变③且轮回不休的。此外,在柏拉图看来,灵魂没有性别,甚至没有人与动物的区别。灵魂在选择来世生活的时候,可以任意选择性别,选择人或各种动物的生活。所谓的肉体,不过是一个外套,灵魂借此在尘世得以正常地生活,④ 但也因此受到肉体的束缚,失去了观照永恒真理的能力。

《斐德罗篇》对灵魂不朽提出了另一种论证。柏拉图认为永远运动的东西是不朽的,而灵魂正是这样一种自我运动的东西。⑤ 这是亚里士多德"第一动者"的先声。希腊思想认为生命由肉体与灵魂组成,灵魂是生命的原则,灵魂是自动的、主动的,肉体是被动的,所以灵魂是肉体运动的本原。⑥ 该篇中灵魂马车的比喻十分生动。人的灵魂好比一个御车人驾驭着一辆两匹马拉的车子,一匹马驯良而一匹马顽劣,所以驾驭工作并不轻松。御车人代表灵魂的理智部分,驯良的马代表激情,劣马则代表难以驾驭的欲望部分。如果灵魂是完善的,就能向上飞升,观照天外的景象即理念;如果失去羽翼就会下坠,与某个肉体结合在一起,成为可朽的动物。⑦ 天上与尘世的对立与分离,代表了灵魂与肉体的分离,真理与意见的分离,理念与感性

---

① [古希腊]柏拉图著,王晓朝译:《柏拉图全集》第一卷,《斐多篇》105E、66D-E。
② [古希腊]柏拉图著,王晓朝译:《柏拉图全集》第一卷,《斐多篇》72E。
③ [古希腊]柏拉图著,郭斌和、张竹明译:《理想国》,611A。
④ [古希腊]柏拉图著,郭斌和、张竹明译:《理想国》,614C-620D。
⑤ [古希腊]柏拉图著,王晓朝译:《柏拉图全集》第二卷,《菲德罗篇》245C-D。
⑥ 汪子嵩等:《希腊哲学史》(修订本),第二卷,第697页。
⑦ [古希腊]柏拉图著,王晓朝译:《柏拉图全集》第二卷,《菲德罗篇》246B-247C。

事物的分离。

《蒂迈欧篇》提出了灵魂的命运律。柏拉图认为每个灵魂在首次降生时都是平等的,在之后的生活中如果理性占了上风,轮回就可以使之再次成为好的生物;如果理性输给了非理性,轮回必然使之变成坏的生物。① 这与《理想国》中神之惩恶赏善的正义是一致的。

柏拉图相信灵魂是永恒不朽的,为此给出了不同的几种论证。由此推断出灵魂无生无灭,数量不变;能够观照其他不朽之物,尤其是理念世界。② 灵魂可以再分为理智、激情与欲望三个部分,对应城邦的三个等级。灵魂的正义是三部分各司其职,互不干涉,和谐相处。这样正义的人就能在今生来世的不断轮回中都选择过一种理性而正义的生活。

总之,柏拉图的正义思想基本符合正义的利国利民原则、公平原则、守法原则、所有权原则、平等原则等,体现出哲学属性、政治属性、道德属性等属性。柏拉图重视城邦的整体利益,认为各个等级的人都会在这种制度下得到幸福,这符合利国利民原则。在理想城邦中人们按照自己的天赋品性与能力,各司其职,各得其所,这符合公平原则。城邦的法律和哲学家王的命令必须得到遵守,这符合守法原则。世俗正义的内容之一是"每一个人都不拿别人的东西,也不让别人占有自己的东西",③ 这符合所有权原则。不过,由于在前两个等级中实行公有制,所有权原则大概仅适用于第三等级。卫士等级中废除了私有制和家庭,实现了包括男女平等在内的人人平等。人们从出生开始就受到国家的统一教育和培养,在公平的竞争中产生哲学家

---

① [古希腊]柏拉图著,王晓朝译:《柏拉图全集》第三卷,《蒂迈欧篇》41E—42D。
② 柏拉图的灵魂实质上是理念世界与意见世界的桥梁:由意见世界或曰事物界要引渡到理念世界,非借灵魂做媒介不可,从理念世界要搭连到事物界,非靠灵魂做中人不行。严群:《柏拉图及其思想》,北京:商务印书馆,2011年,第122页。
③ [古希腊]柏拉图著,郭斌和、张竹明译:《理想国》,433E。

王。这些都符合平等原则。自然，从三个等级的划分和卫士等级对第三等级的蔑视来看，所谓的符合平等原则是有前提条件的。理念论和灵魂学说是柏拉图正义思想的哲学基础，这体现出哲学属性。柏拉图对城邦政治、政体的格外关注体现出政治属性。柏拉图将正义视为一种美德，体现出道德属性。哲学家王通过观照理念获得正义的观念，再以正义为指导制定具体的城邦制度。这就是柏拉图正义思想的基本结构："理念-正义-制度"。

第三节 韩非子与柏拉图正义思想的异同

韩非子与柏拉图都具有丰富的正义思想，既有同有异，又具同中之异与异中之同。他们的正义思想都以国家利益为旨归，所针对的都是社会上弥漫的不义行为与思想，但不义行为与思想的具体表现不同。他们为解决问题所提出的措施，从某种角度看都是"无情"的，而正是这种无情才能实现真正的正义，正所谓"无情有义"。为了国家的利益，他们都在不同程度上将个人工具化。韩非子将正义的实现交托给圣人，柏拉图则寄希望于哲学家王。圣人和哲学家王在实现正义方面均处于关键的地位，但他们的成长之路不同，对最高原理的理解不同，实现正义的方式更是不同。

一 无情有义：私有与公有

韩非子与柏拉图的思想都可以称之为"无情有义"，因为他们都对个人的亲情、友情、爱情等感情提出了质疑甚至否定，并试图以此达到实现正义的目的。

韩非子及法家诸子自汉代以来就被称为"刻薄寡恩"，原因就在于他们思想中所明白表示出来的无情。韩非子的无情体现在哪些方面呢？首先，韩非子将亲人之间的关系认定为利害关系。家庭是社会的细胞，亲情是人们最珍视的感情之一，尤其是在中国这样一个自古重视血缘、讲究伦理亲情的社会。韩非子自然也承认人的这种感情，承认父母子女之间血缘亲情的特殊重要性。他说，"父母之所以求于子也，动作则欲其安利也，行身则欲其远罪也"（《六反》），"人之情性莫先于父母"（《五蠹》）。然而，给人们留下更深印象的却是他将亲人之间的关系认定为利害关系："父母之于子也，产男则相贺，产女则杀之。此俱出父母之怀衽，然男子受贺，女子杀之者，虑其后便，计之长利也。"（《六反》）父母生了女儿就杀掉，是因为女儿长大出嫁后不能为父母养老送终，还要赔上一份嫁妆。即使是被留下抚养的儿子，与父母的关系也不见得有多么美好，"人为婴儿也，父母养之简，子长而怨。子盛壮成人，其供养薄，父母怒而诮之。子父至亲也，而或谯或怨者，皆挟相为而不周于为己也"（《外储说左上》）。如果说普通民众迫于生存的压力而不得不杀掉女儿，又对儿子提出供养的物质要求，那么生活富足、有权有势的人，他们的家庭关系就没有利害的计算吗？相反，越是处于权力上游的家庭，内部的关系越是剑拔弩张，父子反目、夫妻成仇、兄弟阋墙，实在是司空见惯。《八奸》篇将"同床"列为第一奸，"父兄"列为第三奸；《备内》篇专门论述君主如何防备自己的家人谋害自己、篡权夺位。可以说，韩非子将笼罩在亲属关系之上的那层温情脉脉的面纱无情地撕掉，将血淋淋的事实摆在人们的面前。韩非子之所以遭人憎恨，与霍布斯一样，不是因为他那些可怕的错误论点，而是其中正确的和真实的见解。[1]不仅如此，韩非子提倡自由竞争，侈谈成功者的荣华而讳言失败者的遭遇，甚至认为那些失败者乃是自身懒惰、奢侈的结果。[2] 梁启超对

---

[1] ［法］卢梭著，李平沤译：《社会契约论》，第150页。
[2] 详细论证请参看本书第二章第二节。

韩非子及法家的此种"无情",曾感慨道:"以形式论,彼辈常保持严冷的面目,诚若纯为秋霜肃杀之气。"① 周炽成用"硬心"来形容韩非子及法家诸子,② 亦是有感于他们的"无情"。

与韩非子相似的是,柏拉图也给人以"无情"之感。柏拉图提出,为了将战士们培养成坚强和勇敢的人,必须删去诗歌中"英雄人物嚎啕痛哭"的内容,因为好人"断不以为死对于他的朋友——另一个好人,是一件可怕的事情",至于"失掉一个儿子,或者一个兄弟,或者钱财,或者其他种种,对他说来,丝毫不觉得可怕"。③这实质上否定了人的亲情和友情。城邦对公民以及其他成员拥有绝对的权力,掌握着生杀大权。医生认为体质不合一般标准的病人不值得医治,因为这种人对自己对国家都没有什么用处。④ 为了在卫士中选拔出最优秀的人担任城邦的统治者,必须对他们进行长期的教育,还必须用各种考验来淘汰一批又一批的人。柏拉图只是告诉我们,成功者会成为统治者,享受各种殊荣,却只字不提失败者的处境。⑤ 即使是在竞争中最后脱颖而出的少数成功者,即所谓的哲学家,他们在从意见的洞穴上升到光明的知识世界,领略了善之太阳的无限光辉后,就不再愿意回到黑暗的洞穴中来统治那些愚昧的囚徒。但城邦一定要强迫这些哲学家回来当王,履行他们治理国家的义务。⑥ 可以说,无论成功与失败,城邦对于个人都是无情的。在卫士的婚姻家庭问题上,柏拉图走得更远。城邦在卫士等级中废除了家庭制度,实行财产、妻子、儿女的共有制。卫士们除了自己的身体,一切共有。⑦ 柏

---

① 梁启超:《先秦政治思想史》,第175页。
② 周炽成:《法:公正与务实》,广州:广东人民出版社,2000年,第20—23页。
③ [古希腊] 柏拉图著,郭斌和、张竹明译:《理想国》,387D-E。
④ [古希腊] 柏拉图著,郭斌和、张竹明译:《理想国》,407E。
⑤ [古希腊] 柏拉图著,郭斌和、张竹明译:《理想国》,413C-414A。
⑥ [古希腊] 柏拉图著,郭斌和、张竹明译:《理想国》,519D-520B。
⑦ [古希腊] 柏拉图著,郭斌和、张竹明译:《理想国》,464A-E。

拉图从动物育种中学习经验，丝毫不考虑人的感情，完全由城邦来决定人们的婚配和生育。孩子降生之后，身体不合格的会被秘密处置掉，幸存的婴儿与母亲也不能在一起，还要想方设法避免母亲认出自己的孩子。① 这种做法无异于将人们自然的爱情和亲子之情排除在外。

韩非子与柏拉图在"无情"这一点上大体相同，又存在一些具体的差异。首先，韩非子虽然揭露出亲人之间利害计算的阴暗面，但他毕竟还是承认人对亲人的天然感情，没有否定、废除家庭制度及私有制。柏拉图则将人的亲情扩大至整个公民集体，试图在废除小家庭后使人们结成一个团结一致的大家庭。但这样泛化的亲情已经丧失了实质的意义，诚如亚里士多德所批判的那样："一勺甜酒混入了一缸清水，亲属感情是这样淡而无味，在这种社会体制中，父亲不得爱护儿子，儿子也不得孝顺父亲，兄弟之间不必相敬相爱，亲属的名分和称号实际上已失去原来的意义。"② 其次，柏拉图从城邦的实际出发，要求在保证军队兵源的前提下控制人口数量。为此城邦必须抛弃一些婴儿，对身体病弱的人态度严厉乃至残忍。韩非子面临的情况与此不同。中国古代几乎从未有过限制人口的措施，鼓励人口增长才是常态。在"大争之世"，大规模的战争需要大量士兵，农业亦需要劳动力，人口和土地是各国争夺的主要目标。为此各国均鼓励生育，甚至还采取措施招徕邻国的百姓。③ 韩非子重视耕战，认为人口众多是国家强盛的标志之一，"民蕃息而畜积盛。民蕃息而畜积盛之谓有德"（《解老》）。第三，城邦控制人们的思想，对儿童所听的故事、成人的诗歌和戏剧等有严格的审查制度。④ 对不符合此种思想的人，即所

---

① ［古希腊］柏拉图著，郭斌和、张竹明译：《理想国》，459A—460D。
② ［古希腊］亚里士多德著，吴寿彭译：《政治学》，1262b15—20。
③ 《商君书·徕民》就设计了一些方法，招三晋之民来秦国从事农业生产。
④ ［古希腊］柏拉图著，郭斌和、张竹明译：《理想国》，401B—D。

谓"灵魂邪恶"的人，必须处死。换句话说，人们的"犯罪意图"就足以定罪，而不必表现为犯罪行为。这与"腹诽"之罪何异？韩非子与柏拉图一样，希望能控制人们的思想，但他并不主张仅凭人的某些想法就残酷剥夺人的生命。只有外显的违法行为，韩非子才坚决要求对其进行打击，"民不犯法，则上亦不行刑"（《解老》）。有人指出，韩非子的"太上禁其心"（《说疑》）就是以思想而非行为定罪。这恐怕是一种误解。结合上下文，韩非子之意在于强调培养人们的规则意识，使之从根本上不会产生违法的念头，如此而已。如果以韩非子强调思想统一而指责他为专制，硬将秦始皇之焚书归罪于韩非子，那么恐怕诸子都难逃此种罪名，因为无一例外，他们都希望以自己的学说统一思想界。① 最后，在竞争的问题上，他们都遵循"成王败寇"的逻辑，侈谈成功者的光荣而讳言失败者的遭遇。不同之处在于，柏拉图选拔的标准不仅有卓异的天赋、出众的能力，还必须有良好的出身和优秀的品德；韩非子则更注重才能而非品德与出身。

韩非子与柏拉图的"无情"，实质上是将私情私利彻底地从公领域中驱逐出去，以实现正义。韩非子认为，法是公正无情的，法不会因违法犯罪之人的身份尊贵而失效，执法者亦不应受个人感情的影响而枉法曲断，回护亲友与朋党，正如慎子所言，"我喜可抑，我忿可窒，我法不可离也；骨肉可刑，亲戚可灭，至法不可阙也"（《慎子·逸文》）。社会上流行的一些所谓美德，在韩非子看来不过是徇私情、顾私利的行为：鲁人三战三北，孔子表彰其为"孝子"（《五

---

① 与现代人不同，诸子并不认为百家争鸣是什么思想盛世，他们对这种状况深感烦恼，认为是天下无道的表征。如孟子认为"圣王不作，诸侯放恣，处士横议"（《孟子·滕文公下》），庄子指出"天下大乱，贤圣不明，道德不一，天下多得一察焉以自好"（《庄子·天下》），荀子认为诸子"假今之世，饰邪说，文奸言，以枭乱天下"（《荀子·非十二子》）。毫不奇怪，诸子都强烈要求以自己的学说统一思想界，不给所谓"异端邪说"存在和发展的机会。葛志毅：《论中国古代轴心期的思想文化特征》，《管子学刊》，2020 年第 1 期。

蠹》);"兄弟被侵,必攻者,廉也;知友被辱,随仇者,贞也。廉贞之行成,而君上之法犯矣"(《五蠹》),即人们不顾国法,私自为兄弟和朋友报仇,破坏社会秩序;"为故人行私谓之'不弃',以公财分施谓之'仁人'"(《八说》),即官吏徇私枉法,用国家的财富为自己收买人心。韩非子以为,对那些"害国伤民败法"(《说疑》)之人,虽有父子兄弟之亲,皆可大义灭亲。这是一种何等彻底无情的公正观念!韩非子及法家诸子对执法公正的执着追求,足令今人感佩,却不能不让安于亲疏有别、长幼有序、贵贱有等的宗法社会中的古人感到不安、惶恐乃至愤怒:骨肉不能保,亲戚不可庇,大夫庶人一体受刑,这是何等凉薄、何等无情无义的学说![1] 这说明,韩非子之"无情"的名声,固然源于他揭露出了亲情、友情之阴暗面,源于他对竞争失败者的冷漠,但更根本的原因还是在于他对法之正义性的坚守。[2] 与此形成鲜明对照的是素来宣扬仁爱道德的孔子与孟子。直躬在发现自己的父亲偷羊之后,到官府告发父亲。[3] 孔子对直躬的行为不以为然,认为应该将亲情放在首位,"父为子隐,子为父隐"(《论语·子路》)。这样做,固然顾全了父子亲情,但那被偷了羊的受害人又去哪里讨回正义?社会治安又如何能够稳定良好?当桃应问

---

[1] 谢红星:《法家"刻薄寡恩"笃论——从"刻薄寡恩"看法家的治理理论》,《法律史评论》,2016年(总第9卷)。
[2] 亚里士多德也对法律的无情有所论述,他说,凡是不凭感情因素治事的统治者总比感情用事的人们较为优良。法律恰是全没有感情的。一切政务还得以整部法律为依归,只在法律所不能包括而失其权威的问题上才可让个人运用其理智。[古希腊]亚里士多德著,吴寿彭译:《政治学》,1286a15-25。
[3] 直躬之父窃羊一事,历来争论颇多。刘家和等在《孝与仁在原理上矛盾吗?》一文中指出,不能说孝与仁理论上有矛盾,而只能说,这是由于两类道德理念的父母引发的矛盾。在父母是仁者的具体条件下,杀身成仁就与孝不矛盾;在父母是不仁者的具体条件下,杀身成仁就似乎与孝相矛盾了。刘家和的观点似乎也可以拿来解释直躬难题。刘家和、何元国、蒋重跃:《孝与仁在原理上矛盾吗?》,《中国哲学史》,2004年第1期。

孟子，如果舜为天子，他的父亲杀人，舜该怎么办时，孟子回答说，舜会把父亲偷偷救出来，"窃负而逃，遵海滨而处"（《孟子·尽心上》）。①孟子尽可以赞赏舜"终身慕父母"（《孟子·万章上》）的大孝和不以天子之位为贵的品德，但被害人就该白白死掉吗？被害人的家属就只能眼睁睁地看着杀人犯仗着儿子的权势逍遥法外？这会对整个社会起到一种什么样的示范作用呢？因此，可以说，孔孟的此种仁爱道德，实质上是以个人视角来评价政治，而政治恰恰需要像法家那样超越个人视角以及私人道德，上升至整体和公共性，才能有效观照。

柏拉图认为，世俗之人一般把私利当作善来追求，认为正义是对他人的善，而对自己却是一件无利可图的苦差事，所以人们都希望别人对自己行正义而不愿意主动做正义的事。②如此看来，人们之所以不愿意做正义之人、行正义之事（世俗正义），最根本的原因不过是太过于看重一己私利以及与自己有亲密关系之人的利益。质言之，是亲情、友情、爱情和私有财产妨碍了正义在人间的实现。正是因为看到了病根，柏拉图才对症下药，提出一系列看似无情的建议来实现正义。可以说，他们的无情，正是因为有（正）义，正是为了有（正）义。

二　个人工具化：历史之动与理念之静

国家与个人的关系是正义思想的题中应有之义。韩非子与柏拉图都认为必须将国家利益放在首位，因此都强调国家对个人的强力控

---

① 日知（林志纯）认为，只有按"亲亲"的原则，方能理解孟子回答他的一个弟子问的"舜为天子，皋陶为士，瞽叟杀人"的故事。"亲亲"是城邦中保持血缘关系传统的诸大夫阶级的原则，对于没有血缘关系传统的国人阶级、平民或小人，则讲民主原则。日知：从《〈春秋〉"称人"之例再论亚洲古代民主政治》，《历史研究》，1981 第 3 期。
② [古希腊]柏拉图著，郭斌和、张竹明译：《理想国》，358E—360D。

制，在某种程度上都将个人当作工具。韩非子以利为诱，以罚为威，"设民所欲以求其功，故为爵禄以劝之；设民所恶以禁其奸，故为刑罚以威之"（《难一》）；甚至实行什伍连坐的告奸制来迫使人们从事耕战。对此，郭沫若曾辛辣地说，韩非子所需要的人只有三种，一种是牛马，一种是豺狼，还有一种是猎犬。牛马以耕稼，豺狼以战阵，猎犬以告奸，如此而已。① 事实上，韩非子不仅强调国家利益，亦重视个人的正当利益。韩非子并非仅仅把人当作工具，不把人当作目的；也并非仅仅知道国家而不知道个人。在战国乱世，只有国家的稳定与富强才有可能为个人的生存与发展创造适宜的环境。韩非子迫于形势，必须将国家利益置于个人利益之上，个人只能在耕战允许的范围内追求财富与价值的实现。②

柏拉图的理想城邦强调对个人的强力控制，否定自由和平等这两个雅典民主政体的核心理念。卫士等级中废除了家庭和私有制，实行共妻共子制。如此，婴儿甫一出生即处于国家的严格控制之中，举凡儿童的教育、抚养都由国家统一管理。共妻制度使得女性不再像希腊传统社会那样受到丈夫和父亲的管理，而是直接隶属于国家，其婚配生育完全听从国家的安排。人们不能随意更换自己的职业，包括城邦精心培养的哲学家在内。思想方面，诗歌、戏剧等文化生活甚至儿童的游戏都受到城邦的严格控制，对不符合城邦"宪法"原则的内容一概删除，不按照城邦规定写作的诗人们会被驱逐出境甚至处死。

柏拉图与韩非子在强调国家利益而加强对个人的控制方面具有相似性，但亦有一些不同。首先，柏拉图与韩非子对家庭的态度是不同

---

① 郭沫若：《十批判书》，第400页。
② 张娜：《无情有义：韩非子与柏拉图正义思想之异同》，《北京师范大学学报（社会科学版）》，2020年第5期。

的。柏拉图着重于控制人们的私生活，要求废除家庭制度。这样就能将城邦中前两个等级的所有人，包括成年男女和孩子牢牢地控制住。女性和孩子直接受国家管理，不再受到父亲和丈夫的管束。韩非子则没有这么激进，他虽然也深刻地认识到私人感情对公领域进行干涉的危害，但他并不要求废除家庭制度，而是希望建立一种行之有效的外在机制来约束和监管人们的行为。这样，父亲和丈夫似乎仍然保留了对女性的管理权。与家庭制度密切相关的是私有制，柏拉图照样要求废除，以防止人们为个人私利而不顾国家。韩非子则利用人们的好利之心，鼓励人们通过为国家效劳来合理合法地获取名利。如果说柏拉图要求革命，那么韩非子则要求改良。其次，柏拉图秉持理念论，他的理想城邦拒绝变化，因此个人与国家的关系也不会发生变化。韩非子的观念与此截然不同。从历史观来看，韩非子反复强调"世异则事异"（《五蠹》），法（制度）必须根据时代的具体情况来制定。据此，有理由相信，在实现天下大治之后，个人与国家之间的关系必然会发生相应的变化，国家会成为个人发展的工具，而个人则成为最终的目的。韩非子与柏拉图的这一区别即历史之动与理念之静，实质上是历史理性和逻辑理性在政治思想领域中的差异。

三 专家治国：向下的圣人与向上的哲王

韩非子正义思想的实现必须借助具有统治权的圣人之力，与此相似，柏拉图的理想城邦亦需要哲学家王才能实现。圣人与哲学家王都是实现正义的决定性因素，都对人生、社会以及宇宙的最高原理有深刻的理解与体悟，并能够以对最高原理的体悟指导政治实践。但因为古代中国与古代希腊不同的历史文化条件，韩非子的圣人与柏拉图的哲学家王亦存在诸多的不同之处。

首先，圣人与哲学家王所观照的最高原理是不同的，观照的方式是不同的，因此他们的成长之路也是不同的。韩非子认为，"道"是宇宙间的最高规律与本原，是混沌未分的一个整体，类似于亚里士多德所说的未赋予形式的原始质料，具有生成万物的所有可能性。道是变常统一的，它既亘古永存，又处在永恒的运动变化之中。如果说道是普遍规律，那么理就是某一类事物的具体规律，道通过"稽"转化为理，理从属于道。用种属关系来说，道是最高的属，理是道之下的种。道、理虽然都是抽象程度很高的概念，但并没有与现象界相分离，而是与之紧密地结合在一起。柏拉图的理念实际上是某一类事物的共名或概念、定义，不具备本体或规律的意义，而且理念世界与现象世界是完全分离的。理念世界中善是最高的理念，正是善的照耀才使得其他的理念显现出来。可以说，善的理念与道基本处于同一层次。但与道理不同的是，无论是善还是其他的理念，都是永恒不变的、静止的、单一同质的。善的理念与其他理念的关系并不是像道和理那种转化与从属的关系，虽然不同理念在抽象程度方面并不相同，例如正义就比勇敢、智慧等理念的层次要高；有些理念可以构成种属关系，例如以美德的理念作为属，那么虔诚、勇敢等理念就是这个属之下的两个种。从宇宙生成论的角度来看，道生成万物，与万物同在。但道并不主宰万物，万物也不是以道为原型被创造出来的。毋宁说，万物之生乃是自然无为的结果，并没有什么明确的目的性。万物对道的不同程度的理解与运用会导致完全不同的结果。而理念是意见世界中事物的原型，它本身并不生成万物；万物皆是理念的完善程度不一的摹本，皆努力向着理念靠近。此外还有一个问题，即柏拉图极为关注道德，致使他对理念的范围不得不进行严格的限定。在他看来，只有美好的东西至少是不丑恶的东西才能有理念。韩非子所理解的道则是一个彻底本体化的观念，道非善非恶或者说超越善恶，对万物皆一视同仁。

圣人与哲学家王对最高原理的观照方式是不同的。圣人主要依靠直觉来体悟道，通过道的实际表现和功用来间接地认识，从万事万物的运动变化中来把握，以顺应历史之变化，所谓"望天地，观江海，因山谷，日月所照，四时所行，云布风动"（《大体》），"仰则观象于天，俯则观法于地，观鸟兽之文与地之宜，近取诸身，远取诸物"。[①] 圣人对现实世界及其纷纭变幻的现象是高度重视的，从而人们的历史经验也是可能的、可信的，这充分说明了史学的巨大成就及其在中国文化中的崇高地位。既然依靠直觉，就不可能设计出一套规范的课程来培养圣人。柏拉图认为，具有优异天赋的人可以通过学习一定的课程，如数学、几何学等，逐步脱离现象世界和意见的束缚，实现灵魂的转向，从而达到对理念世界的观照。因此，为了国家的利益，必须选择合适的儿童进行相应的教育来培养哲学家王。这是西方文化相对于中国文化的一个显著特点，即科学性、程序性。理念既然是静止的，那么人们对理念的观照也采取静观的方式，而不可能在运动变化中来把握。这种形而上学的观念决定了古希腊人对历史的不信任。古希腊虽然也有发达的史学，但多当代人记当代史，而且亚里士多德认为史学在学术中仅占据第三流的地位。[②]

其次，圣人与哲学家王进入权力中心的方式不同，实现正义的方式自然也是不同的。圣人可以是君王，也可以是臣民。如果是君王，那么就不存在如何进入权力中心的问题，如尧。如果是臣民，可以有不同的途径。或者如舜、禹那样，通过禅让的途径掌握权力。或者为人举荐，或者周游列国，游说君主而得以行道；或者隐逸修道、著书

---

① （魏）王弼、韩康伯注，（唐）孔颖达等正义，黄侃经文句读：《周易正义》，上海：上海古籍出版社，1990年，卷八《系辞传下》。
② 亚里士多德在《诗学》第9章中说，"诗是一种比历史更富哲学性、更严肃的艺术，因为诗倾向于表现带普遍性的事，而历史却倾向于记载具体事件"（1451b5-10）。[古希腊]亚里士多德著，陈中梅译注：《诗学》，北京：商务印书馆，1996年，第81页。

立说，等待君主礼贤下士。这些途径在韩非子看来都是不可取或不可行的。虽然韩非子致力于建设一种让才智之士能够正常进入国家管理系统的制度，然而他更愿意相信圣人都是在救世热情的驱使下，义无反顾地经过一番艰苦的甚至备受侮辱的过程后才得到君主的信任，如伊尹、百里奚。哲学家王与此不同。在充满缺陷的现实城邦中，哲学家要么无法出现，无法成长，要么被视为傻瓜、坏蛋，几乎没有可能会进入政权中心。因此柏拉图以为，要想让哲学家成为王只有两种可能的途径：要么现在那些统治者或他们的儿子能够成为哲学家；要么由理想中的正义国家悉心培养具有哲学天赋的人，将他们造就成为真正的哲学家，且使得他们自然地或被迫地成为统治者。第一种可能与"圣人生而在上位"的概率相当，而第二种可能则与韩非子为圣人设计的仕进途径截然不同。

圣人与哲学家王在进入统治中心之后为实现正义而采取的策略从整体上看是相同的，他们都根据最高原理（道理或理念）治理国家；都将人的智慧与法律的权威结合起来，用人的智慧和努力来保障法的实施与正义的实现，人不可任意变法、违法，更不可凌驾于法之上。当然法的具体内容不同，"王"与法这二者结合的具体方式以及所发挥的作用、所处的地位也不尽相同。这里没有使用所谓的"人治""法治"的说法，是因为它们无法准确地表达出韩非子与柏拉图真实的理论动机与构想，更是因为它们极易引起误解。传统上认为儒家提倡人治而法家提倡法治，西方的政治思想传入中国后，人们对法家的治国方式究竟是法治还是人治产生了重大的分歧。在西方话语及其对所谓"东方"的研究框架的影响下，有些学者认为韩非子是极权专制的，是人治而非法治。虽然这种评价的模式已经得到某些学者的反思，但其影响仍然很大。在西方，认同柏拉图的理想国是人治的说法不乏其人。① 其实正如费孝通所言，法治并不是说法律本身能统治，能维持社会秩序，而是说社会上人和人的关系是根据法律来维持的。法律还得靠权力来支持，还得靠人来支持，法治其实是"人依法而治"，并非没有人的因素。望文生义地说来，人治好像是有权力的人任凭一己的好恶来规定社会上人和人的关系的意思。如果共同生活的人，相互的行为、权利和义务，没有一定规范可守，依着统治者无法预测的好恶来决定，社会必然混乱，也说不上"治"了。因此人治和法治之别，不在"人"和"法"这两个字上，而在维持秩序时所用的力量和所根据的规范的性质。②

圣人的治国方式或者说实现正义的方式，是以法律的权威为主，以人的智慧为辅。圣人是体道者、得道者，具有无穷的智慧与深刻的洞察力，不仅能够看到自身所处时代的根本问题，并且能够在顺应社会发展趋势的前提下提出最适当的解决方案。圣人深知，虽然自己的智慧足以应对政治上层出不穷的问题，但人的精力有限，无法仅靠自己来治理国家。况且，圣人出现的概率极低，因此为了保障长治久安，必须建立合理的制度，使得后世的普通人也能担当起统治的责任。如是，圣人在道的指导之下立法定制就成为必然的选择。圣人所确立的制度包括法、术、势三种，法以治国，术以行法，势为保障。圣人虽然拥有立法权，但法一旦制定出来，就具有稳定性，成为第一权威，圣人也要在法的范围内实施统治。圣人的统治尚且在法的指导、制约之下，更不用说才智平庸的中主了。当然，时代改变了，法

---

① 特雷弗·J. 桑德斯认为，柏拉图在某种意义上是极权主义者。卡尔·波普尔认为柏拉图是极权主义者，是"开放社会的敌人"。Trevor J. Saunders, "Plato's Later Political Thought," in Nicholas D. Smith ed., *Plato: Critical Assessments* Ⅳ, London and New York: Routledge, 1997. [英] 波普尔著，郑一明等译：《开放社会及其敌人》，北京：中国社会科学出版社，1999年，第172页。
② 费孝通：《乡土中国》，第50—51页。

也要随之改变。

法律在柏拉图《理想国》中的地位确实不太高,最具代表性的说法就是"真正的立法家不应当把力气花在法律和宪法方面做这一类的事情,不论是在政治秩序不好的国家还是在政治秩序良好的国家;因为在政治秩序不良的国家里法律和宪法是无济于事的,而在秩序良好的国家里法律和宪法有的不难设计出来,有的则可以从前人的法律条例中很方便地引申出来"。① 柏拉图此处所说的法律或宪法,指的是公开的成文法。他对成文法的这种态度或许与智者们曾热烈讨论过的自然与约定(Physis and Nomos)问题有关。人们认为法律是人们约定的结果,是一种 nomos,而这种约定又多偏向于强者的利益。因此,法律并不能与正义画等号,甚至与正义是背道而驰的,因此是 physis 的桎梏,是对人的戕害。这在塞拉西马柯的陈述中得到了淋漓尽致的阐述。那些符合人类自然本性的法律,不需要明文规定人们也都明白。这种法律或许可以称为不成文法或自然法(与罗马的自然法并不具有完全相同的意义)。既然是自然法,当然符合人的本性,即灵魂的本性,就能以此实现正义;既然是不成文法,当然不会公之于众,而是仅仅掌握在少数人的手中,由他们来据此统治。柏拉图说,"把这些规矩订成法律我认为是愚蠢的。因为,仅仅订成条款写在纸上,这种法律是得不到遵守的,也是不会持久的"。② 柏拉图的哲学家王用以治理城邦的实际上就是这种法。为了让这种法切实起到作用,教育是必不可少的保障,这充分说明了何以柏拉图花费了那么多篇幅来不厌其烦地论述教育。那么这种法的来源是什么呢?在柏拉图看来,法的来源就是理念。哲学家王在治国理政之时,会经常观照理念世界中理想国家的模型,以此为根据来制定习俗与法律,再用

---

① [古希腊]柏拉图著,郭斌和、张竹明译:《理想国》,427A-B。
② [古希腊]柏拉图著,郭斌和、张竹明译:《理想国》,425B-C。

这种习俗与法律来教育城邦的前两个等级。① 质言之，理想国是以理念为最高治理原则的国家；而且既然理想的国家只有一种，那么参照它制定的法自然也是确定不变的。在柏拉图看来，只要居于统治地位的前两个等级能够保持精诚团结，国家就能治理良好。② 无论是教育制度还是共产共妻共子制度都是为了保证卫士们的团结一心。他相信受到此种教育的卫士们能够主要依靠习俗与智慧的力量来治理国家，而不必借助烦琐的、僵化的、漏洞百出的成文法。此外，这种统治之所以可能，小国寡民是一个重要的条件。

对韩非子来说，正义的实现主要靠客观制度的力量，辅之以人的努力。法作为制度规定了人们世俗生活的方方面面，具有一定稳定性的同时亦能够根据时代的变化而进行相应的调整。圣人之所以受到重视，不是因其本身，而是因为他能够以道为依据立法定制，制度才是实现正义的最重要手段。对柏拉图来说，正义的实现主要靠哲学家王的主观努力，但并不是所谓的脱离法律的人治。哲学家王在城邦理念的指导下也制定了一些确定不变的不成文法，规定了世俗与宗教生活的基本内容。法虽然仅仅掌握在哲学家王的手中，但无论是哲学家王还是战士，抑或第三等级，都不能违反法律。

如果说追求真理是向上的路，那么在认识真理之后意图救世则是向下的路。圣人与哲学家王都必须先走向上的路，再走向下的路。也就是说，圣人与哲学家王都是以一身而兼具哲学性与政治性两种属性。不过，从圣人与哲学家王的真正关切来看，圣人以向上的路为条件，目的在于向下救民；哲学家王则在领略了真理之光辉后，就不愿意向下回到城邦做统治者。哲学家当王，乃是不情愿的

---

① 第三等级的教育情况不详。
② [美]约翰·麦克里兰著，彭淮栋译：《西方政治思想史》，海口：海南出版社，2003年，第50页。

结果。从某种意义上说，这是颇为吊诡的。韩非子虽然推崇圣人，但从他的文本来看，圣人似乎是自发或自然生长的，没有受过国家有意识的培养或帮助。然而这样自发成长的圣人却有一颗热烈的救世之心，满腔报国之情。反之，哲学家是城邦耗费心血培养起来的，他们却不情愿为城邦付出，还得被迫当统治者。从比较根本的意义上来说，圣人是要在运动变化中体悟和把握道理，以顺应历史之变化；而哲学家王则是要认识理念，形成知识，以为公民的城邦生活确立永恒不变的原则。

韩非子与柏拉图正义思想的异同大致如此。将韩非子与柏拉图放在一起比较，而且是正义思想的比较，乍看之下有不伦不类之感，毕竟两人在思想史中的名声相差悬殊。但名声只是一种成见甚至偏见，无法如实反映思想家多重复杂的理论面向。韩非子与柏拉图面临着相似的挑战：政治失序、正义缺失，对此他们做出了大体一致而又包含差异的理论回应。这说明，无论中西，心智结构大致相同的人们在面临相似的问题时，会根据相同的人性给出基本一致的解答。而他们的思想差异，则在某种意义上体现了古代中国思想与古希腊哲学的差异。古希腊人相信，只有单一的、永恒不变的存在才能被人们认识，故而强调在静止不变中把握事物。在他们看来，瞬息万变的现实世界根本上是人们无法理解和把握的，对此只能有意见而不能有真正的知识。而古代中国人更关注现实，强调在变化发展中来把握事物，因此十分重视历史，重视历史给人们提供的经验和教训。正如刘家和指出的那样，理性不止一种，如果说古希腊人发展出了高度的逻辑理性，那么古代中国人则有源远流长的历史理性。[①] 这两种理性和与之相伴生的两种思想传统，都是人类

[①] 刘家和：《理性与历史——中西古代思想的一点异同》，见刘家和：《史苑学步：史学与理论探研》，北京：北京大学出版社，2019年。

智慧宝库中的奇珍异宝。在我国大力建设和谐社会和法治社会的新时代,韩非子与柏拉图以及他们所代表的古代中国与古希腊的哲学智慧,能够为今人提供颇具意义的思想与历史资源。

余论　韩非子正义思想的当代价值

　　公元前800年至前200年的轴心期是人类精神的首次突破时期。①在这一时期，世界上几个主要的文明区域几乎同时出现了众多伟大的思想家、哲学家或宗教家。毫不夸张地说，他们所创立的思想理论规定了这几个主要文明的基本文化面貌，影响深远。轴心期之后，几乎人类文明的每一次重大进步都与轴心期思想的复兴有关，或者说，后世的人们总是不断地回望这个辉煌的时代，从中汲取解决现实问题的智慧。正如雅斯贝斯所言，"人类一直靠轴心期所产生、思考和创造的一切而生存。每一次新的飞跃都回顾这一时期，并被它重燃火焰。自那以后，情况就是这样。轴心期潜力的苏醒和对轴心期潜力的回忆，或者说复兴，总是提供了精神动力"。②就中国的情况而言，夏曾佑称春秋战国百家争鸣的思想盛世为中国文化的化成时期，"因中国之文化，在此期造成，此期之学问，达中国之极端，后人不过实行其诸派中之一分，以各蒙其利害"。③其中，对政治影响最为深远的是儒家和法家。秦国在前221年统一中国，以法家思想为主要指导建

---

① 历史上人类精神的突破以轴心期的规模最大、范围最广而且最为深刻。宗教改革、文艺复兴、启蒙运动也可以说是一些较小的突破期。就中国而言，汉代的新儒学、魏晋的玄学、宋明的理学都可以算是中国文化的突破性进展。
② [德] 卡尔·雅斯贝斯著，魏楚雄、俞新天译：《历史的起源与目标》，北京：华夏出版社，1989年，第14页。
③ 夏曾佑：《中国古代史》，北京：中国书籍出版社，2017年，第6页。

立起了一套中央集权的官僚政治体制,此后被历代王朝所继承损益,直至清代灭亡。意识形态上,则以汉武帝时期"罢黜百家,独尊儒术"的影响最大,此后经过改造的儒家思想成为历代王朝用来粉饰统治的有效工具。

降至近代,中国屡遭列强侵凌。一部近代史就是一部中华民族的苦难史。不甘心受辱的无数仁人志士,从未放弃寻求祖国独立富强之道路的努力。辛亥革命成功后建立的中华民国,仿效美国等西方国家建立了颇为现代化的政治制度。然而时间不久,人们就发现这套从西方引进的政治制度,在中国存在着"水土不服"的严重问题。梁漱溟早已指出,"水土不服"的原因在于中国人民在此种西方化政治制度之下仍旧保持在东方化的政治制度底下所抱的态度。东方化的态度,根本上与西方化刺谬;此种态度不改,西方化的政治制度绝对不会安设上去!① 或者说,制度自制度,观念习俗自观念习俗,二者成为互相分离的两张皮。这提示我们,西方的现代化制度有其产生与发展的文化土壤,简单地将之移植到中国这种与西方文化截然不同的土壤中来,不仅收不到人们一厢情愿所希冀的效果,反而很可能会产生一些始料未及的副作用。因此,走中国特色之路就成为必然的选择,而所谓的中国特色,很大程度上必须立足于中国的传统资源。提到传统,很多人简单地将儒家思想尤其是宋明理学作为传统文化的当然的与全部的内容。所谓的"当代新儒家",鼓吹心性命理之学,认为"内圣"可以开出"新外王",甚至认为孟子代表了在中国政治思想史中最高的民主政治的精神。② 对此,学者们冷静地指出,为什么这种富含"民主政治"精神的学说却长期被封建统治者尊为"经典"与圭臬,与儒学"人本主义"相伴行、相为表里的不是民主政治,

---

① 梁漱溟:《东西文化及其哲学》,北京:中华书局,2018年,第9页。
② 徐复观:《中国人性论史·先秦篇》,第168页。

而是君主专制呢?① 与此形成鲜明对比的是日本。古代日本曾长期受到中华文化的熏染,然而善于学习强者的日本在近代急剧转向西方,成功转型。据韩东育的研究,日本之所以能够成功,明治维新固然重要,然而也必须看到明治维新之前日本思想界已经进行了一次"脱儒入法"的"内启蒙"。② 日本较早摆脱理学的影响,转而重视法家思想,从而成功实现现代化转型的鲜活事例,揭示出我国传统文化中最能够与现代社会接轨的是深具现代性的法家诸子尤其是韩非子的思想理论,而非儒家思想。因此,如何开掘韩非子思想所具有的当代价值便成为极有意义的理论课题。不过,受到司马谈"可以行一时之计,而不可长用也"(《史记·太史公自序》)之论断的影响,人们多以为法家尤其是韩非子的学说只适用于乱世,乃"救世"之说,而不能在和平时期运用。③ 然而,韩非子的思想如果真的仅具有"行一时之计"的价值,恐怕不会如草蛇灰线般绵延两千多年,并且在近代重新复兴。

目前,关于韩非子思想的当代价值已经有一些学者进行了研究,涉及法治、民生、反腐败、道德建设等多个方面。因为长久以来流行的对韩非子思想的误解与偏见,韩非子思想的正义性长期得不到正视,所以对韩非子正义思想的研究相对薄弱,对其正义思想之当代价值的考量更是鲜见。④ 事实上,在当今建设民主法治之正义社会过程中,我们不仅需要吸收异域文化中的正义思想及其建设经验,还必须

---

① 刘泽华、葛荃:《论儒家文化的"人"》,《社会科学战线》,1988 年第 1 期。
② 韩东育:《徂徕学与日本早期近代化的思想启蒙》,《历史研究》,2002 年第 5 期;韩东育:《从"脱儒入法"到"脱亚入欧"》,《读书》,2001 年第 3 期。
③ 宋洪兵认为,司马谈的这个论断"无异于剥夺了以韩非子为代表的法家学说在中国古代政治实践中的正当性"。宋洪兵:《韩学极盛与秦二世而亡》,《求是学刊》,2017 年第 4 期。
④ 宋洪兵的《循法成德:韩非子真精神的当代诠释》是探讨法家正义思想当代价值的重要著作。

重视与充分利用本土的历史资源和思想资源。与儒家相比，韩非子的正义思想具有务实的理论品格，并且其注重外在规则而非个人内在修养的方法更适用于广土众民的现代陌生人社会。

一 整顿吏治的共鸣

吏治是历代王朝的重要问题，其中又以防其贪墨为要。贪墨大略可以等同于腐败。腐败的具体所指经历了一个历时性的变化，不同的时代有不同的内容。概而言之，随着历史发展与社会变迁，腐败所包括的内容在不断增多。周朝建立后曾分封天下，姬姓王族占领了天下的大部分领土，且多居要冲膏腴之地："兼制天下，立七十一国，姬姓独居五十三人焉；周之子孙，苟不狂惑者，莫不为天下之显诸侯。"（《荀子·儒效》）从记录春秋时期史事的《左传》可知，贵族政治时代，国与国之间的交往都是货贿先行，贵族之间的往来亦同。人们在政治活动中互送货财乃是正常的现象，谈不上什么腐败。当然，也有一些情况是例外，如法官在决狱时收取原被告的财货以至于枉法曲断，则被认为是不可取的行为，要受到相应的处罚。任人唯亲是宗法制时代通行的政治原则，并不是腐败。不过，令现代人无法理解的是孟子对于舜的记述。舜的弟弟象曾屡次图谋杀害舜，舜在即天子位后仍封之于有庳。当时孟子弟子万章就发出了疑问，认为大圣如舜怎么能让象这样的恶人做诸侯，这不是祸害当地百姓吗？孟子回答说，这正显示出舜乃大仁之人，"仁人之于弟也，不藏怒焉，不宿怨焉，亲爱之而已矣。亲之欲其贵也，爱之欲其富也。封之有庳，富贵之也。身为天子，弟为匹夫，可谓亲爱之乎？"（《孟子·万章上》）如果以现代观念衡量，这无异于任人唯亲，正所谓"一人得道，鸡犬升天"，孟子之所谓仁人正是后世之腐败官僚。但在当时，这是十分正常的现象，"天下不称偏焉"（《荀子·儒效》），人们并不认为这样有什么偏颇不当之处。反之，倒是商的末王纣，其统治被推翻的一个重要原因就是他不用亲戚旧人，而启用新人远人。①《左传》亦记载有人因为"弃亲用羁"而遭受厄运。②既然任人唯亲、世卿世禄，对官员的考课监督机制自然无从谈起。到春秋末，随着贵族政治的日益衰落，孔子、墨子等思想家开始高举"尚贤"的大旗，要求打破贵族对政治的垄断。到战国时期，更发展出了一套系统考核官员政绩的方法。如果说儒家的孔子、孟子还保留了一些贵族政治的意味，那么墨子以及法家则要求彻底的以才能为准绳的官僚政治体制。于是，原先天经地义的任人唯亲与世卿世禄遭到了无情的批判，成为腐败的新内容。秦统一天下后，王室子弟无尺寸之封，③可以说是贯彻专家治国之官僚政治最彻底的时期。然而秦朝短命而亡，继起的汉代"惩戒亡秦孤立之败"（《汉书·诸侯王表第二》），于是又事分封子弟功臣。不过，与周代分封之权分别掌握在天子、诸侯与贵族手中不同，汉代以降，只有皇室才能赋予亲戚子弟以政治权利。这说明任人唯亲作为腐败已经成为社会共识。然而，在中国古代，一方面是制度上的以才能为准的官僚体制，一方面是意识形态上"亲亲仁爱"

---

① "昏弃厥遗王父母弟不迪，乃惟四方之多罪逋逃，是崇是长，是信是使，是以为大夫卿士。"大意为商纣王不任用自己的亲属而重用从别国逃亡之人。《十三经注疏》整理委员会整理：《十三经注疏》，北京：北京大学出版社，1999年，《尚书正义·牧誓》篇。张锴泽认为商纣王是一位颇有雄才大略的帝王。纣王曾推行一系列革新措施，如反对神权，改革旧俗；打破奴隶主贵族"世袭"制，大胆地从中下层提拔了一批新人，为其革新路线服务。商朝灭亡的主要原因是改革不彻底及遭到奴隶主阶级守旧派的激烈反对，而周国的兴起最终导致商朝的灭亡。张锴泽：《重新认识商纣王的历史功绩》，《安庆师院社会科学学报》，1997年第4期。
② 《左传·昭公七年》："单献公弃亲用羁。冬十月辛酉，襄、顷之族杀献公而立成公。"
③ 根据林剑鸣的研究，秦国在历史上似乎就没有分封王室子弟的传统，而不仅仅是秦统一天下之后才如此。林剑鸣说，在秦国奴隶社会的历史上，找不出像西周时期那种"裂土封疆"的事实，秦国国君子弟及王族贵戚，皆无尺土之封。如宣公有九子，成公有七子，穆公有四十子，均莫立，也未见被封于何地，说明秦国确实没有实行分封制。林剑鸣：《秦史稿》，上海：上海人民出版社，1981年，第80页。

的儒家宣传，使得人们的观念产生了不可思议的矛盾。延至今日，人们的心态依然如此。这就是为什么近代以来由西方引进的制度不能很好地适应中国国情的观念方面的一个原因。

韩非子对腐败问题的关注不是太多，相比之下，他更看重吏治问题，尤其反对官员结党、以权谋私，损害国家利益。韩非子曾讲述了这样一个小故事：

> 卫人嫁其子而教之曰："必私积聚。为人妇而出，常也；其成居，幸也。"其子因私积聚，其姑以为多私而出之。其子所以反者倍其所以嫁。其父不自罪其教子非也，而自知其益富。（《说林上》）

卫人在女儿出嫁之前，教她一定要在婆家多攒私房钱，因为妇女被休是常事。于是这个女儿到了夫家后就按照父亲的教导"私积聚"。结果，婆婆（即"姑"）认为她"多私"而休了她。她回娘家时，带回的财产是陪嫁的两倍。做父亲的不仅不觉得自己做错了，还因财富的增加而得意。在讲完这个故事之后，韩非子紧接着说，"今人臣之处官者，皆是类也"（《说林上》）。这告诉我们，"卫人嫁子"的故事是一个政治寓言。卫人父女实际上指的是那些唯利是图的贪官，这些贪官因此丢了职位。韩非子批判的官吏不仅包括贵族政治体制下的贵族官员，也包括官僚政治体制下的官员。

在"卫人嫁子"中，卫人代表贵族，卫人之子代表官员，婆婆代表君主，夫家代表国家。卫人嫁子，就是宗族派出代表担任国家的官职；不要求女儿为夫家谋利，而要求她为自己谋利，最终为娘家谋利，就是要求做官的人首先为宗族谋利。在战国时期，宗法制虽然已经遭到一些破坏，世卿世禄制受到了一定的冲击，但是传统的力量还相当强大。尤其是在山东六国，旧的宗法贵族依然把持着各种重要的官职。在这种情况下，贵族出任官职，固然是为君主服务，但更重要的是为自己背后的宗族谋利益。正如《左传·文公十六年》中所说，"弃官，则族无所庇"，做官首要的是为了庇护宗族。在宗法观念的影响下，人们这样做是十分自然的。当时的人们，包括贵族在内，对地域国家的认同还远远没有对血缘宗族的认同来得自然和强烈。耐人寻味的是，卫人之女在被休之后还能完整地带着嫁妆和私积之财回到娘家。投射到政治上，就是那些一心为自己宗族谋利而不顾国家的贵族官员，虽然丢了官职，却全身而退，且保住了既得利益。这种现象在后世的官僚制时代是难以想象的。造成这种现象的原因还要从宗法制中去寻找。周代按照宗法原则分封的诸侯国及诸侯国内的卿大夫等各级贵族，同时具有从属性和分离性两个特点。① 诸侯国的君主与国内的各个宗族既有相互依赖的一面，也有矛盾斗争的一面。究竟以哪一面为主，取决于他们之间的实力对比。② 在贵族政治世卿世禄的制度下，几乎所有重要的官职都把持在几个强宗大族手中。君主在任免和奖惩官员方面的权力有限。如果贵族官员背后的宗族的实力足够强大，为官之人自然会借助官职之便为自己的宗族谋求私利，且让君主无可奈何。正如卫人之女在夫家能够多积聚"私财"，还能带回娘家一样。更有甚者，还有人依恃自身实力与君主抗衡，妄图取而代之。这种现象，在春秋战国时期可以找到诸多实例。③ 坚决要求国家利益至上的韩非子对此当然义愤填膺。针对宗族的离心性及贵族为官的自私自利对国家利益的危害，韩非子提出了严厉打击贵族势力，加强君权的主张。君主虽然不能完全代表国家和人民的利益，但在当时除了

---

① 蒋重跃：《关于周代的封国与希腊城邦之异同》，《河北学刊》，2006年第3期。
② 马卫东：《春秋时期贵族政治的历史变迁》，吉林大学博士论文，2007年。
③ 如鲁国的三桓对鲁君的欺凌，齐国田氏代齐，晋国被三家卿大夫瓜分等。

君主也找不到更好的人能代表人民的利益。① 韩非子设计的具体举措就是用官僚政治取代贵族政治，将官员的任免权和奖惩权收归君主一人行使。此外在地方行政管理上推行郡县制，加强中央集权。贵族一旦丧失了世袭的担任官职的权力，面对官僚制、郡县制及其支撑的逐渐强大的君权，也就不再具有和君权抗衡的实力。官职不再由贵族世袭，官员的产生由君主用爵禄名利"购买"自由士人的"智力"来实现。所谓"主卖官爵，臣卖智力"（《外储说右下》）说的就是这种情况。在由买卖形成的君臣之间，貌似平等的契约关系由于君臣之间巨大的势位差异，转变成了准主奴关系。② 无论君臣之间是买卖关系还是准主奴关系，与贵族政治之下的君臣关系相比，君主在任免以及奖惩官员方面获得了相当大的权力。官员为君主服务得好，可以得到奖励；服务得不好，就会受到惩罚。如果官员以权谋私，被发现之后不仅会失去所得之私利，甚至还会丧失生命。这样就不会出现君主明知官员谋私却无可奈何的局面了。正如顾栋高在《春秋大事表·春秋列国爵姓及存灭表叙》中所说，在官僚制下，君主可以"度才而使之，程能而任之，朝不道则夕斥之矣，夕不道则朝斥之矣……其操纵由一己，其呼吸若一气"。③

那么官僚政治就没有问题了吗？在战国时期，官僚政治的基本表现就是士人通过游说君主而受到赏识，进而被君主任命为官员。虽然不排除一些士人——如孔子——以救世为目标，不顾私利，但对一般的士人而言，他们追求的主要还是功名利禄。为了利禄，他们可以出卖智力以换取官职，就难保他们不会在利益的诱惑之下利用职务之便谋取私利。这与韩非子对好利恶害之人情的认识是一致的。吕思勉指

---

① 张昭：《韩非和马基雅维利政治思想比较研究：以国家权力为视角》，第136页。
② 张娜、杨明：《从马克思的异化理论看韩非子的君臣关系》，《渤海大学学报（哲学社会科学版）》，2019年第4期。
③ （清）王先谦编：《清经解续编》第1册，上海：上海书店出版社，1988年，第462页。

出官僚政治的情态是：不办事；但求免于督责；督责所不及，便要作弊。① 如果君主没有相应的督责之术，就会出现游说之士"事成则以权长重，事败则以富退处"(《五蠹》)的现象。这些游士正好似卫人之女，她在夫家为自己谋私，被发现后还能带着财富全身而退。所以，术治思想在战国时期的兴起不是偶然的。正如萧公权所言，"'术'治成于申子，与尊君有关，而尤与世卿制度废弃后之政治需要相应"，游说之士来求官，"人君苟无术以判别能否，则用人为难。且人以势利而来，其心多不可测。若又无术以控驭忠奸，则国危位替"。② 因此，在官僚制下，君主对于官员的考课监督即吏治就显得十分重要，这实际上也是术治的主要内容。不少人对"术"不以为然，以为过于阴险苛刻。甚至有人以为，术治完全不必要，因为可以通过官员的自我道德修养来达到防患于未然的效果。这种看法固然陈义甚高，显示出对人类道德的强烈信心，但从实践来看，道德舆论这种软性监督的力量实在有限，有时候甚至流为空谈，对改善吏治实在杯水车薪。

卫人嫁子的故事表面上看是对官员的批判，但事实上也含蓄地表达了韩非子对君主的批评。无论是贵族政治还是官僚政治，君主都必须有一套督责之术来保证官员称职、尽职，不以权谋私。君主有责任创造良好的政治生态，让有才能的人真正施展本领，让官员通过正常的途径得到自己的正当利益。故事中的卫女被休，固然是因为她"私积聚"导致了婆婆的不满，但是夫家就没有一点责任吗？试想，一个很少离开过家的年轻女孩嫁到一个完全陌生的家庭，心中一定充满了惶惑。如果她在新的家庭感受到的是温暖，是归属感，她还会再坚持听从父亲的话去"私积聚"吗？对官员来说同样如此。韩非子曾多次强调，他的制度是为"上不及尧、舜，而下亦不为桀、纣"

---

① 吕思勉：《中国政治思想史》，北京：中华书局，2012年，第147页。
② 萧公权：《中国政治思想史》，第142—143页。

(《难势》）的中主设计的。事实上，不仅君主多为中人之资，大多数官员也是普通人，他们"安利者就之，危害者去之"（《奸劫弑臣》）。如果官场的生态好，有明确的正当规则，君主能够"因任而授官，循名而责实"（《定法》），做到信赏必罚，官吏就会"尽力竭智以事主"且"清廉方正奉法"（《奸劫弑臣》）；如果官场的生态不好，规则不正当，不明确，或者甚至没有规则，"忠臣危死于非罪，奸邪之臣安利于无功"（《有度》），就难怪人们不敢清白、不愿清白了。①

"卫人嫁子"是一个简短的小故事，但寓意深刻。韩非子通过这个故事，既批判了以权谋私的官员，也含蓄地指出了君主的"无术"才是官员得以腐败的真正原因。这给我们以多方面的启示。首先，腐败固然有人本身的原因，但要对治腐败不仅要提高人的道德修养，更重要的是创设一个良好的外部环境，建立切实有效的监督机制，内部监督与外部监督相结合，尽量做到违法必究，执法必严。这样官员们才能不敢腐败，不能腐败，敢于清白，愿意清白。其次，针对腐败官员带着贪污所得全身而退的严重问题，必须采取措施坚决予以打击，追回其贪污所得，使得他们本人及其亲属不能因此受益。这些措施还仅停留在制度建设层面，因此可以充分借鉴西方国家的成功经验。但是移植的制度与文化土壤不相适应的"两张皮"问题依然存在，没有得到妥善解决。韩非子在重视制度建设以防治腐败的思考之外，还非常注意对人们的思想观念进行改造，使之与硬性的制度相为表里，互相促进。事实上，韩非子对儒家及当时社会上流行的一些思想、风俗的批判就是为了移风易俗，改造思想，为新的制度培植社会习俗与文化的支撑力量。换言之，这是"法与俗"，即国家制度尤其是法律制度与社会民俗之间的关系问题：究竟应该用法治来移风易俗还是完

---

① 宋洪兵：《循法成德：韩非子真精神的当代诠释》，第120页。

全根据人们的风俗习惯与传统观念来立法呢?

二 融通法俗的启示①

韩非子对"俗"的态度表面看起来是矛盾的。一方面,他认为"圣人为法国者,必逆于世,而顺于道德。知之者同于义而异于俗;弗知之者,异于义而同于俗"(《奸劫弑臣》)。圣人立法必须以道德为根本依据,以正义为标准,即使与当世之风俗惯例相违逆亦在所不惜。韩非子所谓的道德并非我们今日所熟知的仁义道德,而是指他的道理论。同样,以义为标准,是要以国家人民之大利、公利为准。这实际上与墨子的思想一脉相承。墨子认为,"义,利也"(《墨子·经上》),这里所说的利绝非个人之私利,而是国家人民之公利。这从墨子所提倡的三表法中可以看得很清楚:"废(发)以为刑政,观其中国家百姓人民之利。"(《墨子·非命上》)韩非子认为,如果以国家人民之利来衡量,那么当时社会上流行的一些习俗殊不可取,应加以改造。他在《六反》《诡使》等篇中列举了许多社会上流行的观念与行为方式,指出这些"个人之义""个人之利"与国家人民之大义、大利截然相反。为论证移风易俗之重要性,韩非子以商鞅变法为例,对比变法前后秦国风俗、国家实力以及人民生活的巨大变化,雄辩地证明了自己的观点。②他还以鲁国为反面教材,来说明某些风俗

---

① 《商君书》对法与俗的关系也有一些思考,并可能对韩非子产生了一定影响。《商君书·立本》篇:"错法而俗成","俗生于法而万转";《商君书·算地》篇:"故圣人之为国也,观俗立法则治";《商君书·壹言》篇:"制度时则国俗可化","圣人之立法化俗,而使民朝夕从事于农也","因世而为之治,度俗而为之法"等。
② 《韩非子·奸劫弑臣》篇:"古秦之俗,君臣废法而服私,是以国乱兵弱而主卑。商君说秦孝公以变法易俗而明公道,赏告奸,困末作而利本事。当此之时,秦民习故俗之有罪可以得免,无功可以得尊显也,故轻犯新法。……孝公不听,遂行商君之法。民后知有罪之必诛,而告私奸者众也,故民莫犯,其刑无所加。是以国治而兵强,地广而主尊。"

· 275 ·

对富国强兵的负面影响。① 与商鞅变法在秦国的巨大成功相比，吴起在楚国的变法却以失败告终。吴起变法以打击宗法贵族势力为主要目标之一，主要因为这些贵族代表着传统的、保守的政治习惯。虽然因为楚悼王的早亡和贵族势力过于强大而使变法遭到失败的命运，吴起本人结局悲惨，但在变法的短暂时期内，楚国的国力也曾一度强盛，"南平百越；北并陈蔡，却三晋；西伐秦。诸侯患楚之强"（《史记·孙子吴起列传》）。吴起变法的失败及楚国对传统的坚持，最终使得楚国丧失了与秦国抗衡的实力，国土虽大、人民虽众，也不过任人宰割而已。这充分揭示出在当时以法治来改变传统风俗的重要性。韩非子也注意到了上层人物之所作所为对于民情世俗的影响，"桓公不能领臣主之理而礼刑戮之人，是桓公以轻上侮君之俗教于齐国也，非所以为治也"（《难一》）。齐桓公对小臣稷的礼遇，不仅会使人们"轻上侮君"，还会诱使人们放弃耕战而专以虚名来谋取功名利禄。这些自然不是韩非子愿意看到的。

另一方面，韩非子又强调立法必须考虑到不同时代不同社会的实际情况与传统习俗，要"称俗而行"（《五蠹》）。因为"古今异俗"，所以必须"论世之事，因为之备"（《五蠹》）。如果法治与世俗人情相为悖逆，则成功的概率无疑会大大降低："逆人心，虽贲、育不能尽人力。"（《功名》）韩非子对等级制度的坚守实质上就是对传统的一种维护，"臣事君，子事父，妻事夫。三者顺则天下治，三者逆则天下乱，此天下之常道也"（《忠孝》）。君臣、父子、夫妻之间的等级关系经由后世儒家的发展，成为"三纲"教条，牢牢地桎梏着古代中国社会。不过，韩非子对俗的顺应，最显著地体现在他对个人之私利及逐利行为的正当性、合法性的承认与保护方面。战国时期商品

---

① 《韩非子·难三》篇："子思不以过闻而穆公贵之，厉伯以奸闻而穆公贱之。人情皆喜贵而恶贱，故季氏之乱成而不上闻，此鲁君之所以劫也。"

经济大发展，逐利之风大盛，渐成风俗。司马迁曾云："天下熙熙，皆为利来；天下攘攘，皆为利往"（《史记·货殖列传》），人们的一切行为无不以利益为目标。富商大贾如子贡，甚至可以凭借财力与诸侯贵族分庭抗礼；秦始皇为营丹穴而巨富的寡妇清筑"女怀清台"（《史记·货殖列传》）。雇佣关系还渗透到了农业和政治领域，买庸耕作与君臣之间的买卖关系都是鲜明的表现。针对人们对利的欲求，韩非子并不像儒家那样慨叹人心不古、道德沦丧，试图钳制人们的逐利之欲，而是在承认现实的基础上，主张顺应人们的逐利之情而加以适当引导，从而达到利国利民的双赢目标。

对韩非子思想的这种矛盾，我们该如何理解呢？首先应该明确，韩非子是有其一贯标准的，那就是国家人民的公利、大利、长利，凡是符合的，即能得到肯定和提倡，否则会受到批判和压制。俗本身并非铁板一块，因意涵多样，可以分为若干组成部分。俗，有世俗、流行、传统、习俗、风俗、习惯等多个义项，涉及政治、社会、思想观念等不同领域。细究之，可以发现，韩非子对那些妨碍正义实现、君主集权、官僚政治与法治的内容采取批判、改造的态度，而对其他内容则采取不干涉、引导或顺应的态度。韩非子对法与俗之关系的思考，其意义在于，法律、政治制度等的设计必须考虑到社会传统、习俗习惯，认真分析具体的习俗是应该保留、提倡还是应该坚决改移。对那些不适用现代社会的习俗，诸如男尊女卑、父母任意殴打子女、等级特权等，必须以切实的立法和严肃的执法坚决改造。对那些仍然有生命力的传统道德，如尊老、礼让、守望相助、见义勇为等，除了舆论上的褒扬外，似乎更应该让践行美德之人得到一定的物质利益，以起到弘扬的作用。这其实就是韩非子所说的"赏誉同轨，非诛俱行"（《八经》），让社会舆论与物质利益相统一，让俗与法相适应。

韩非子作为战国诸子的殿军，其思想批判地吸收了前人的思想内容，成为法家之集大成者。他的思想具有鲜明的现代色彩，可以说是与现代社会最易于接轨的古代思想。韩非子对战国时期由高度同质的熟人小共同体变为广土众民之陌生人国家的社会转型有准确的把握，并提出了一系列与之相适应的策略设想。可以说，韩非子在面对人类历史上第一次现代化转型时就提出了积极有效的应对之道，而非消极地无视与反对。无怪乎白彤东称他为世界上第一个现代哲学家。① 职是之故，对韩非子思想尤其是其正义思想的当代价值进行深入开掘就有重要的理论和现实意义。他所提倡的一系列观点，如法律的公开和普及，法律面前人人平等，官员应依法选拔、考课、监督，利用外在规范和物质利益等来强力引导与提高人们的道德水平等，都是值得我们珍视的宝贵的历史与思想资源。宋洪兵在论及韩非子思想的价值时曾言，历代思想家在与韩非子及其思想的或赞许或批判的对话中，总是自觉、不自觉地回顾轴心期的韩非子，不断地生成新的知识与观念，从而完成一种服务于现实时代的思想建构。在"对话-生成-建构"的视域之中，韩非子的历史影响，就不必仅仅停留于秦国之兴与秦朝之亡的层面，而是可以在社会与思想互动的层面得到深入的探索与考察。韩非子的思想不再仅仅是一种历史及解释的对象，而是一种活的、构成性的力量。②

---

① 白彤东：《韩非子：第一个现代政治哲学家》，《世界哲学》，2012 年第 6 期。
② 宋洪兵：《韩学源流》，前言，第 10 页。

主要参考文献

[1] 晁福林：《夏商西周的社会变迁》，北京：中国人民大学出版社，2010年。

[2] 程志敏：《古典正义论：柏拉图〈王制〉讲疏》，上海：华东师范大学出版社，2015年。

[3] 慈继伟：《正义的两面》，北京：生活·读书·新知三联书店，2001年。

[4] 费孝通：《乡土中国》，上海：华东师范大学出版社，2017年。

[5] 冯友兰：《中国哲学史（上）》，上海：华东师范大学出版社，2010年。

[6] 郭沫若：《十批判书》，北京：东方出版社，1996年。

[7] 韩东育：《道学的病理》，北京：商务印书馆，2007年。

[8] 胡适：《中国古代哲学史》，上海：上海古籍出版社，2013年。

[9] 蒋重跃：《韩非子的政治思想》，北京：北京师范大学出版社，2010年。

[10] 梁启超：《先秦政治思想史》，天津：天津古籍出版社，2003年。

[11] 梁漱溟：《东西文化及其哲学》，北京：中华书局，2018年。

[12] 刘家和：《史苑学步：史学与理论探研》，北京：北京大学出版社，2019年。

[13] 刘小枫、陈少明主编：《柏拉图的哲学戏剧》，上海：上海三联书店，2003年。

[14] 刘泽华：《先秦政治思想史》，北京：人民出版社，2008年。

[15] 娄林主编：《〈理想国〉的内与外》，北京：华夏出版社，2013年。

[16] 牟宗三：《中国哲学十九讲》，贵阳：贵州人民出版社，2020年。

[17] 宋洪兵：《韩非子政治思想再研究》，北京：中国人民大学出版社，

2010年。

[18] 宋洪兵：《循法成德：韩非子真精神的当代诠释》，北京：生活·读书·新知三联书店，2015年。

[19] 汪子嵩等：《希腊哲学史》（修订本），北京：人民出版社，2014年。

[20] 萧公权：《中国政治思想史》，北京：中国人民大学出版社，2014年。

[21] 熊十力：《韩非子评论》，台北：台湾学生书局，1984年。

[22] 徐复观：《中国人性论史·先秦篇》，北京：九州出版社，2013年。

[23] 余纪元：《〈理想国〉讲演录》，北京：中国人民大学出版社，2009年。

[24] 张纯、王晓波：《韩非思想的历史研究》，北京：中华书局，1986年。

[25] 张灏著，任锋编校：《转型时代与幽暗意识：张灏自选集》，上海：上海人民出版社，2018年。

[26] ［德］卡尔·雅斯贝斯著，魏楚雄、俞新天译：《历史的起源与目标》，北京：华夏出版社，1989年。

[27] ［法］福柯著，刘北成、杨远婴译：《规训与惩罚：监狱的诞生》，北京：生活·读书·新知三联书店，1999年。

[28] ［以色列］尤锐著，孙英刚译，王宇校：《展望永恒帝国：战国时代的中国政治思想》，上海：上海古籍出版社，2013年。

[29] ［英］约翰·穆勒著，徐大建译：《功利主义》，北京：商务印书馆，2019年。

[30] ［德］恩格斯著，中共中央马克思恩格斯列宁斯大林著作编译局编译：《家庭、私有制和国家的起源》，北京：人民出版社，2018年。

[31] 白彤东：《韩非子：第一个现代政治哲学家》，《世界哲学》，2012年第6期。

[32] 戴木茅：《法治臣民、术防重臣——韩非法术观论析》，《政治思想史》，2017年第4期。

[33] 高专诚：《战国前期的变法活动及其历史教训》，《太原理工大学学报（社会科学版）》，2019年第6期。

[34] 蒋重跃：《古代中国人关于事物本体的发现——"稽"字的哲学之

旅》,《南京大学学报(哲学·人文科学·社会科学)》,2013年第4期。

[35] 刘家和:《理性的结构:比较中西思维的根本异同》,《北京师范大学学报(社会科学版)》,2020年3期。

[36] 刘泽华:《理念、价值与思想史研究》,《天津社会科学》,2008年第3期。

[37] 日知:《从〈春秋〉"称人"之例再论亚洲古代民主政治》,《历史研究》,1981年第3期。

[38] 宋洪兵:《先秦法家政治正当性的理论建构》,《北京师范大学学报(社会科学版)》,2017年第6期。

[39] 王人博:《一个最低限度的法治概念——对中国法家思想的现代阐释》,《法学论坛》,2003年第1期。

[40] 王卫东:《"圣"之原型考——兼论中国古代的圣人观》,《楚雄师范学院学报》,2006年第11期。

[41] 谢红星:《法家"刻薄寡恩"笃论——从"刻薄寡恩"看法家的治理理论》,《法律史评论》,2016年(总第9卷)。

[42] 徐克谦:《韩非子法治公正思想浅析》,《管子学刊》,2020年第1期。

[43] 喻中:《韩非学的历史世界》,《甘肃政法学院学报》,2017年第6期。

[44] 詹康:《韩非论人新说》,《政治与社会哲学评论》,2008年9月第26期。

[45] 张觉:《韩非术治思想新探》,《四川大学学报(哲学社会科学版)》,1989年第2期。

[46] Kraut Richard, ed., *The Cambridge Companion to Plato*, New York: Cambridge University Press, 1996.

[47] Smith Nicholas D., ed., *Plato: Critical Assessments* III, London and New York: Routledge, 1997.